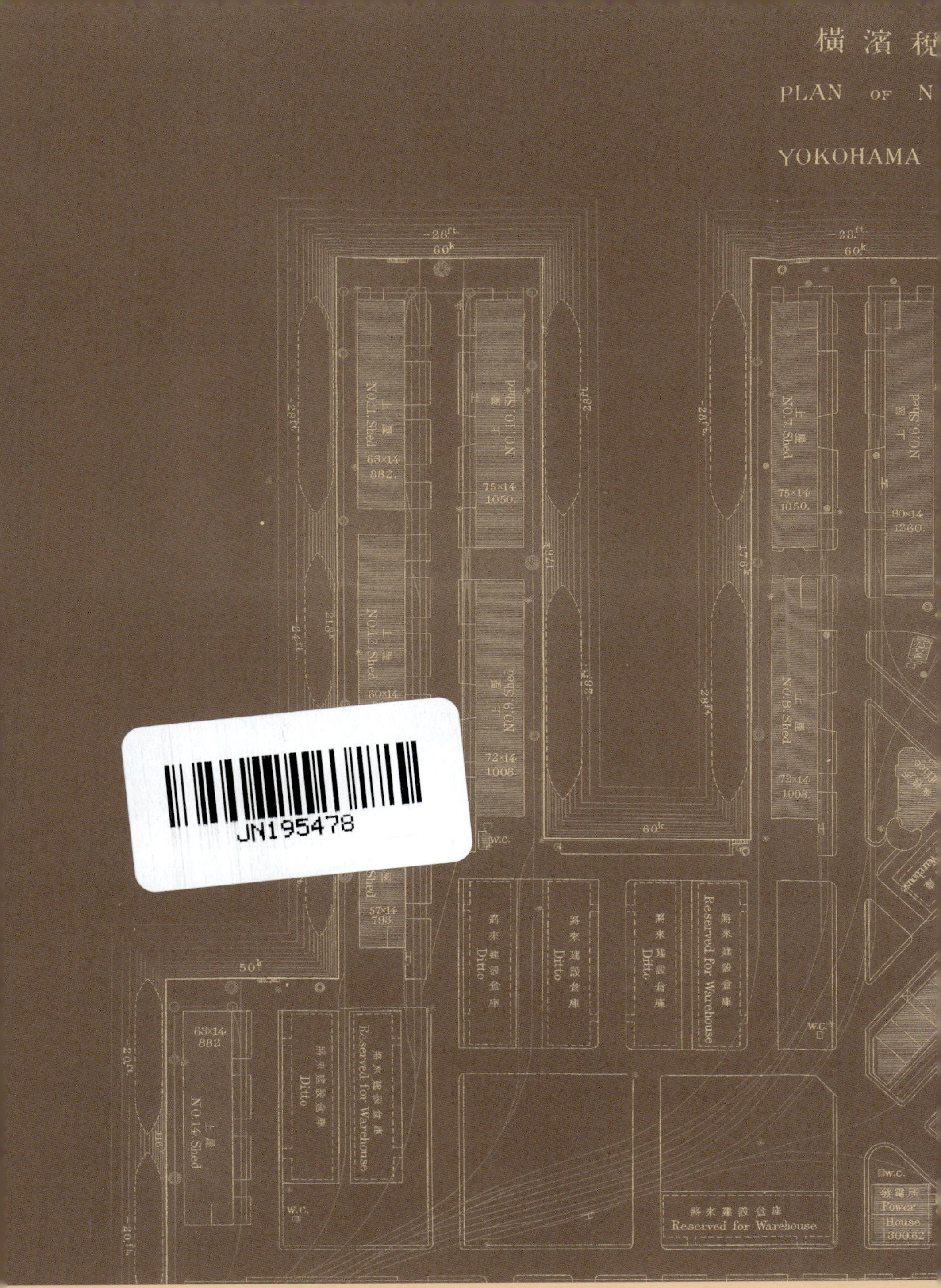



横浜税関新設備図『横浜税関新設備報告』 大正 6 (1917) 年付図 横浜開港資料館蔵

地方史研究協議会 編

# 拠点にみる相武の地域史

## ―鎌倉・小田原・横浜―

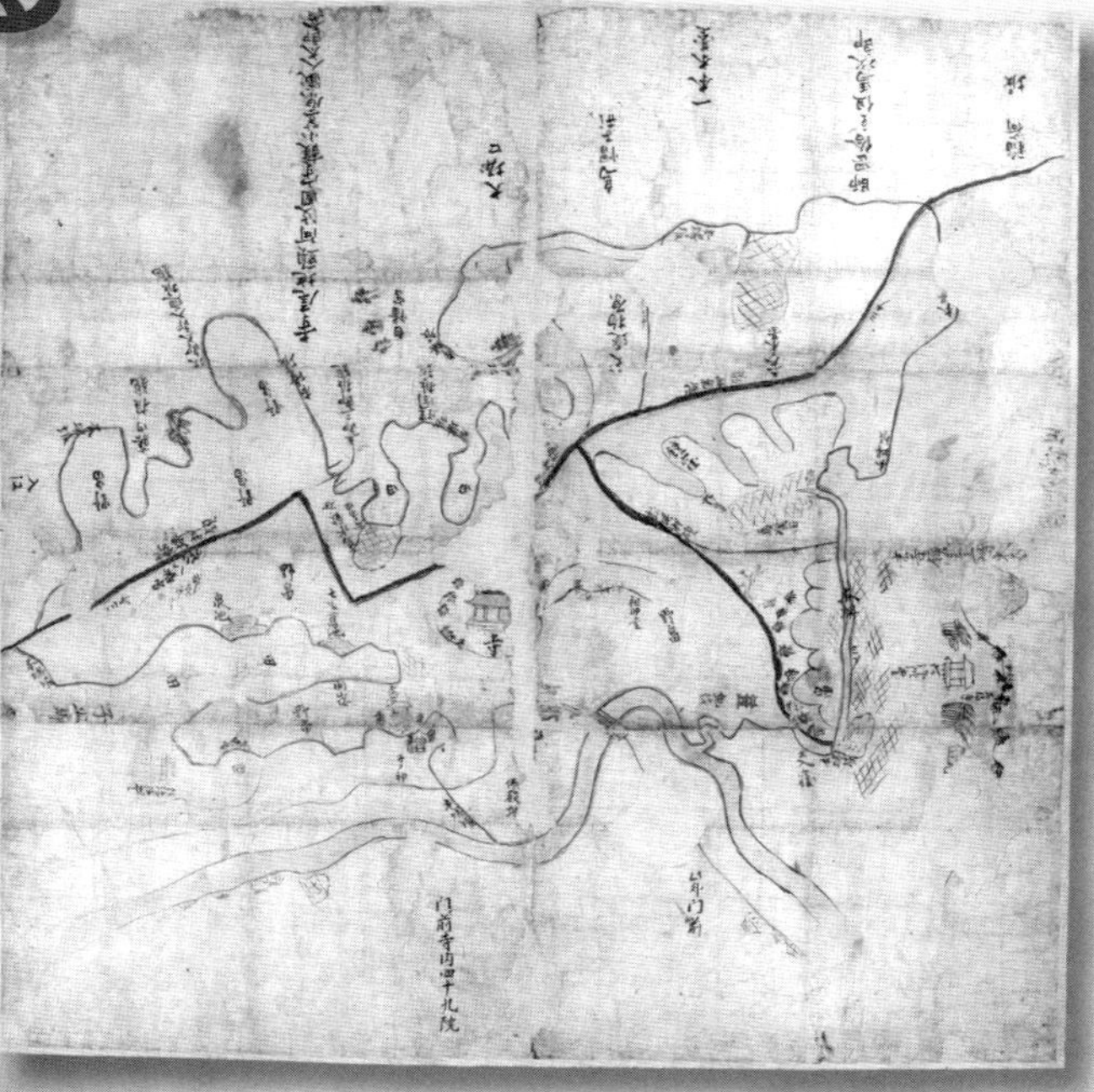

雄山閣

武蔵国鶴見寺尾郷絵図（神奈川県立金沢文庫蔵）

# 序文

第六九回を迎えた地方史研究協議会の大会は、「拠点にみる相武の地域史――鎌倉・小田原・横浜――」を共通論題として、二〇一八年一〇月二〇日(土)～二二日(月)までの三日間、神奈川県横浜市において開催された。一日目の二〇日には午前に三本の自由論題研究発表が、午後に二名の講師による公開講演と総会が、二日目の二一日には八本の共通論題研究発表と共通討論、及び一本の特別報告が、開港五〇周年（一九一七年）を記念して創建された、横浜の代表的建造物の一つである横浜市開港記念会館講堂で行われた。最終日の二二日には、浦賀・横須賀方面と小田原方面とに分かれて巡見が実施された。

神奈川県で本会の大会が開催されたのは、一九九八年の第四九回大会以来のことである。かつての大会では、「都市・近郊の交流と変容――信仰と遊山――」として、江戸・東京からの人の移動と、そこで生まれる交流がもたらす地域社会の変容について議論した。二〇年の時を経た今大会では、神奈川県内には日本列島規模における政治・経済の中心都市が各時代に存在することに注目し、そうした都市の自立的な活動の解明を通して、神奈川県域の歴史性を明らかにしようとした。

本書は、その大会成果を収録したものである。すなわち、公開講演の五味文彦氏と久保田昌希氏をはじめ、共通論題発表者である堀川徹・松吉大樹・武田周一郎・佐々木健策・桐生海正・神谷大介・青木祐介・山口拡の八氏、自由論題発表者の伊藤陽平氏と合わせて一一氏の論考を〝公開講演〟、〝Ⅰ古代・中世の拠点「鎌倉」〟、〝Ⅱ中世・近世の拠点「小田原」〟、〝Ⅲ近代・現代の拠点「横浜」〟の四部に編成、配置している。末尾の「第六九回(神奈川)大会の記録」では、今大会の開催経緯、常任委員会内の準備(運営)委員会と、地元の実行委員会との合同委員会の準備過程、大会当日の経過、とくに共通論題討論の内容をまとめ、さらに巡見や大会関連例会といった大会開催に関する一連の記録を掲載している。

近年の本会大会は、およそ二年前に常任委員会内に準備委員会が組織され、大会開催地で活動する研究者や学芸員等で構成された実行委員会と協議しながら、大会の共通論題や趣意書を検討する。準備委員会は一年前に運営委員会と名称を変え、引き続き実行委員会と打合せを重ね、プレ大会を経て本番を迎える。

本大会においても、横浜市で行われた会議は一八回に及び、準備(運営)委員会と実行委員会とが協力して大会の開催に至った。本書に収められた大会の成果が、開催地域のみならず、全国の地方史研究の一層の発展に寄与することになれば幸いである。また、本会大会が開催できるのは、開催地の博物館・資料館や、研究機関・団体の日頃の研鑽に依るところが大きい。本大会においても三都市を拠点にしただけに、上記のそれが特に強く求められたといえる。その点においても、各地域・各分野の研究蓄積とそれらを結集してくださったことに敬意を表したい。この先も、本会大会が、そうした地方史研究の蓄積を共有する場となるよう祈念する。

末筆ながら、大会実行委員長の上山和雄氏、事務局長の西川武臣氏をはじめとする実行委員の方々、そして大会を共催してくださった公益財団法人横浜市ふるさと歴史財団、後援していただいた神奈川県教育委員会、小田原市、鎌倉市、横須賀市、横浜市の自治体及びマスコミ各社、協賛していただいた諸機関・諸団体の方々に、心から感謝と御礼を申し上げたい。

二〇一九年一〇月

地方史研究協議会

会長　廣瀬良弘

# 拠点にみる相武の地域史——鎌倉・小田原・横浜——／目次

# 刊行にあたって

大会成果論集刊行特別委員会

本書は、地方史研究協議会第六九回（神奈川）大会の成果をまとめた書である。書名は、大会共通論題と同様に、『拠点にみる相武の地域史――鎌倉・小田原・横浜――』とした。本書には、大会共通論題の趣意書をふまえた公開講演と研究発表、及び大会の記録を収録した。本書の基調を成す、大会共通論題の趣意書を左に掲げる。

拠点にみる相武の地域史――鎌倉・小田原・横浜――

常任委員会／第六九回（神奈川）大会実行委員会

地方史研究協議会は、第六九回大会を二〇一八年一〇月二〇日（土）から二二日（月）までの三日間、神奈川県横浜市で開催する。本会常任委員会および地元の研究者を中心に組織された大会実行委員会は、大会の共通論題を「拠点にみる相武の地域史――鎌倉・小田原・横浜――」と決定した。

古来、相模湾沿岸は東国と東海・畿内をつなぐ海の道の拠点であった。東国では東京湾沿岸が、多摩川・利根川等の河川交通と結ぶ内海文化圏を形成していた。東海道もまた、東国と西国とを結ぶ要路であった。こうした水上交通と陸上交通の要衝には数多の生活の場があり、人々の多様な活動によって、その形や枠組みを変えていった。本大会では、人々が活動することで人・モノ・情報の集中・拡散が起こる場を拠点と捉え、その形成過程、役割・機能、交流等を多面的に考察したい。主に検討するのは、現在の神奈川県域に相当する旧相模・武蔵両国の一部において、この性格が顕著な鎌倉・小田原・横浜である。

弥生時代以来、三浦半島から浦賀水道を通る道は、東西交通の重要路であった。相武では、三角縁神獣鏡が出土した白山古墳（川崎市）や真土大塚山古墳（平塚市）が古墳時代前期に築造された。南武蔵には、後期の武蔵国造の乱後、ヤマト王権の拠点である屯倉が設置された。武蔵国は、相模・武蔵・下総を結ぶ往還の利便性により、八世紀後半に東山道から東海道に編入された。一方、相模国は、師長国造・相武国造・鎌倉之別が領域支配していたと考えられ、律令体制下にも国府が数度移転している。

鎌倉を根拠にした源頼朝は、既存の街道と地形を利用した都市建設を構想した。鶴岡八幡宮寺から海に至る南北ルートや、京都と鎌倉を結ぶ東海道、武蔵国府をつなぐ鎌倉街道上道等、鎌倉を結節点とする主要道を整備した。源氏三代を継承した執権北条氏は都市の拡充を図り、物流・交通拠点としての和賀江島に港を整備した。鎌倉の基軸線であった東西ルート東端の六浦は、金沢北条氏の所領となり、六浦道で鎌倉と結ばれて要港となった。幕府滅亡後も、鎌倉府が置かれた鎌倉と外港六浦は東国の政治・文化の拠点であり、公方が古河に移った後も、祇園祭礼等が町衆により継続された。

小田原城を奪取した伊勢宗瑞は、伊豆国に加えて相模国西部を領国下に治めた。子の北条氏綱は、鶴岡八幡宮寺の造営を主宰し、関東の領主・領民を動員した。また、関東一円に支配を広げていくなか、三崎・小机・玉縄・津久井など多くの支城に一門・国衆を配置して領国支配体制を築いた。東海道の物資が集積する小田原では城下町を整備し、三代氏康は新たな支配体制を構築した。城下には御用商人や諸職人を住まわせ、周辺の畑宿には木製品や海産物の商売を許した。また、小田原北条氏は、伊勢方面と関東各地とを経済・文化面で接続する品川湊を支配した。小田原は、空堀と土塁で囲まれた東国最大の総構え形式の城郭都市となり、天正一八（一五九〇）年小田原合戦を迎える。小田原北条氏の滅亡後は、徳川家康による関東領国体制が形成され、浦賀が海上防衛の要となった。

寛永期より小田原藩は、西国方面の要所として箱根・矢倉沢・根府川等、領内六関所の管理を担った。峻険な箱根には間宿の畑宿が、大山参詣や駿河領年貢米を輸送した脇往還の矢倉沢には宿場が設けられた。相模国有数の宿場である小田原は、藩領と地域経済の中心たる城下町でもあった。小田原と江戸の取引で成長した城下町商人と台頭した在郷商人とは、近世後期になるにつれ、対立・拮抗する。他方で藩は、財政再建のため国産方を設置して流通統制・産業育成を行った。一方、江戸湾岸の湊は、消費都市江戸に向けて魚介類の提供や年貢米の輸送を担った。海上輸送・防衛の観点から江戸幕府は、菱垣廻船輸送が制度化した一八世紀前半に、下田から浦賀に番所を移し、江戸湾の廻船改めを始めた。一八世紀後半からは、新興の民間型廻船が神奈川湊にも入津するようになる。さらに一九世紀の相模湾・江戸湾一帯は、幕府の江戸防衛体制に組み込まれる。浦賀奉行所の権限強化に伴い、観音崎・富津岬が江戸内海防衛の最終ラインに定まり、三浦半島では諸藩により沿岸部に台場が築かれた。

安政五（一八五八）年通商条約の締結により、横浜は、生糸・茶の交易を通して国際市場と国内各地の農村地帯とを結び付けた。以来、国内最大の輸出貿易港と居留地を擁する横浜は、日本の近代化を牽引した。最新のインフラが整備された国際港都には、国内外から多くの人々が集まり、多文化コミュニティーや様々な都市社会集団が形成された。関東大震災の復興過程で、横浜は東京との一体化を志向しつつも、商業・工業・住宅等あらゆる機能を備えた総合都市としての「大横浜」をスローガンに掲げ、大規模な市域拡張を繰り返し、新たな拠点形成を目指した。これに対して、県内の諸都市も昭和初期に次々と市制を施行し、東京・横浜等の人口と産業を吸収しつつ地域の振興を目指した。京浜工業地帯の中核たる川崎、首都防衛の要となった横須賀・相模原、別荘地・住宅地として人気を集める湘南各都市、保養地・観光地として発展した小田原・箱根等、独自性や歴史性をもった各都市がその機能を補完し合いながら発展していった。

本大会では、神奈川県域に通時的に存在した、時代ごとの拠点の歴史的展開を検討する。その上で、そうした拠点を内包する相武の地域性について議論したい。会員諸氏の積極的な発言を期待する。

右が、第六九回（神奈川）大会の共通論題趣意書である。本書では、これをふまえて用意された一一本の論文を、〝公開講演〟及び〝Ⅰ古代・中世の拠点「鎌倉」〟、〝Ⅱ中世・近世の拠点「小田原」〟、〝Ⅲ近代・現代の拠点「横浜」〟の四部に構成し、それぞれを時代順に配置した。また、各時代の拠点に〝「　」〟を付けたのは、次の理由による。すなわち、鎌倉・小田原・横浜は、当然ながらそれ単独で存在するのではなく、他地域との関係性の中で成り立つものであること、かつ神奈川県域に大小様々に存在した拠点のなかでも、その性格が顕著なものとして設定したこと、いわば拠点の象徴として捉えたことを示すためである。

本書が多くの方に読まれ、神奈川県域の地域史研究に資するものとなることを期待する。

# 公開講演

# 中世後期の丹沢山域と相模川

久保田昌希

## はじめに

筆者は現在、神奈川県座間市に住んでいる。座間市は県央に位置し、東西南北を大和・厚木・海老名・綾瀬・相模原市と接している。市内からは丹沢の山並みが眺められ、市の西域を相模川が南流している。この県央の眺望は、旧相模国の段階でも基本的には変わらないであろう。

第六九回地方史研究協議会が「拠点にみる相武の地域史―鎌倉・小田原・横浜―」を共通論題として掲げ相武の地域性を議論するに際し、筆者として中世後期の相模国中央部における地理的条件をふまえた歴史的地域性を描くことを本稿の目的とする。(1)

## 一　丹沢山域と相模川

丹沢山域（丹沢山地・丹沢山塊）は、県の北西部に位置し、東西約四〇㎞、南北約二〇㎞で全域は約三五七二六haからなり、神奈川県域面積の約六分の一を占める。(2)現行地名でいえば、相模原市（旧津久井郡藤野町・相模湖町・津久井町、城山町が新加したことによる)、愛甲郡清川村・愛川町、厚木市、伊勢原市、秦野市、足柄上郡松田町・山北町、さらには山域の反対側、山梨県南都留郡域にかかる山域である。近世は相模国津久井県、愛甲郡、大住郡、足柄上郡に属していた。広義には関東山地の内、一般には独立山地として「神奈川の屋根」ともいわれている。丹沢の山々は結構高く、一〇〇〇m以上の山が五八ほどあり、古くから信仰の山としても有名な大山があり、また日向薬師、八菅山をふくめ、広く山岳信仰の場でもあった。近世の地誌たる『新編相模国風土記稿』(以下『風土記稿』と略す)をみると、丹沢山地の山名は現在の名前ではなく、信仰に根ざした山の名前や峠の名前が載っているのもそうした事実を語っていよう。

一方、相模川は神奈川水系の主流で、山梨県の山中湖と北岸の忍野村に発し、南都留郡から神奈川県の旧津久井郡を経て県の中央部を南下貫流して相模湾に流れ込む、総長流一一五km、総流域面積が一八〇四km²ということで、神奈川県における一番大きな川である。

あらためて県央部をイメージしてみると、北を上にして丹沢山域があって、その右、東側を上の方から南に相模川が貫流し、相模湾に流れ込む。その流れ込むところが平塚で、相模川の下流を馬入川といい、流れ込んだところが須賀湊である。

こうしてみてみると、丹沢山域と相模川の存在は、相模国の歴史を考える場合には立地上、大きな意味をもっているといえる。そこで、さきに示した本稿の目的をふまえ、具体的には中世後期(戦国期)の丹沢山域と相模川との有機的関係をもとに歴史的展開(地域的特性)を明らかにしたい。

その際、とくに中世後期の丹沢山地と相模川の存在が当該期の歴史展開にどのように関わったのか、ということであるが、思いつくままに述べるなら、丹沢山地をめぐっては①材木(建築資材)供給地、②生活物資(食料、燃料や商品生産)の獲得地、③不入地・公共的空間としての性格(徘徊、逃散、欠落の場所、隠田、隠畠、入会地の存在)、④聖地としての性格(信仰、山岳修験、山岳寺院の存在)、⑤自他領国の境界域(地理的・政治的条件に起因)が想起される。また相模川については、①生活物資（食料）の獲得、②交通運搬（河川交通・物資運搬）手段、③河口（湊の機能）としての集積地、④自他領国の境界域（相模川の場合には当てはまらない）などがあげられる。

なお、本稿と関わってのこれまでの研究については行論中でも紹介するが、拙稿[3]を参照されたい。また中世後期の丹沢山地についてはさきに紹介した関連する自治体による自治体史、相模川については、上流は旧藤野町・相模湖町・津久井町・城山町、右岸の愛川町、厚木市、平塚市、左岸では相模原市、座間市、海老名市、寒川町、茅ヶ崎市がこれに相当しており各自治体史で取り上げているところもあり参照されたい。

## 二　北条領国としての丹沢山域とその周辺

戦国期相模国は、戦国大名後北条氏（以下、北条氏）の領国として機能・展開した。そこであらためて素描すると、山域の北西部は隣国甲斐武田氏の領国と接している。菰釣山（一三四九ｍ）・畦ケ丸（一二九二ｍ）・加入道山（一四一八ｍ）・大室山（一五五八ｍ）の山々が連なる稜線がそれで、北条氏にとっては容易に侵略されない、いわば「防御壁」として機能したのである。しかし山域の東北部、西南部（山域が分割される部分）は他国（武田領国）との出入り口（交通路）となり、北条氏にとっては防衛拠点が必要となる。そこには津久井城（東北部）、河村城・新城（西南部）などが築かれた。

また、山域の東部、南部、西南部の平地や丘陵部分、相模川・酒匂川が貫流する東西に広がる地域、すなわち相模国東・中・西郡域には、永禄二（一五五九）年成立の『小田原衆所領役帳』に記載されている多くの郷村が展開していた[4]。北条領国は武蔵北域・下総・上野・下野および常陸方面にも及んでいくが、領国基盤の基本部分は丹沢山地麓から東南に広がる地域で、同地域は北条領国をささえるいわば「中核部分」であり、これらの郷村はその後、近世村落へと連続していく。(5) そもそも、戦国大名北条氏と相模国の関わりは、初代伊勢宗瑞が、明応五（一四九六）年〜永正元（一五〇四）年に小田原城を攻略したことにはじまる。そして、永正六（一五〇九）年以降、上杉氏との抗争が本格化し、また旧族たる三浦氏と戦い、永正一三（一五一六）年にはその本拠三浦新井城を攻略し、相模平定を実現する。以後北条氏は、氏綱・氏康・氏政・氏直と続き、領国を関東に広げ、天正一八（一五九〇）年七月に、豊臣秀吉の小田原攻めにより開城・滅亡する。この間、先述のように相模中央地域（丹沢山地麓から東南に広がる地域）の部分は宗瑞の平定以後、一貫して北条氏の権力基盤として中核的な意味をもったのである。

## 三　材木・炭供給地としての丹沢山域

丹沢山地全体が北条氏の直轄領域すなわち立山・立林化されていたということを示す史料はないが、その後の江戸幕府の同地域の支配のあり方から考えれば、その大半は直轄地であったと考えてよいだろう。(6) なお後述する史料③の宛所には「山奉行板倉代・井上代」とあるのはそのことを示唆するであろう。

はじめに北条氏にとっての材木（建築資材）供給地としての展開をみてみよう。これに関する史料は次の四点である。(7)

①（年不詳）・一〇・二一付藤沢大きり（鋸）頭森木工助 大鋸引中宛北条氏康印判状(8)（奉者中将）。
②甲戌（天正二・一五七四）・正・二四付須賀田中・清田宛北条氏虎印判状(9)（奉者安藤豊前）。
③天正七（一五七九）・五・二六付山奉行板倉代・井上代宛北条氏虎印判状(10)（奉者安藤豊前）。
④天正一六（一五八八）・七・一三付板倉宛北条氏虎朱印状(11)（奉者安藤豊前）。

このうち、②については全文を掲げよう。

【史料一】
（折紙）
勢楼道具
二百拾三丁　　　　　五六
三百九枚　　　　　幡板
以上　津久井より出、
百廿五丁　　　　　五六
以上、七沢より出、
右、材木少も不致紛失様ニ可罷預、舟来次第厳密ニ相渡、委細以書立安藤豊前ニ可申断者也、仍如件、
甲戌
正月廿四日（虎朱印）　安藤豊前奉
須賀
田中
清田

②の宛名に付けられている須賀とは先述の相模川河口の湊で、田中・清田は「船持ち中」を代表する水運業者で、小代官をつとめたと考えられる。(12) また②の内容は両者に対して、城砦に建てる井楼（望楼）の資材としての木材を紛失しないように確かに預かって、船が到着次第これを渡し、その「明細」を奉行の安藤良整へ提出するよう指示して

いるもので、北条氏による材木運送のあり方が知られる。また③の書き出しには「御備曲輪御座敷并塀材木」、④には「三間梁百間之御蔵材木煤谷ヘ申付分」とあって、その用途の材木を③は山奉行板倉代・井上代に、④は板倉に命じたものである。その対象地は③には書かれていないが、④には「煤谷」とあり、③もともに煤ケ谷（愛甲郡清川村）であろう。また③からは徴発する材木の種目は杉・樅・栂だったことがわかる。そして「御備曲輪御座敷并塀材木」や「三間梁百間之御蔵」とはおそらく小田原城の建物であろう。

なお③には「来六月晦日を限而、必可為出来、然者材木之寸方少も無相違様、堅可申付候、若於妄之儀者、奉行人可処厳科者也」、④には「八月廿日可為出来、此日限至于踏越、可被懸罪科者也」とあり、材木は小田原へ納められる約一ヶ月前に命ぜられており、厳しい罰則文言も知られる。北条氏から命令は北条氏奉行人（安藤）から山奉行（板倉・井上）を通じ、郷村（煤ケ谷村名主・百姓中）に伝えられたのである。

宛所の板倉氏は『小田原衆所領役帳』によれば松山衆に属し「煤ケ谷領家方、下古沢」で合計七八貫三八〇文の知行貫高を有し、下古沢に屋敷をもっていた[13]。また井上氏は津久井衆に属し、「煤ケ谷地頭方、上古沢」で合計六五貫七五〇文の知行貫高を有した[14]。板倉・井上氏の知行地で知られるように、煤ケ谷には領家方と地頭方とがあるが、これはかつて下地中分がおこなわれたことを想起させる。おそらく、そうした背景には、材木や後述する炭の生産をめぐる問題もあったに違いない。なお上下古沢は現厚木市内である。

井上氏について『風土記稿』[15]には、要約すれば「世々里正をつとめ、北条氏よりの炭材木関係文書、秀吉からの制札を所持し、家康の関東転封頃に山田に改姓、その後は同地で伊豆からの材木・炭の御用に関わった」とある。同氏は戦国期から近世を通じて、同地域の有力者的存在であった。③には「山造」と「人足」文言がみえるが板倉も井上もともに、同地域の山造・人足を管轄・統率していたのである。

さらに③と④から具体的な動員の内容がわかる。③では木数二三三丁について二七七人の山造と五五四人の人足が動員されており、④では木数五九〇丁について山造一九六人、九八〇人の人足が動員された。これらの人数はいずれも延人数であろう。そして「山造」とあるようにこれらの地域では伐採とともに製材がおこなわれていた。それを搬出するのが「人足」である。また②によれば津久井（現相模原市）から「五六」を二一三丁と「幡板」三〇九枚、七沢（現厚木市）から「五六」を一二五丁の搬出が命ぜられているが、「五六」とは五寸、六寸の角材をいうが、五寸×六寸の角材をもいう。、幡板とは「端板」で、壁や塀造作の板状資材である。したがって現地で材木として切り出した後に加工を施していることが知られる。おそらく丸太の場合には筏を組んだと思われるが、製材の場合には②にみえるように舟に「相渡」、すなわち積載して運ばれたのである。

ところで製材は「山造」もおこなうが、①の宛所からも知られるように、藤沢の大鋸頭森木工助と大鋸引中が動員されている。彼等は「ならさわ」すなわち七沢にいって、製材した「大割の板」を「小割」にするよう命じられているのだが、おそらく藤沢の大鋸引のもつ技術的な高さゆえに動員されたのであろう。また彼等は他にも小田原や土肥へも派遣されているが、これもやはり技術的高さによるものであろう。

こうした点から考えれば、丹沢山域における津久井・七沢・煤ケ谷は北条領国における材木伐採・製材を担ったいわば有益な製材センターとして存在し、材木・製材は相模川支流の諸河川をへて相模川に合流し、下って須賀湊へ出て、そこから海路で小田原・鎌倉等に運ばれたのである。したがって須賀湊には多くの材木資材が集積されたのである。

つぎに炭の産出について紹介しよう。[16] 山域のさまざまな恵みのなかで、炭（燃料）産出の占める意味は大きいだろう。北条氏関係の文書にも武蔵国秩父郡や同多摩郡での炭焼きについての文書が知られている。[17]

戦国期の丹沢山域における炭の産出については、煤ケ谷の事例がある。関連する史料は四点の北条氏伝馬手形である。

⑤癸酉（天正元・一五七三）・一二付「すゝかきより小田原迄[18]」。
⑥丑（天正五カ・一五七七）一二・一六付「すゝかやより小田原迄宿御中[19]」。
⑦未（天正一一・一五八三）一二・二付「自厚木小田原迄宿中[20]」。
⑧酉（天正一三カ・一五八五）・一二付「すゝかきより小田原迄宿中[21]」。
※月日付のあとの「　」内の記述は伝馬の適用範囲文言である。

このうち⑤について、全文を示そう。

【史料二】

伝馬拾三疋可出之、毎年相定すゝかき炭五十俵、被召寄御用也、仍如件、

癸酉
十二月（「常調」朱印）　　江雲奉之
すゝかき（ママ）より
小田原迄

⑤は、毎年定められた炭五〇俵を煤ケ谷から小田原まで運ぶためのものである。⑦は厚木からとなっているが、煤ケ谷から厚木までは舟を利用したのであろう。また⑦に定められた炭荷は臨時の炭であり、⑥も同様と思われる。ともに日付が入っており、「可除一里一銭」として伝馬賃を免除されている。小田原城では正月が近づき炭の確保が必要だったのだろう。ここで注目されるのは、⑤・⑥・⑧に「すゝかき炭」文言が記載されていることである。これ

は他で産出される炭とは異なり、「煤ケ谷炭」としてブランド化されているのであろう。良質の炭だったと思われる。おそらく小田原城での正月の茶会で使われたのではないだろうか。

なお、これまでの紹介した史料のうち、年代順に示せば⑤・③・⑦・⑧・④が山田家文書として現蔵されている。山田氏の原姓は井上氏とされているから、同氏は北条氏の山奉行であり、煤ケ谷産出の炭を管理し北条氏に納める立場にあったことになる。また煤ケ谷は甲州方面を結ぶ交通上の要所と思われ、それをふくめ小田原と直結していた。したがって山田（井上）氏の領主的性格に加えて、材木・炭に関する主導的な役割は大きかったといえよう。ここに山間地ながら、林業と関連する生産地としての煤ケ谷と小田原城との有機的な連携をみることができ、煤ケ谷は北条領国にとって、重要な位置にあったと考えられる。

## 四　軍需物資生産地としての丹沢山域

つぎに軍需物資の生産について紹介する。とくに知られているのが、厚木市内の荻野、飯山（井山）で、ここには鋳物師の集団がいた。厚木の鋳物師については、『厚木市史』[22]に詳しい。ここでは、一点の史料を紹介する。

【史料三】[23]
（折紙）
大筒被仰付事、
二挺　棟梁　　山田二郎左衛門
二挺　小田原　　長谷川六郎左衛門

二挺　同所　同源十郎
二挺　同所　半田
四挺　千津島　石塚五郎右衛門
　　同所　同主計
　　同所　鵜塚
一挺　植木新宿　内匠
一挺　川那　清左衛門
一挺　三浦鴨居　小松
五挺　荻野　森豊後
　　同　木村内匠
　　同　田村大炊助
　　井山　山城
　以上廿挺
右、御急用之間、一挺七日之日数を以、如記右、於此度者、面々ニ可申付、山田致指引、手際をよく、きす無之様ニ可致出来由、可申付候、若無沙汰之者有之者、可遂披露、可被処厳科旨、被仰出者也、仍如件、
(天正一七年)(虎朱印)
己丑
十二月晦日　宗甫奉之
須藤惣左衛門尉殿

この史料は、秀吉来襲を迎え討つ北条氏が天正一七（一五八九）年に「大筒」の鋳造を職人頭の須藤惣左衛門に命じたものである。

大筒は合わせて二〇挺であるが、そのうちの五挺が荻野と飯山で割り当てられている。鋳物師職人は森・木村・田村・山城の名がみえている。荻野・飯山には鋳物業が展開していたのである。木村氏について『風土記稿』(24)には、これも要約すれば「北条氏に仕えた鋳工で豊後と号し、孫は内匠といい「大銃」を作り、その後京都大仏（方広寺）の「洪鐘鋳造」（いわゆる「国家安康」の鐘であろう）に参加し、その功により「河内守」の称を許され、子孫はその後鋳物師を廃した」とある。また飯山には応安元（一三六八）年の鋳物に同地鋳物師の名がみえるという。(25)

また丹沢山域ではないが、相模川の対岸（左岸）の座間には刀鍛冶が存在し、八王子城主の北条氏照から重用されている。(26)

なお鋳物の原料たる銅や鉄の産出については不明だが、荻野には「銅座金山」、七沢（飯山に隣接）には「多々良沢」の地名が由来不詳ながらある。(27)おそらくそれらの近辺では砂鉄が採取されたのではないだろうか。さらに燃料としての良質の炭は丹沢山域で産出されるから、これらは鋳物師集団や刀鍛冶が活躍する環境が整っている。【史料三】にみえる彼等が活躍する場はいずれも同じであったと思われる。したがって丹沢山域は北条氏のいわば「軍需工場」としての性格ももっていたといえる。

## 五　聖なる地としての丹沢山域

山や林が、不入地・公界地としての性格をもったことは知られている。民衆は大名権力の支配に抗して徘徊、逃散、欠落の地として、また隠田畠なども密かに開いていただろうと思われる。ただしこれらの点に関する丹沢山域の史料は未確認である。また丹沢山域は広く山岳修験信仰の地であった。現在の山の名はともかく、古名には例えば蛭ヶ岳は毘盧岳・薬師ヶ岳、塔ノ岳は尊仏山・孫仏山というように信仰に関するものが多い。それは峠の名にもみられる。いわば丹沢山域は、山岳信仰の聖なる場でもあった。その中心は大山（雨降山大山寺）、八菅山、日向霊山寺（宝城坊・日向薬師）であり、とくに、文明一八（一四八六）年には聖護院道興が東国に下向の折、大山寺に止宿し、霊山寺にも寄っていることが『廻国雑記』に記されている。また大山は鎌倉期以来、武家権力たる鎌倉幕府・足利尊氏・鎌倉公方、室町幕府に外護され、それに応えて加持祈祷（天下安全・武運長久、凶徒退治）や、軍事・情報収集への期待に応えていたと思われる。そして戦国期、北条氏も大山寺に文書を発給している。史料を示そう。

【史料四(28)】

制札　　八大坊

右、御造営御蔵之事、諸役堅令停止訖、若於違犯輩者、可処罪科者也、仍如件、

天文七年戊戌正月十三日　　氏康（花押）

これは、北条氏康が、大山寺の造営した蔵にたいする諸役を停止したものである。すなわち蔵への「諸役」免除し、大名として大山寺を保護したのである。それでは、氏康は大山寺に何を求めたのであろうか。つぎに史料を示そう。

【史料五(29)】

就今度相甲鉾楯、既敵陣五三里之間へ被打懸候、忽被得勝利、御味方公私貴賤可開大慶之咲所、於　御神前、一夜一晝被凝精誠、巻数可有御進上候、若敵無退散者、連日朝暮、弥国家安寧之御祈念不可有懈怠候、恐々謹言、

（永禄一二年）九月十四日　江雪斎 融成（花押）

安藤豊前入道 良整（花押）

（以下五名連署略）

大山寺

兒捨中

【史料六】(30)

今度深沢へ敵出張、就後詰之御一戦、於大山御祈念之儀被仰付候、兒捨中事も、如前々致西座出仕、一入可抽懇祈者也、仍如件、

（元亀二年）未

正月十三日（「武栄」朱印）

南条四郎左衛門尉奉

大山寺

兒捨中

【史料五】と【史料六】は関連する。【史料五】は今川氏滅亡により、駿甲相同盟が破綻し、北条・武田の抗争が始まるが、それに際して北条氏が大山寺にそれぞれ勝利の加持祈祷を命じた内容である。とくに【史料五】は、北条氏の勝利が「御味方公私貴賤可開大慶之咲所」であり、敵が退散しないならば、連日「国家安寧之御祈念」を懈怠なく勤めよ、としている。また【史料六】は元亀元（一五七〇）年一二月に武田氏が、北条方の駿河駿東郡の深沢城（静岡県御殿場市）

を攻撃したことで、北条氏政は後詰として出陣するが、それに際して、大山寺に戦勝の祈祷を命じたものである。

こうした、北条氏と国家（北条領国＝公私貴賤）の安全への加持祈祷が、大山寺に課せられ、期待されていたのである。また『北条五代記』には「相模大山に学善坊と名付く山臥、薩摩と号する大貝一つ持ちたり。此の山臥より別に吹く者なし。五十町に聞こゆる。氏直出陣には、大山より此の山臥来たり、籏本に有りて貝吹く。今も其の子孫よく吹くといふ」とあって、大山寺の山伏は北条氏に従軍し、武力的な勢力を形成していた[31]。記述は大山寺のもつ軍事力を象徴していよう。さらに彼等がもたらす修験者としてのさまざまな情報も北条氏に届けられたに違いない。こうしたことは大山寺とともに丹沢山域の中心たる八菅山や日向山も同じであったろう。そしてあらためて丹沢山域の山々の名称に注目すれば、山域の東から西にむかって、経ケ岳、仏果山、鐘ケ岳、菩提峠、二ノ塔、三ノ塔、行者ケ岳、新大日、天王寺峠、雨乞岳、不動ノ峰、山神峠、神ノ川、鐘撞山、不老山権現山、地蔵平、明神峠、山伏峠など、先述した山々に加えて「信仰」と関連深い山や峠の名称が多いことを知る[32]。

これらの名称が中世まで遡ることができるか否かについては、なお検討が必要であろうが、しかし、これまでみてきたようなことからすれば、大概は肯定されるであろう。すなわち丹沢山域のもつ宗教的性格を語っていよう。したがって北条氏にとって、宗教都市鎌倉とはまた異なった、山岳修験による別個の宗教的地域として大きな意味をもったと考えられる。

なお信仰空間としての丹沢山域についての研究は、古くからあるが、近年、成果が少しずつ蓄積されてきており、今後の研究深化が期待される[33]。

## 六　北条領国の境界としての丹沢山域

丹沢山域は北条領国と隣国武田領国の境にあり、それは領国の大名にとっては、「防御壁」の役目を果したたと思われる。丹沢山域の北は津久井で、そこは甲斐郡内地域に接しており、この地域は軍事情勢に影響されたのである。たとえば『小田原衆所領役帳』[34]にはこの地域（相模原市緑区・旧藤野町）の村には「敵知行半所務」（吉野村・沢井村・小渕之村）や「是も半所務」（日連之村・那倉之村）と記載されている事例がある。「半手」という言葉があるが、丹沢山域の北側は武田と北条両氏の支配を受けた地域であった。[35]

さらに興味深い事例を紹介しよう。その舞台は相模足柄上郡中川村（現在の山北町中川）である。ここは甲斐国境の丹沢でももっとも奥に位置し、北条氏は重臣遠山氏を配して防禦を固めていた。一方、反対側は郡内地方で、武田氏の有力国衆小山田氏の支配領域である。『風土記稿』[36]によれば、中川村の西北の甲州境には「城ケ尾」とも「信玄屋鋪」「信玄平」という場所があり、そこをへて甲斐都留郡道志への道を「さかせ古道」とし、甲斐より小田原へ至る道で「捷徑」すなわち早道であったという。『風土記稿』は「甲斐国志」の部分を引用しており、最初にそれを示そう。

【史料七】[37]

「甲斐国志」さかせ古道の条に、道志村寒地の山中さかせ入と云地より、山を越て、相州西郡の内中川村に出る間道あり、此間凡二里半、古小田原への通路なり云々、其下に少し平なる所を、信玄屋鋪と云伝ふ、永禄中小田原へ責入時、信玄此道を通行し、山中に宿陣ありしとなり、小田原への行程此道甚近し云々、又加古坂の条にさかせ峠に上り、嶺上を行二十町許にして、峰を掘破し趾あり、堀切と云、峰を下りて相州に入、少し平地あり、信玄平と云、是より相州世附村に下る云々とも見えたり。

これによれば、さかせ古道は「小田原への行程此道甚近し」とあるように、同道は、武田氏が甲斐から小田原に攻め込むうえで、最短のルートであったとあり、また途中から世附村へ至る道もあったことがわかる。そして国境ということもあり、稜線上には防衛施設として峰を掘り割って空堀を作ったとしている。ここには北条・武田領国の軍事的境界が具体的に示されており興味深い。なお筆者は対象地域を実踏したが、もともと稜線のアップダウンも厳しく、残念ながら「峰を掘破し趾あり、堀切と云」との遺構は確認できなかった。

戦国期、北条・武田氏の政治的関係が良好なときには問題はなく「平和」状態にあったが、その関係が破綻すると軍事的緊張状態となる。そうした観点から『風土記稿』に掲載されている「村の伝記」を紹介する。

【史料八(38)】

〇旧家市平　湯川氏なり、先祖を因幡と云、寛永八年死、家蔵の記に拠ば、往古より村内に居住して、里正たり、天正七年三月、甲州大窪村八代郡の属の土人党を結び、当村に夜討し、乱妨に及びし時、遠山左衛門尉景政出馬して因幡及び佐藤六郎右衛門に下知し、当村の人夫を催し加勢の兵を副て、追ひ討しむ、此輩大窪村に討入、首七級、虜三人を倶して帰りしかば、景政厚く賞誉し、彼虜三人を因幡に預く（以下略）

これは、中川村の旧家市平・里正湯川氏に伝わる「家蔵の記」（他の箇所には「村民所蔵の記」「所蔵の記」とある）の内容を『風土記稿』の編纂者が要約した一部である。なお筆者が「（以下略）」とした以降には、「所蔵の記に曰」とあって、続いて長文の記述がある。

【史料八】によれば、天正七（一五七九）年三月に、武田領国である甲斐八代郡大窪村の村人が集団で中川村に夜討ち・乱妨に及んだ。その時、北条氏の武将たる遠山左衛門尉景政が出馬してきて、因幡と佐藤六郎右衛門に対し、（追討を）命じたので、彼等は中川村民を動員し、北条の加勢も得て大窪村に討ち入って、首七をあげ、捕虜三人をつれて帰村した。それに対して景政は因幡に恩賞として捕虜を与えた、とある。

また、さきの「所蔵の記に曰」に続く部分には、長文の記述があると述べたが、それは大概つぎのような内容である。

「天正七年三月に、武田領国の大久保村から村人たちが中川村に夜討ちを仕掛け、佐藤藤左衛門ら四人の首を取り、さらに伊賀なる人物の女房と娘を生け捕って逃げようとした。しかし中川村の清右衛門と九郎右衛門ら七人が追いかけ、伊賀の女房・娘を取り返した。この話を聞いた北条左衛門佐は、玄倉川まで出馬し、名主因幡・佐藤六郎右衛門その外から、事の次第を詳しく尋ねた。因幡たちがそれに答えると、左衛門佐は村民たちに、夜討ちを仕掛けられたことは重大かつ「国の恥辱」であり、北条氏の加勢をもって急ぎ討ち入りをすべきと仰せ付けられ、もし失敗したならば、曲事とする。それ故に因幡を人質とし、本意をとげられなければ因幡をはじめ罪科とすると仰せつけられた。そこで村民六郎左衛門は、討ち取られた藤左衛門は従兄弟であり、是非とも討ち取ってくる、打ち損じたならば、いかなる曲事としての処分をも覚悟するといったので、左衛門佐はこれを褒め、羽織（陣羽織か）を与えたという。そして、侍二〇〇人の加勢をあわせ、三〇〇人の部隊が斎藤主税佐と工藤兵部頭を大将に、かつて大窪村から湯ノ沢に移住してきた四人兄弟の牢人を道案内に、湯ノ沢から諸窪山（モロクボ沢の頭）、その他の山峰を越えて大窪村に討ち入ったが、山道に馴れない二人の大将は控えているしかなかった。村人たちは藤左衛門の仇を討ち、併せて七人の首を取り、三人を捕虜にして帰ってきた。さきの戦果を左衛門佐に進上すると、彼は慮外の手柄と大いに喜び、村人たちはいろいろ褒美をもらって帰った。この時、三人の捕虜は因幡に預けられ、のち湯ノ沢に住まわせられたと申し伝えられている、云々」

以上であるが、因幡は【史料八】に寛永八（一六三一）年に没したとあり、また、この記録を考証した編纂者は「又此記年代を記さゞれど、寛文十二年頃の書記と見ゆ、文中に其証あり」として、伝記の成立を寛文一二（一六七二）年頃としている。

これについては「文中に其証あり」とあるが、紹介したこの出来事のところには、寛文一二年を示唆する記述はみられないため、「家蔵の記」には本件以外にも他の記事が書かれていたと考えられる。したがってこの記録はいわゆる「村の年代記」のようなものであったろう。

また「風土記稿」編纂時には、おそらくこの記録は伝存していたと思われ、編纂者が興味をもち、注目した出来事であったため、わざわざ本文を書き写したのであろう。

この村同士の争いについて、正しく傍証しうる史料はなく、すべてを信用することは難しいが、そもそもこうした村の記録として書き記されていたということ、この記録が寛文一二年頃に成立していることと併せ考えるなら、本件の大筋は信用してよいであろう。

しかし、この「甲州大窪村」について、編纂者は、「八代郡の属」としており、これが事実なら、相模国中川村と大窪村は直線距離でも約四〇㎞となる。この点を当初筆者は大窪村を、編纂者の指摘通りに考えて、現在の山梨県笛吹市境川のうちと考えた。[39] しかしその後、中川村から山を越えた麓の山梨県道志村にも「大久保」の地名があることを知った。[40] したがって本件は、丹沢山域を挟んで敵対する大名支配下の村（地域民）同士の争いであると考えられる。

戦国期における地域の村同士の争いはみられるものの、こうしたここまでの悲惨な争いと、褒賞を含む結果については、関東戦国史の事例としても筆者は他の事例をしらない。

これまで藤木久志氏による研究を基礎にして戦国の村・百姓達による自力の世界が明らかにされ、村の武力や村の城に関する研究がおこなわれてきている。筆者も多くを学んでいるが、例えば藤木氏が『戦国の村を行く』[41]で述べられている「村どうしも合戦をした」の事例でも近隣の村相互の用水・入会をめぐる「合戦」であり、大久保側と河村郷中川村のようなケースとはことなる。やはり国境を越えた他国への村民による侵攻・討ち入りは珍しいのではないだろうか。

ところで大久保側が討ち入ったのは、天正七年三月というが、「伝記」には「天正七年戊寅三月」とある。「戊寅」とすれば天正六（一五七八）年三月だが、天正六年三月から同七（一五七九）年三月といえば、越後で上杉謙信の跡をめぐり、景勝と景虎が争い（御館の乱）、それぞれを武田・北条氏は援助している。こうした両者の対立という政治的影響も背景として考えられよう。

しかも大久保側の侵攻をうけた中川村は北条氏の「国の恥辱」を論理として、大名からの褒賞付与や叱咤と背信禁止の指示とともに、加勢をつけられて報復に及んでいるから、これは大名の意図を背負った「村同士の合戦」だったことになる。すなわち戦国期には、大名と村民レベルによる二形態の合戦が存在した可能性も示唆されよう。

そして、北条氏による「国の恥辱」論理による村民動員のあり方は、その後の豊臣秀吉による小田原平定戦における、北条氏の総動員の論理にも繋がってくるのではないだろうか。それを想起させる「村の伝記」の一節であり貴重な「記録」である。

なお大久保地域からやや東南、中川地域からは北西の丹沢山地に鐘撞山（九〇〇・二m）がある。この山は鐘撞丸ともいい、大室山（一五八七・六m）西の峰続きにあるが、それは武田氏の侵攻を伝える鐘撞き櫓の跡であるとの言い伝えがあり、また「ひとつひのえの丑の年　甲斐と相模の国出入」との古謡が遺されているという。[42]ただし「丙丑」は干支にはない。また先述したように「伝記」には「天正七戊寅三月」とあるが「戊寅」は天正六（一五七八）年であり、天正七年は「己卯」である。したがって干支、年次に混同があるものの、この古謡は「伝記」の記述と関わると思われる。いずれにしろ、領国の境としての政治的状況を興味深く語っていよう。

## 七　相模川と須賀湊

相模川の概要と丹沢山域との地理的関係についてはすでに述べた。ここでは相模川がもった機能とその河口に位置する須賀湊について紹介していきたい。[43]

『風土記稿』[44]によれば、近世の須賀村は家数四五二軒、村の東相模川対岸は高座郡柳島村・中島村（茅ヶ崎市）、西は平塚新宿、南は相模灘、北は馬入村で、須賀湊は徳川氏直轄領であった。須賀の繁栄ぶりは「大山（伊勢原市）千軒、須賀千軒、南湖（茅ヶ崎市）は三百六十軒、あい（間）の松尾（同市）は十三軒」といわれる繁栄をみせた。[45]中世後期、とくに戦国期の須賀湊はどうであったのか。戦国期の須賀に関する史料はつぎの一〇点である。

⑨寅（永禄九・一五六六）・一〇・一六付須賀郷田中宛北条氏康朱印状[46]（奉者増阿ミ）。
⑩巳（永禄一二・一五六九）・三・二〇付須賀之郷清田宛北条氏康朱印状[47]（奉者幸田与三）。
⑪午（元亀元・一五七〇）・七・二〇付須賀郷代官船持中宛北条氏虎朱印状[48]（奉者石巻彦六郎）。
②甲戌（天正二・一五七四）・正・二四付須賀田中清田宛北条氏虎朱印状[49]（奉者安藤豊前）。

⑫酉（天正一三・一五八五）・八・二三付須賀小代官舟持中宛北条氏政朱印状[50]。

⑬丁亥（天正一五・一五八七）・一一・二八付小曽祢郷小代官宛北条氏虎朱印状[51]（奉者山角孫十郎）。

⑭戊子（天正一六・一五八八）・九・一四付田名・厚木・田村筏士中宛北条氏虎朱印状[52]（奉者安藤）。

⑮（天正一七年カ・一五八九）極・一一付太田下野守宛北条氏政書状写[53]。

⑯（年未詳）三・二七付須賀小代官舟持中宛北条氏虎朱印状[54]（奉者山角紀伊守）。

⑰（年月日未詳）那智山実報院檀那持分目録[55]。

これらの史料については『風土記稿[56]』でも紹介しており、「小田原北條氏、分国たりし時、村民に命じて鯛魚或鯵等を漁せしめ」、上流の「当麻の渡し渡船十艘を出し」「或は此の地より、豆州熱海迄運漕の課役」「材木を預りし事等所見あり」としている。これらは戦国期の須賀村・須賀湊の性格を示していよう。以下紹介していこう。

⑨は、北条氏康の発給で、小鳥の餌の御用として、鯵二〇〇匹を至急網場から小田原に納めるように田中に命じたものである。この文書には印文「武栄」の朱印が捺されており、すでに氏康は氏政に家督を譲っていた。おそらく須賀は、永禄九（一五六六）年の段階で氏康の隠居料所だったとされている[57]。また須賀が豊富な漁場だったことは、⑫からも伺える。氏政が出陣中の氏直に代わって出した同文書には「御陣へ之御用如何にも大成鯛を弐拾枚、明日之晩に可致持参候、引上於浜端則うす塩をいたし、舟を以早々可漕来候」とあって、戦勝祝いなどの用途に充てたものか、いずれにしろ漁獲の豊富さを示しているであろう。また⑪は北条氏が須賀の代官・船持中に対し、麦一三〇俵を須賀より熱海まで、船で輸送するよう命じた文書で、一三〇俵の麦を運ぶには大型の船か、船数が必要であったろう。したがって、「船持中」という廻船業者の存在と共に須賀湊が交通運輸の要所であったことが知られる。

北条氏は陸上の伝馬制に対して、海上は船による浦伝制（物資を浦から浦へ搬送する制度）であったとされている[58]。

その意味では須賀はその浦の一つでもあった。なお、⑪には北条氏の家印たる虎朱印が捺されているから、この頃（元亀元年）には氏康の隠居料所から北条氏の直轄領になった（戻った）のであろう。

ところで、②は先述したように、天正二（一五七四）年正月二四日付で須賀田中清田に充てて北条氏が津久井と七沢からの「勢楼道具」を受け取り、須賀湊での積み替えを命じたものである。ここでの船は小田原からやってくるのか、須賀船持中の船か不明だが、「小田原へ運ぶ船が着き次第」ということであれば、須賀船持中の船であって矛盾はない。つまり相模川を下ってきた船に積まれていた「勢楼道具」は須賀湊の船に積み替えられて小田原に運ばれたと考えてよいだろう。また③の「御備曲輪御座敷并塀材木」、④の「三間梁百間之御蔵材木」も同じであろう。つまり丹沢山域から産出された木材・製材は相模川をへて須賀湊に集合・集積され、そこから小田原をはじめとする供給地へ運ばれたのである。ここに丹沢山域と相模川の連携をみることができる。さらに史料を掲げよう。

【史料九】

御隠居御作事之材木、三百七十三丁□□より来次第、片時も無遅々、須□（賀）□相届之、清田ニ可渡之旨、被仰出
候、仍如□（件）、

（天正一六年）戊子　九月十四日　（虎朱印）　　安藤□（奉）

田名
厚木

田村
筏士中

この史料は、さきの史料一覧では番号⑭である。ここでの隠居は北条氏康のことで、その隠居屋敷を建てるための材木を筏に組んで須賀まで流すに際して、北条氏が流域の田名・厚木・田村の筏士に須賀で清田に渡すことを命じた内容である。同文書は田名（相模原市中央区）の江成文書として伝えられているから、相模川流域の筏士を統率した一人は田名の有力者だったことになる。またつぎの史料も注目される。

【史料一〇】

明後日当麻之渡瀬可被打越間、須賀之船十艘、当麻之舟庭ヘ廻、御通之一日可致奉公候、能舟方乗組可罷上候、仍如件、

（年未詳）三月廿七日（虎朱印）　山角紀伊守奉之

須賀小代官舟持中

この史料は、さきの史料一覧では番号⑯である。北条氏より須賀小代官・舟持中に宛てられているが、その代表格は小代官清田である。その主導のもと船を一〇艘、上流の当麻（相模原市南区）の「舟庭」に移し、北条勢の相模川渡

河における船橋設置の奉公を命じたものである。「舟庭」はいわゆる船着き場で、当麻は浅瀬であり、軍勢が通りやすかったのであろう。なお、永禄一二（一五六九）年に甲斐の武田信玄が小田原城を攻めに武蔵滝山を経て進軍してきたとき、相模川を当麻・座間周辺で渡河しているのもその例である[59]。

それはともかく、須賀小代官・船持中は相模川の軍事奉公にも関わっていたのである。つまり須賀小代官・船持中は、相模川における運輸・交通全般に関わっていた存在であった。さらに史料を掲げよう。

【史料一二】

（折紙）
人返之事、

壱人　　今若
　　但、用田之郷ニ有之、

壱人　　とねはう
　　但、打戻之郷ニ有之、

以上弐人

右、雖為権門之地、国法之間、急度可召返旨、被仰出者也、仍如件、

（永禄一二年）
巳
三月廿日（「武栄」朱印）　　幸田与三奉

須賀之郷
　清田

この史料は、さきの史料一覧では番号⑩である。ここでは須賀郷の住民であった「今若」と「とねはう」が退出して他郷へ移ってしまったことについて北条氏康が人返しを命じたものである。これは『平塚市史』[60]が指摘するように、農民の逃散ではなく、商業交通の要地や新しく開かれた村や宿への移住と考えた方がよいかもしれない。ここでは「今若」「とねはう」の名前に注目したい。つまりこれらの名前は、一般農民の名前とは考えにくいからである。例えば須賀の住民ではあるが、芸能・宗教など一般とは異なった職種を営んでいた可能性があるということである。つまり、名前のみからではあるが、須賀郷には多様な人びとが住んでいたと仮定したい。それこそが湊町場としての「須賀之郷」の性格を示していると思うからである。寺社の数々の存在も、史料番号⑰にみえる熊野信仰の展開もまたそれらを語っていよう。

あらためて須賀湊についてみてみると、相模川水運上の集積地であること、そこから接続する海上輸送の基地であり、海産物が豊富で、当然ながら町場的性格をもち、宗教の多様な展開があった。また北条氏の直轄地で代官清田が管理し、立地は相模のほぼ中間地に位置し、海から内陸部への重要ルートを扼するがゆえに繁栄をみたといえる。

## むすびに

中世後期、とくに戦国期は人の動き、ものの流れが活発化する。相模国すなわち北条領国をとりまく交通・運輸形態については、東海道と甲州道が幹線道路であり、例えば小田原から北武蔵へは、相模川を渡河し当麻・田名から多摩・八王子地域、毛呂をへて鉢形とを結ぶコースもあった。また相模でいえば、内陸物資の搬出は相模川・須賀湊が利用されていた。さらに江戸湾では品川湊が機能し、伊勢大湊とつながっていた。戦国期の三浦半島は房総地域との関係が密接な地域であり、北条領国にとっても重点地域であった。さらに三浦半島の三崎・浦賀は唐船来航地でもあったのである。こうしたさまざまな交通・運輸網の展開のなか、丹沢山地（内陸）から相模川を経て須賀湊へ、そこから小田原あるいは鎌倉等へ、そしてまた須賀湊へ、さらに相模川を経て丹沢山地（内陸）へというルートは、いわば丹沢山域と相模川の連携によって生み出されたものであり、戦国大名北条氏のいわば「膝下」の地域として領国基盤を支えたといえよう。

## 註

（1）本稿との関わりでいえば、筆者はすでに以下の論文、拙稿A「戦国期相模河村郷中川と甲斐大窪村」『足柄乃文化』第三一号（山北地方史研究会、二〇〇四年）拙稿B「戦国大名後北条氏と丹沢山塊」『足柄乃文化』第三五号（同、二〇〇八年）、拙稿C「『新編相模国風土記稿』と丹沢山麓の世界」『山岳修験』第六二号　山北・丹沢特集（日本山岳修験学会、二〇一八年）を発表しており、本稿内容と重複するところがあることをお断りしておく。

（2）『角川歴史地名辞典14神奈川県』（角川書店　一九八四年）の「丹沢大山国定公園」「丹沢大山自然公園」「丹沢湖」「丹沢山」「丹沢山地」参照。

（3）前掲註（1）拙稿B参照。その後として盛本昌広『中近世の山野河海と資源管理』（岩田書院、二〇〇九年）をあげておく。

（4）『角川歴史地名辞典14神奈川県』所収の「戦国期地名分布図」参照。

（5）『同右』所収の「近世初頭地名分布図」および「近世末期村鎮守分布図」参照。

（6）戦国大名と山・山林をめぐるこれまでの研究については、前掲註（1）拙稿Bで、いくつか紹介している。

（7）以下、本稿で紹介する史料については、史料一覧として、①から⑰まで丸数字を付けて文書名を示し紹介しているが、行論中の史料三・四・五・六は一覧にはいれず個別に紹介している。なお史料一覧の②は、須賀湊の関係史料でもあり、「七　相模川と須賀湊」の項でも重複して掲載している。

(8)「福原文書」『戦国遺文後北条氏編』第二巻一五四七号。
(9)「清田文書」『戦国遺文後北条氏編』第二巻一六八五号。
(10)「山田明氏所蔵文書」『戦国遺文後北条氏編』第三巻二〇七八号。なお本史料(3)と史料一覧の④・⑤・⑥・⑦・⑧については『清川村史』資料編に詳細な解説がある。
(11)「山田明氏所蔵文書」『戦国遺文後北条氏編』第四巻三三四七号。
(12)小代官清田については、『平塚市史』通史編古代・中世・近世、参照。
(13)板倉氏については『戦国人名辞典』「板倉修理亮」の項、山口研一執筆。
(14)井上氏については『戦国人名辞典』「井上加賀守」「井上雅楽助」の項、山口研一執筆。
(15)『同書』巻五八村里部愛甲郡清川村。
(16)北条領国全体の当該研究としては、下山治久「後北条氏の炭焼司と鍛冶職人」『戦国期職人の系譜　杉山博博士追悼論集』(角川書店、一九八九年)がある。
(17)同右。
(18)「山田明氏所蔵文書」『戦国遺文後北条氏編』第二巻一六八一号。
(19)「相州古文書所収愛甲郡伝兵衛所蔵文書」『戦国遺文後北条氏編』第五巻三七五九号。なお原本は独立行政法人国立公文書館蔵。
(20)「山田明氏所蔵文書」『戦国遺文後北条氏編』第三巻二五九二号。
(21)「山田明氏所蔵文書」『戦国遺文後北条氏編』第四巻二九〇五号。
(22)『厚木市史』中世通史編。
(23)「相州文書所収足柄下郡次郎右衛門所蔵文書」『戦国遺文後北条氏編』第四巻三五九八号。
(24)『同書』巻五七　村里部　愛甲郡巻之四「下荻野村・旧家利左衛門」の項。
(25)『同書』巻五七　村里部　愛甲郡巻之四「飯山村」の項。
(26)『座間市史』通史編一。

(27)『厚木市史』中世通史編。
(28)「相州文書所収大住郡大山寺八大坊文書」『伊勢原市史』資料編古代・中世資料一九九号。
(29)「相州文書所収大住郡神家兒捨千代満坊所蔵文書」『伊勢原市史』資料編古代・中世資料二〇八号。
(30)同右二〇九号。
(31)平塚市博物館『大山の信仰と歴史』(一九八七年)。
(32)山・峠の名称等については、奥野幸道『丹沢今昔』(有隣堂、二〇〇四年)、そのほか丹沢関係の書籍等による。
(33)とくに大山や八菅山信仰をめぐる研究の蓄積が古くからあるが、近年では城川隆生による『丹沢の行者道を歩く』(白山書房、二〇〇五年)をはじめとする研究が注目される。なお平成二九(二〇一七)年一〇月に第三八回日本山岳修験学会山北・丹沢学術大会が神奈川県山北町を会場に開催されている。
(34)『小田原衆所領役帳』戦国遺文後北条氏編 別巻。
(35)近年における注目される研究に、村田精悦「戦国期における軍事的「境目」の考察―相模国津久井「敵知行半所務」について―」『戦国史研究』第六二号(戦国史研究会、二〇一一年)。
(36)『風土記稿』巻之一六　村里部足柄上郡巻之五、「中川村」の項。
(37)同右。
(38)同右。
(39)前掲註(1)拙稿A。
(40)前掲註(1)拙稿C。
(41)朝日選書五七九(一九九七年)。
(42)伊藤堅吉『道志七里』道志村々史編纂資料蒐集委員会(一九五三年)。
(43)須賀湊については『平塚市史』通史編古代・中世・近世での研究がある。また平塚市博物館『秋期特別展山と海を結ぶ道―相模川・相模湾の水運―』(二〇〇九年)も参照。
(44)『風土記稿』巻之四十三村里部大住郡之二および『角川地名大辞典14 神奈川県』(角川書店、一九八四年)「須賀村」の項。

(45)『平塚市史』13上　別編寺社（1）。
(46)「清田文書」『戦国遺文後北条氏編』第二巻九八六号。本史料を含め、史料一覧⑨から⑯、および②については『平塚市史』第一巻 資料編 古代・中世に収録され、詳細な解説が付けられている。
(47)「清田文書」『戦国遺文後北条氏編』第二巻一一八四号。
(48)「清田文書」『戦国遺文後北条氏編』第二巻一四三〇号。
(49)「清田文書」『戦国遺文後北条氏編』第二巻一六八五号。
(50)「清田文書」『戦国遺文後北条氏編』第四巻二八四七号。
(51)「金子英和氏所蔵文書」『戦国遺文後北条氏編』第四巻三二二四号。
(52)「陶山静彦氏所蔵江成文書」『戦国遺文後北条氏編』第四巻三三七〇号。
(53)「楓軒文書纂五三」『戦国遺文後北条氏編』第四巻三五七三号。
(54)「清田文書」『戦国遺文後北条氏編』第五巻三七八九号。
(55)「米良文書」『新横須賀市史』資料編古代・中世Ⅱ二七九六号。
(56)『風土記稿』巻之四三　村里部　大住郡之二「須賀村」の項。
(57)『平塚市史』第一巻 資料編 古代・中世における本文書解説。
(58)『平塚市史』第九巻通史編 古代・中世・近世。
(59)『甲陽軍鑑』品第卅五 巻第一一 関東発向、小田原中焼払事付馬場見物に参ル事并小山田願書之事。
(60)『平塚市史』第一巻 資料編 古代・中世における本文書解説。

# 近世神奈川県域の地域文化とその展開

五味文彦

## はじめに

近世の地域文化を考えようとする際、戦国期までとは違って、中央との関係、すなわち徳川政権の動きを常に視野におかねばならない。本稿が対象とする神奈川県域は、江戸を中心とする御府内南西部の幕領や旗本領、及びその縁辺の藩領からなることから、中央との関係を踏まえて、地域文化の様相や展開を考えるのには、格好の素材である。

対象とする時期は、近世も後期になってから地域文化が独自に展開し始めることに鑑み、その地域文化が本格的に展開する前段階についてを見てゆくことにする。元和元（一六一五）年の大坂夏の陣を経て、『武家諸法度』や『禁中并公家中諸法度』が布告され、幕藩制が成立した時期に始り、その確立した吉宗政権期までの時期を扱う。

## 一　幕藩制と地域文化の基盤形成

### 1　百姓と村の所帯

徳川秀忠・家光政権は、幕藩制をどう構築してゆくかについて模索していた。寛永一二（一六三五）年の『武家諸法度』は、その方向性を示している。第二条で「大名・小名在江戸交替相定ムル所ナリ。毎歳夏四月中、参勤致スベシ」と、江戸への参勤交代を定め、第九条で「万事江戸ノ法度ノゴトク、国々所々ニ於テコレヲ遵行スベキ」と、国々が万事につけ江戸の法令に従って遵守するよう命じ、第一五条でも道路・駅馬・舟梁等の管理など江戸中心の交通整備を定めている。

この時期の幕府の諸地域への政策を見ると、寛永一〇年八月一三日に町人・百姓の訴訟について「公事裁許定」を整えている。町や村をめぐる争いが広がっていたことによるものであり、そのなかに「町人跡職の事、存命之内五人組え相断、其上町年寄三人之前にて帳に付置べし」とあり、町や村に五人組制がしかれ機能するようになっていた。

神奈川県域では、その年八月朔日には幕領武蔵橘樹《たちばな》郡王禅寺村と麻生村との秣場《まぐさば》をめぐる争論の裁許があり、寛文四（一六六四）年には、相模高座郡小和田村と茅ヶ崎村との漁場境をめぐる争論があって、その裁許絵図が今に伝わる。町や村の土地や権益をめぐる争いがおきているのは、町に住む町人、村に住む百姓が、その住む町や村をしっかり掌握し維持してゆくようになったからであって、そこでは五人組制が重要な役割を果たしていた。

続いて寛永一四年三月一〇日には幕領代官に宛てて七ヶ条の条目が発され、支配地の治水普請、麦作の善悪の見届け、村々の見回り、田畑の検分、年貢納入などの業務の遂行を命じている。その第二条には、「身上能き百姓は田地を買取り、いよいよ宜しくなり、身体ならざる者は田畠沽却せしめ、猶々身上成すべからざるの間、向後、田畠売買停止たるべき事」とあって、百姓の永代売買を禁じてその「身上」「身体」の維持を図らせ、第三条では、身上を保てない百姓に対しては、精を入れ「身体持ち立つ」よう計らうべし、と命じている。

翌一一日に一七ヶ条の「土民仕置覚」は、家作りに始まって百姓の倹約、耕作・田畑の手入れを命じ、百姓の家業や所帯維持の方策、百姓と地頭の争いの訴訟対策についても命じるなど、百姓の所帯維持策が本格的に進められている。

これらに認められる政策は、これまで「本百姓体制」「百姓成立」として指摘されてきたものであるが、百姓の所帯維持政策として捉えるべきであろう。そう捉えれば、百姓以外の町人や武士にもあてはまり、幕府の政策基調であったことがわかる。ただ幕府の法令に所帯という文言は認められないが、それに対応する表現が「土民仕置」の「仕置」である。それは処罰や処分を意味する仕置ではなく、所帯を安定させるという意味の仕置である。

『本佐録』（『天下国家之要録』）は本多正信が著したと伝わるが、その「百姓仕置の事」には、「百姓は天下の根本也。是を治むるに法あり、先ず一人一人の田地の境目をよく立て、さて一年の入用作用食をつもらせ、其余を年貢に収むべし。百姓は財の余らぬように不足なきように治むること道なり」とあり、百姓は天下の根本であって困窮させないようにすべしと記している。まさに所帯維持政策は幕府の政策基調であった。

寛永二一（一六四四）年三月、幕府は幕領に「家数人数万改帳」の作成を命じて百姓の所帯を具体的に把握している。翌正保二（一六四五）年に幕領代官の成瀬重治が相模・武蔵・下総の幕領の村々に書上げを命じると、これに応じて相模高座郡羽鳥村の名主文左衛門らは村の書上を作成しているが、それには田方や畠方の高とその作付、家数・人数・寺僧・馬数・林山などが記されている。

こうした書上を記すためには、百姓がその住む村の詳細を知る必要があり、また書き上げを通じていかに所帯を維持し生きてゆくかを考えるようになる。書上げを提出した、先の羽鳥村では、寛永一五年に切支丹改の請書を、慶安五年には五人組請書を出すなど、年貢の村請制とあいまって、村の所帯を安定させていたことがわかる。

小田原藩では寛文一一（一六七一）年に村明細帳の提出を命じているが、その九月に足柄下郡根府川村の名主の長十郎が作成した明細帳には、四九もの項目について記されており、百姓は村の環境や実情をきちんと把握するようになっていたことが知られる。

こうした動きと関連するのが、『慶安御触書』として知られる慶安二（一六四九）年二月の百姓教諭書「百姓身持之事」であって、その第一四条には次のように見える。

男ハ作をかせぎ、女房ハおはたをかせぎ夕なべを仕り、夫婦ともにかせき申すべし。然バみめかたちよき女房成共、夫の事をおろかに存じ大茶をのみ物まいり遊山すきする女房を離別すへし。去りながら子供多く之有て、前廉《まえかど》恩をも得たる女房ならバ格別なり。又みめさま悪候共、夫の所帯を大切ニいたす女房をバいかにも懇に仕るべき事

百姓に対し「所帯」を大切に維持すべきこと、夫・女房ともに稼ぎに精を出し、所帯を大切にするよう説いている。

こうした村や百姓が定着するにあたっては、村人が結集する鎮守の役割も大きかった。正保三（一六四六）年の横浜市金沢区寺前八幡宮の棟札には、代官や手代と姓の無い官途衆（左衛門や大夫などの官途を有する上層百姓）の名が見え、慶安元（一六四八）年鎌倉市手広の熊野神社の棟札には、領主大岡氏、年寄和田氏、名主内海氏、官途衆、百姓衆、寛文三（一六六三）年の鎌倉市寺分の駒形神社の棟札には、二八人の官途衆が郷内の安全や万民の豊饒を祈っている。

## 2　武士と町人の所帯

所帯という語は慶長八（一六〇三）年成立の『日葡辞書』に「知行と同じ」とあって、本来は武士の知行を意味しており、所帯の安定・維持の政策が武士にあてはまることは言うまでもない。幕府が定めた『武家諸法度』や『諸士法度』、幕府が発給した知行の安堵状や宛行状はその具体策である。

さらに正保元（一六四四）年一二月、幕府は「日本国郡之図、同諸城之絵図」の調進を諸国に命じ、国絵図や郷帳・

城絵図を作成させ、郡・村の名や高、地勢・境界・道路・山川・舟渡・湊などを詳しく描かせたが、これも大名や諸士の所帯を把握するという点で大きな意味をもつ。

神奈川県域では「武蔵国絵図」「相模国絵図」の二つがあり、そのうち「相模国絵図」は小田原藩主稲葉正則、幕領代官成瀬重治・坪井良重が絵図元になって作成された。郷帳は国郡ごとに各村高を書上げ、田・畠・新田に分けて高を記載したもので、幕府はそれを掌握し藩の内情を知ることになるのであるが、所帯という観点からすれば、国・郡・村を経営する領主の所帯を把握する意図があったと指摘できよう。

続いて寛文四（一六六四）年三月、将軍徳川家綱は「御朱印改」を行った。諸大名に与えていた領知判物・領知朱印状の写し、領知の石高を細かく記した文書を提出させたものであり、その上で同年四月から七月にかけ全国の大名の万石以上と侍従には領知判物で、それ以下には朱印状で四月五日に交付したが、それは二一二家に及んだ。寛文印知である。

寛文五年三月には旗本諸士の職務精励のために所帯を維持する措置をとった。大番頭に二千俵、書院番頭に二千俵と小姓番頭に千俵ずつ、そのほか番衆の組頭や目付・使番らに各五百俵の役料を支給することとし、寛文六年七月には対象を拡大、留守居に二千俵、大目付・町奉行に各千俵など約四〇の役職に役料を定めている。

こうして武士の所帯が定まり、維持されてゆくなか、町人の所帯も定まっていった。正保の城絵図は、本丸・二の丸・蔵屋敷・堀などの城郭部分だけでなく、その城郭を中心とする侍屋敷や町屋の町割、街路の間数をも描いており、城下町絵図の性格を有している。幕府が大名の内情を知るための軍事的意味があったのだが、城下の「侍町小路割幷間数」「町屋」についても描かせているのは、この時期には城下町の町が定着し、それを把握する意味合いもあったと見られる。

神奈川県域の城絵図には「小田原城絵図」(国立公文書館蔵)が伝来する。その絵図作成が命じられた正保元年の前年である寛永二一(一六四四)年に、稲葉氏による築城工事が完成していて、正保図ではその城内の様子が概観でき、周囲の「侍町」や「蔵屋敷」「町屋」、さらにその外側の田畑が描かれたのである。

小田原は戦国時代の町割を継承しつつ、万治年間の稲葉氏による町割により東海道沿いの通町の九町、甲州道沿いの六町、東海道の南側に並行する四町の脇町、一九町で編成されるようになった。商人・職人別の町がなく、脇町に漁師(海士方)、廻船方、魚座が多く居住していた。貞享二(一六八五)年の『御引渡記録』によれば、家持町人は一一一一人であり、稲葉氏の時代には鎌倉屋、柴田屋、熊沢屋、筋違橋町の材木商木屋、欄干橋町外郎宇野氏などの商人が栄えていた。

このように城下町の町人も所帯が定まってきた。神奈川県域ではないが、博多の豪商・島井宗室が慶長一五年正月に記した一七条の遺訓「生中心得身持、分別致すべき事」を見ると、その第三条において、「先所帯をつましく、夜昼心掛け、其うえにて商買油断なく仕るべく候。若しふと悪しく銀子もうしない候共、少し成る共所帯に仕入れ、又取り立て候事も成すべく候」と記し、「所帯」を大事に心掛けるべしと訓じている。

一三条でも「何ぞ有る時よりかせぎ商、所帯はくるまの両輪のごとくなげき候すること専用候」と、稼ぎと所帯とは車の両輪であると記す。さらに一七条も「所帯をなげき、商売に心がけ、つましく油断無きように仕るべく候」と、所帯を大事にすることを強調している。

町人が所帯を大事にして城下町に定着するようになったが、町人は城下町の町人だけではなかった。慶長六(一六〇一)年に徳川家康が東海道の宿駅に朱印状を出し、神奈川・程ヶ谷・藤沢・平塚・大磯・小田原に宿駅が設置され、さらに追加して慶長九年に戸塚、元和四(一六一八)年に箱根、同九(一六二三)年に川崎にも設けられた。続いて寛永一四（一六三七）年に各宿に助馬村が設置され、元禄二（一六八九）年に助郷の実態調査が行われるなど助郷制が整えられていったことで、各宿場とその町人の所帯が安定化した。

それとともに東海道とその宿駅が絵図に描かれるようになる。寛文六（一六六六）年の『東海道路行之図』、寛文一二（一六七二）年の『東西海陸之図』は宿駅の里数や駄賃・名所旧跡を記す道中図であるが、『東海道五拾三駅画巻』や元禄三年の遠近道印の『東海道分間図絵』になると、そこには定着した神奈川県域の宿場が描かれている。

## 3　寺社の所帯

寺社の所帯について、神奈川県域を見てゆくならば、修験の霊場の大山では、慶長一〇（一六〇五）年に徳川家康の命で「不学不律の僧」が下山させられ、平塚八幡宮別当の実雄が学頭に任じられた。同一三（一六〇八）年に黒印状によって大山寺実雄硯学領として小蓑毛郷五七石余と山林境内の諸役が免許され、同一四（一六〇九）年には三ヶ条の掟書が八大坊に出され、前不動から上側の山が永代清僧結界の地と定められるなど、山内秩序が整えられた。

これにともなって多くの山伏が前不動から下へと降り、坂本や蓑毛に居住することになって、同一五年に「坂本畠屋鋪七拾弐石余、子安内弐拾七石余」が大山寺八大坊に寄進され、坂本村と子安村が大山の門前町となった。大山寺境内と門前町が整備されてゆくなか、寛永一五（一六三八）年の関東真言宗古義本末帳に、大山寺は「定額僧一五口、此外無供之衆員数不定」と記され、本山が高野山、供僧は一一ヶ坊にあって衆徒は一三人であった。

元禄一五（一七〇二）年に、大山師職惣代の青木左近大夫らは子安村百姓吉兵衛らを相手どって訴訟を起こした。子安村の百姓たちが新たに旅籠屋を営業し、師職のように参詣者を泊めているのを差し止めるよう求めたのである。このことは師職たちがこれまでに大山への参詣者を泊める営業を活発に行うようになっていたことを物語っている。

武家政権発祥の地である鎌倉ではどうだったか、元和二（一六一六）年に鎌倉を訪れたイギリス商館長コックスが、「今では町ではなく、いくつかの山々に囲まれた気持ち良い谷間のあちこちに家々が散在しているばかりである。その間にいくつかの極めて華麗な仏塔と剃髪した婦人の尼寺がある」と記すように、鎌倉の衰退は著しかった。鎌倉の大仏は「青銅の巨大なる偶像が田圃の中に放棄され、野鳥の巣となっている」と『日本切支丹史』慶長一二（一六〇七）年の記事が記しており、露座の大仏として放置されていた。

寛永一〇（一六三三）年に江戸東海寺の沢庵宗彭が鎌倉を訪れて『鎌倉順礼記』を著している。八幡宮の「社頭にぎやか」な様を見て、夜に参詣し、翌日に江の島に向かったが、その途中の極楽寺を拝観して、「仏は臂おち、みぐしかたぶき、堂はいらかやぶれ、むな木たをみ、かかぐべき寺僧の力もなく」という零落を嘆き、五山の建長寺では、山門の上層が破壊して失われ、正統庵は所領がなく無住、浄智寺・浄妙寺もかたばかりの体であった。「天下の五岳、などかくのごとく成はてぬる事やある」と嘆息したのである。

このように衰微の著しい鎌倉であったが、天正一九（一五九一）年に検地が行われて、鎌倉中一一ヶ村が成立し、鎌倉の諸寺社に所領安堵の朱印状が交付された。鶴岡八幡宮寺の散在所領は鎌倉の雪下や扇谷・本郷など門前にまとめられた。八幡宮の背後の宮寺供僧の二五坊は天正年間に七院に減少していたが、家康が五院を再興して関東古義真言宗の中心的存在となった。八幡宮の修造は、寛永元年に上下宮の正遷宮が行われ、同三年に諸堂末社が竣工し、同五年八月に社中の法度一一ヶ条が定められ、ここに宮寺の所帯が定着した。

浜辺の光明寺も一〇貫文の地が寄進され、慶長二（一五九七）年に浄土宗鎮西義の学問所である「関東十八檀林」の制が定められると、江戸の伝通院の次位に置かれ、同七（一六〇二）年には浄土宗の関東総本山となった。その光明寺領や八幡宮寺領となった材木座村は、天和元（一六八一）年に江戸日本橋材木町に置かれた魚市場の新肴場に付属する鎌倉郡五か浦の一つに指定されたことで浦として安定した。

このように鶴岡八幡や光明寺が幕府の保護を得るなか、寛永一三（一六三六）年に家康の側室勝が鎌倉の扇谷の地を与えられて英勝寺を創建し、同一五（一六三八）年に家光から寺領や金三千両を寄せられ、その年貢と金の貸付け利子で寺の経営が維持されるようになった。この頃から幕府や大名家、上級武士による鎌倉の寺社の復興が相次ぐ。尼五山の東慶寺には寛永一〇（一六三三）年に徳川忠長の御殿が移され、同一一（一六三四）年に仏殿が建立され、正保四（一六四七）年に徳川秀忠夫人の御霊屋が下賜されて仏殿や門が成った。

## 二　地域文化圏の形成

町人や百姓、武士、寺社の所帯が定まるとともに、様々な職種に巧者が現れるようになった。寛文一二年の「百人一種」という「落書」には、「浄瑠璃ハ葦大夫観喜院」「能ハ宝生大夫」「謡ハ喜多七大夫」などの芸能者に始まって、「画師ハ狩野探幽」「博学ハ弘文院（林鵞峯）」といった百種の職種の巧者が掲げられている（『談海』）。

これは京を中心として載せているが、農業の分野において農書が著されたことが巧者の出現を物語っている。延宝・天和年間（一六八〇年前後）に西三河の百姓の手で『百姓伝記』が著され、貞享元（一六八四）年に会津の幕内村肝煎の佐瀬与次衛門が会津の地に即した『会津農書』を著している。ともに地域限定の農書であるが、福岡藩の宮崎安貞が元禄一〇年に刊行した『農業全書』は全国的に普及した。このような多種の巧者、職業人の登場によって地域文化は開かれていった。

## 1　横浜文化圏の前提

『農業全書』を読み、諸国を歩いて農業・交通の実情を見聞するなか、『農業全書』に欠けている部分を『民間省要』に展開した「地方巧者」の田中丘隅（休愚）は、武蔵多摩郡平沢村の名主の子に生まれ、川崎宿本陣の田中兵庫の養子となり、宝永元（一七〇四）年に家督を継いで名主・問屋を兼ねると、多摩川の渡船経営を川崎宿が担うことで、困窮著しい川崎宿の財源を確保し、繁栄の基を築いた。

家督を子に譲って享保六年に『民間省要』を著した。上巻で年貢・小物成などの賦課、田地、用水川除普請などを記し、中巻で宿駅や伝馬などを記し、これが認められて幕府の役人に登用された。慶長一七（一六一二）年には、武蔵小杉陣屋の代官小泉吉次が開削した多摩川両岸の六郷用水と稲毛川崎二ヶ領用水を、享保八（一七二三）年に改修し、川崎宿の背景をなす田地を潤した。

川崎宿と並んで新立の戸塚宿は、正式の宿場になるのは、戸塚町の沢辺宗三の存在が大きかった。開設願いを幕府に提出し、隣接する藤沢・保土ヶ谷両宿の了解を得て、戸塚宿を起立させ、沢辺家は宿の名主を世襲した。川崎・保土ヶ谷宿の中間にある神奈川宿は、中世からの陸上交通の要衝であるとともに、神奈川湊という海上交通の要衝でもあった。宿は神奈川町と青木町からなり、元禄八（一六九五）年に神奈川町、慶長四（一五九九）年と寛永二一（一六四四）年に青木町の検地がおこなわれた。

オランダ人医師ケンペルは、元禄四（一六九一）年に長崎から東海道を通り江戸までやってきた時の日記を『江戸参府旅行日記』として記しているが、そこでは「戸塚といふ小さな町」が「宿場はずれの村々と一緒にして約五百戸の家が川の両側にあった」と記し、「程ヶ谷という町あるいは大きな村があり」と記し、続く神奈川宿については、

「神奈川に着き、ここで泊った」「およそ六百の家々が立並ぶこの土地の町筋は、半里も長く続いていた」と、他の宿場とは違って発展していたことを語っている。川崎は、「川崎という小さい町、三百戸以上あり」とある。

この東海道の交通の発展は宿の助郷に支えていた。享保一〇（一七二五）年の川崎宿助郷は橘樹郡三〇、荏原郡八の三八ヶ村で、神奈川宿は同年に三四ヶ村、保土ヶ谷宿は元禄七（一六九四）年に定助郷一四ヶ村、大助郷二二ヶ村と見える。大助郷とは助郷役の村に代わって役を負担するものである。戸塚宿は元禄七年に三一ヶ村であった。これら四宿の助郷は武蔵国荏原・橘樹・久良岐・都筑の四郡に及んでいた。

東海道の宿の発展とともに東京湾の湾岸部の開発が著しくなった。ケンペルは保土ヶ谷宿を通った時、「町は再び狭い湾になっている海に近づいたが、この町を貫いて流れている大きな川がその湾に注いでいて、遊船には安全な港になっており、何艘かが河口に錨を下ろしていた」と記し、帷子《かたびら》川の河口部に河岸が生まれ賑わっていたという。

この帷子川河口のすぐ近く、神奈川湊の向かいの大岡川河口部入海の開拓が、江戸の材木商吉田勘兵衛、浅草の米商人友野与右衛門、土木技術者の砂村新左衛門政次らにより行われた。その中心の吉田勘兵衛が、半額を出資し、明暦二（一六五六）年に幕府からの埋立・新田開発の許可を得て工事を開始した。海水の流入を防ぐ潮除堤を築くも、翌年に海が荒れ、崩壊してしまう。このため丈夫な石堤が必要と考えて、再び計画を練り、砂村が技術面を担当し、万治二（一六五九）年に工事を再開、堤の石を安房・伊豆、土を天神山、中村大丸山、洲干《しゅうかん》島から削って運び、寛文七（一六六七）年に完成し、延宝二（一六七四）年の検地により吉田新田村が成立した。

その共同出資者の一人である友野は、箱根用水の開削にも関わるが、万治三（一六六〇）年に三浦半島東南部の平作川の旧河口の埋立工事に着手し、潮除土手を築いて寛文六年に内川新田を完成させている。さらに横浜市金沢の入海の新田開発は、隠居して金沢に住む江戸の医師永島泥亀が寛文年間に行い、延宝三（一六七三）年に「泥亀新田」

が誕生している。

こうして多分野における巧者の手によって、東海道沿道が繁栄し、湾岸部の開発が進んだこともあって、人々は景勝地へと誘われた。そもそも泥亀新田を開拓した永島泥亀は、景勝の地である金沢に住むうちに新田を開発したのである。その金沢について、浅井了意の『東海道名所記』（一六五八年）は「金沢と申すは、武蔵国名誉の景ある所なれば、屏風にうつしてこれをもてあそぶ」と記し、万治二（一六五九）年の中川喜雲の『鎌倉物語』は、中国の瀟湘八景にならって、瀟湘夜雨、洞庭秋月、遠寺晩鐘、遠浦帰帆、山市晴嵐、漁村夕照、江天暮雪、平沙落雁など金沢八景の地を記している。

『金沢之絵図』が一七世紀後半に鎌倉雪ノ下の富田屋版で刊行され、延宝元（一六七三）年には、水戸の徳川光圀が江戸への帰府に際して、上総湊から船で金沢に渡ってきた。「鎌倉を歴覧せんとて金沢の浦へ渡る」と、金沢の地を訪れた後、鎌倉を見物している。その光圀に天和元（一六八一）年に招かれた渡来僧の東皐心越《とうこうしんえつ》は、金沢の能見堂からの眺望を漢詩に作った。洲崎の晴嵐、瀬戸の秋月、小泉の夜雨、乙艫の帰帆、称名の晩鐘、平潟の落雁、野島の夕照、内川の暮雪を詠んだものであるが、渡来僧の詩作であったことも手伝い、これが金沢八景の定番となった。

こうして神奈川湊・宿を中心にした湾岸部の開発と東海道の交通の発展により、武蔵国橘樹郡・久良岐郡・都筑郡は一大地域文化圏を形成してゆき、横浜文化圏へと繋がってゆく。

## 2　古都鎌倉の文化圏

金沢を訪れた人々は、続いて鎌倉を訪れることが多く、鎌倉の絵図も明暦から万治年間には作成された「相州鎌倉之図」に始まり、寛文頃に「相州鎌倉之本絵図」が大和屋庄左衛門・高橋庄左衛門によって刊行された。ただこれらは京都や江戸で刊行されたものであり、武家の古都としての見学や遊覧のためである。

やがて延宝六（一六七八）年に鎌倉「雪下」の松尾から鎌倉絵図が刊行され、貞享三（一六八六）年からは元禄四（一六九一）年・八（一六九九）年と続けて、「雪下」の富田屋庄兵衛から刊行されている。これに大きな影響を与えたのは、徳川光圀が金沢をへて鎌倉に入り、英勝寺を拠点に名所・名跡を訪ね、その旅の記録を『甲寅紀行』、『鎌倉日記』にまとめ、延宝四年にその修訂を行わせ、貞享二（一六八五）年に『新編鎌倉志』八巻を刊行したことにある。

光圀は『大日本史』の編纂を行い、那須国造碑を整備して近くの古墳を発掘する学術調査を行っただけに、鎌倉の現状を記すのみならず、『吾妻鏡』をはじめ多くの文献を用い、寺社とその宝物、史跡などを歴史的観点から詳しく記したので、格好の歴史ガイドブックの役割を果たしたのである。この鎌倉への関心の高まりもあって、鎌倉の復興は著しくなった。

早くから保護されていた光明寺では、磐城平藩主内藤忠興の檀那寺となって、江戸の霊厳寺から位牌堂と石塔が移され、寺領二百石が寄進され、その夫人上杉氏は寛文元（一六六一）年に禅興寺仏殿を再建した。寛文三（一六六三）年に善導大師銅像が江戸の仏具屋長谷川五郎兵衛によって、貞享二年に内藤忠興像が江戸仏師玄慶により造立された。

正保二（一六四五）年に大老酒井忠勝が長谷寺の観音堂を造替し、延宝五（一六七七）年に長谷寺の本尊十一面観音像が鎌倉仏師の三橋・菊池・後藤三家によって修理された。この修理に関わった三橋靭負法橋守延は、「相州鎌倉運慶末弟大仏師」と名乗り、これ以前、極楽寺の叡尊・忍性像、寛文九年に金沢称名寺の金剛力士像の修理を行っている。中世からの伝統を誇る鎌倉仏師は、運慶の流れを引くとの自負があって、江戸仏師と競合しながら多くの仏像を造っていったのである。

荒れ果てていた鎌倉大仏も、江戸増上寺の祐天上人の在家の弟子である浅草の商人野島新左衛門が奔走し、寺地を整備して「高徳院」という院号を授与され、享保一八（一七三三）年に薫誉養国を大仏住職につけた。これに養国はよくこたえて江戸で勧進をおこなって、元文二（一七三七）年に大仏開眼供養にこぎつけたのである。

鎌倉大工も相次ぐ寺社の造修築に腕を振るった。大名の支援によるものには、元禄一二（一六九九）年の伊勢長島藩主松平忠充による円覚寺蔵殿兼僧堂、延享四（一七四七）年の尾張藩主徳川宗勝による安国論寺本堂があり、さらに勧進や開帳で資金が集められたものがある。貞享二（一六八五）年の円覚寺正続院開山堂が江戸町人の用材・造作の寄付により、貞享四年に再興された光触寺本堂が江戸町人多数と大工七人により、元禄六（一六九三）年の明王院五大堂については江戸浅草寺で開帳があった。元禄一一年の光明寺本堂も江戸での仏像や宝物の開帳があって造営されたが、その大工の棟梁は乱橋蔵並政吉であった。

元禄一七（一七〇四）年の「鎌倉中大工仲間定」に鎌倉中の村々の大工四七名が連名しているが、これには鶴岡八幡宮大工・建長寺大工・英勝寺大工・覚園寺大工・乱橋大工蔵並氏が含まれているので、鎌倉の大工は結集して江戸大工と対抗したのであろう。前年に鎌倉を襲った地震による津波の影響があったのであろう。鎌倉では流死者が六百人、八幡宮の二の鳥居まで海水が押し寄せ、荒廃の著しかった大仏の首は三尺ほど傾いたという。

鎌倉を訪れた多くの旅人は江ノ島をも見物したので、「相州江島之図」が寛文頃には出版されていた。江の島には慶長五（一六〇〇）年六月に徳川家康が参詣して、岩本坊に立ち寄っているが、その岩本坊が岩本院と号して慶安二（一六四九）年に京都仁和寺末となり、「江嶋弁財天境内山林竹木諸役」免除の朱印状を得て、島内支配が認められた。

岩本院は江の島弁財天の祈禱を通じて将軍家大奥との関係を深め、岩本院惣別当の真乙はその関係を利用して、延宝八（一六八一）年に焼けた岩本院を、江戸で開帳を行って再建にあたり、元禄八（一六九五）年に炎上すると、これを契機に享保二（一七一七）年に神輿や神楽の再興を願い出て、東儀左京亮から鎌倉楽人の小池平太夫・加茂監物に音楽伝授がなされたことで、江の島一山の祭礼が行われるようになった。

こうして武家の古都の文化がよみがえったが、新たな形の文化の展開も見逃せない。大坂の医師寺島良安が正徳三（一七一三）年に著した絵入り百科事典『和漢三才図会』は、諸国の「土産」を記していて、その「相模国土産」に、鎌倉の「鼠大根」「柴胡」「紅花」「海蝦」、江ノ島「江豚」などの鎌倉産を多くあげている。

### 3　箱根の文化圏

東海道の整備とともに、人々は金沢・鎌倉を遊覧し、大山詣を行い、箱根湯治に赴くようになった。金沢八景を詠んだ心越は、元禄八（一六九五）年に箱根の塔之沢に湯治に赴いている。その前年に塔之沢で湯治した藤本由己の『塔沢紀行』は「今、温泉に浴し去れば、東話西談南北の人」と記しており、箱根は湯治客で賑わい、その国元も広がっていた。

箱根では湯本に早くに湯治場が開かれ関所も置かれていたが、近世になって湯治客が増え出すと、小田原藩は承応二（一六五三）年に湯治中の者の手形・荷物改めをしている。多くの温泉場が開かれ、貞享二（一六八五）年の稲葉家から大久保家への小田原藩の『御引渡記録』には、箱根七湯の湯坪の数が記されており、湯本・塔之沢・宮ノ下・木賀からは湯樽が江戸城に送られていたとある。宝永七（一七〇七）年の『千尋日本橋』に「相州箱根の山に温泉七ヶ所あり。湯本・塔之沢・堂ヶ島・宮之下・底倉・木賀・芦之湯なり。いずれもその能ありて春のはんじょう大方ならず、宿を争ひ幕を引て込入りぬ」とある。

こうした温泉文化に沿って箱根への関心が広がり、北条氏の滅亡とともに断絶していた湯本の北条氏綱創建の早雲寺が、寛永四（一六二七）年に河内北条家・玉縄北条家の援助を得て本堂が上棟し、慶安元（一六四八）年に徳川家光から朱印状を与えられ整備された。湯本の地蔵堂も慶長一二（一六〇七）年の小田原藩主大久保氏から湯本河原の開発権を認められ再建の道を歩み、寛永初年に江戸冬木屋の助力により修復が行われ、正眼寺と号された。元禄四（一六九一）年にこれを見たケンペルは、「境内に重ね造りの地蔵堂があり」と記している。

箱根の温泉文化は、早川に沿った湯治場に生まれたが、湯本から箱根路をゆく東海道の整備とともに多くの人々を招いたのであり、享保四（一七一九）年、木賀の湯治客は江戸を中心に南関東・伊豆・駿河に及んでいたという（『勝俣文書』）。元和四（一六一八）年その東海道の箱根路は、幕府が小田原宿と三島宿の中間に、両宿から各五〇戸を移して箱根宿を設け、翌五年に宿の東側に箱根関所を設置し、さらに箱根の難所である畑宿からの上り道の石畳の整備が延宝八（一六八〇）年に総費用千四百両をかけて進められた。

難所の起終点である畑宿は、『東海道名所記』に「茶やみなきれいに、人がらもよし」と記されたように賑わった。箱根宿近くの芦ノ湖の湖畔にある箱根三所権現（箱根神社）は慶長一七（一六一二）年に宝殿・拝殿が再建され、寛文三（一六六三）年二月に横浜の吉田新田開発に出資した江戸の商人友野与右衛門が、箱根用水の湖水掘貫を完成した暁には、新田のうち二百石を神社に奉納する約束をしている（箱根神社文書）。箱根用水は、芦ノ湖の水を駿河駿東郡深良村に落として三島まで用水路を通す難工事であったが、寛文一〇（一六七〇）年に完成し八千石の新田が生まれた。

箱根の文化には俳諧文化も見逃せない。俳人服部嵐雪の『塔沢記』は「山野にかけり、温泉にひたって気血をやしなふ事、三廻りほど」「すべて心を補ひ、眼をいさましむる事、温泉の外、佳境の助くる所なり」と「塔の沢」を絶賛し、周辺の地を歩いて「燕のかえり道あり洞の雨」「水音も鮎さびけりな山里は」などの句を詠み、「堂が島、宮の下、底倉、木香、芦の湯を経て地獄めぐり」をしている。ついで早雲寺の連歌師の宗祇の廟を見て句をつくっている。この嵐雪の影響をうけたのが、大淀三千風の『和漢田鳥集』に句が載る早雲寺の柏州宗貞であり、湯本の宗蘭、塔ノ沢の沢主らである。

なお早雲寺本堂裏の宗祇供養の碑の近くに「青流洞三幽祇空居士之墓」があるが、これは「この地をばぬらりくらりと死ぬる也　地ごくつぶしの極楽之助」という辞世の句を詠み、この地で亡くなった稲津祇空の墓である。祇空は泉州堺に生まれ江戸に出て芭蕉門の榎本其角の門下となり、其角の死後、正徳四（一七一四）年に早雲寺の住職柏州宗貞を戒師に出家し、享保一六（一七三一）年に早雲寺に石霜庵を結び、周囲の風景を「石霜庵九景」として絶賛した。

## 4　小田原文化圏

箱根を領有していた小田原藩の城下町として、小田原町は成長していた。ケンペルは元禄四（一六九一）年三月一一日に小田原に到着すると、この地は海岸にあり、非常に快適な、小田原の宿場はずれにある町である、と始まって、次のごとく記している。

木の茂った緑の高台の真ん中に小田原の町があり、左手は平野になっていて、この町は長さ一ドイツ・マイルに及ぶ肥沃な畑の恩恵を受けている。町の外側には門と番所があり、また両側にはきれいな建物があった。町筋は清潔でまっすぐ延び、そのうちの中央の通りは特に道幅が広い。〔中略〕百戸ぐらいの家々は小さいけれども、小ぎれいでたいてい白く塗られていた。多くの家は方形の土地に小さな庭園を設けていた。

住民は小ぎれいな服装をし、礼儀正しい態度をし、婦人の優雅な身のこなしから見て、商売をせずに利子で生活できる裕福で身分の高い人々が、住んでいることがわかった、とも記す。貞享三（一六八六）年四月、小田原の人足問屋勘右衛門・治兵衛両名が小田原町の役儀を記した明細帳には、町人町の実態が記されている。帳面が前欠のためどう始まっているのかわからないが、はじめに役儀御免の有力町人の家が記されている。

「壱軒　竹花町　六郎兵衛　是は木挽頭相勤候に付、町役御免被遊候」とあるように、木挽頭の六郎兵衛に続いて新宿町の大工頭小兵衛、千度小路の八百屋又兵衛と鍛冶屋彦右衛門、桶屋頭与右衛門などが見え、さらに松原大明神の祭礼を勤める舞太夫である古新宿町の天十郎十左衛門と清左衛門の名も見える。ここに『和漢三才図会』にある小田原の土産「透頂香」の外郎家の名がないのは、おそらく前欠部分に記されていたのであろう。

この小田原に俳諧文化が広がるようになったのは、その外郎家の一族である俳人崇雪が、寛文四（一六六四）年に大磯に草庵を結び、その庵に大淀三千風が入ってからである。宝永六（一七〇九）年の『東海道駅路の鈴』には「近年、小田原の外郎、茶屋を造りて、此所を鴫立沢と云」とある。

小田原の俳諧は、早くは松永貞徳門下の貞室撰の明暦二（一六五六）年の『玉海集』に小田原藩士の国枝惣右衛門の句が入集し、同じ貞門の紫藤軒言水編の延宝八（一六八〇）年の『江戸弁慶』に小田原の意計の句が載る。そうしたなか、三千風が諸国行脚の旅に出て、相模に赴いて、東海道を上っていた時のことを、『日本行脚文集』は次のように記している。

大磯を過ぎ、鴫立沢の昔を眺め、相州小田原平井氏に着く、こよろぎのいそぎの人々会合し、各々発句とも皆脇句小序して、一軸づつかたみし、早やさらばさらばといひすてて、箱根路にかかる。

鳴立て毛をかふ小沢の碑銘哉

古与呂木饗山まで馳せつ子規

七日泊るつるさへあるを時鳥　　　　小田原　平井素卜
聞やうを示せ旅僧郭公　　　　　　　同　　　土谷卜二

三千風の次に句が載っている平井素卜は宿泊先の平井氏であり、この時に三千風は気に入り、大磯の崇雪が結んだ庵に元禄八（一六九五）年に入り、その名を「鴫立庵」と名付け俳諧道場とした。三千風撰の元禄一四（一七〇一）年の『和漢田鳥集』には、小田原では永久寺一峰紹乾・内海氏醒石子・白江氏範綸翁・石内氏豊資・余語氏冬揚軒・今井氏白意・高僊・冬任・長短子・中村氏風叟・神原氏岫雲・卜二・白汀・只見・風居士・遊和・範論らの句が見える。

小田原の俳人の句はその他、服部嵐雪撰の元禄期の『東潮独唫披露集』に、末白、元禄一一（一六九八）年の嵐雪門の和田東潮撰の『先日』に撃水・左波の句が載る。やがて箱根湯本の祇徳の俳風が相模国に広がり、その門下に四時庵紀逸や自在庵祇徳、小田原の白汀・白泉らが輩出し、俳諧文化は小田原地域に定着していった。

繁栄を誇る小田原と小田原領を襲ったのが、元禄一六（一七〇三）年一一月の大地震である（元禄の地震）。城下では地震後に大火が発生し、城の天守が焼失し、小田原領内での倒壊家屋は約八千戸、死者は約二千三百に及び、東海道の諸宿場での家屋倒壊被害は小田原から川崎宿まで顕著であった。さらに宝永四（一七〇七）年一〇月には宝永地震が起きその余震の続くなか、一一月二三日に富士山の南東斜面から噴火が始まり、東斜面に高温の軽石が大量に降下し家屋を焼き田畑を埋め尽くした。

相模の足柄上郡山北村の記録によれば一二月八日まで砂が降り続き、一面砂でうずまったという。砂降りの範囲は二〇里に及び、風向きから相模・武蔵の麦作が全滅した。降砂の被害は甚大で、山北で一mを超え、平塚から神奈川にかけて二〇～三〇㎝も積もったという。

なかでも小田原城下と小田原宿を支える小田原藩領の村々は、壊滅的な被害を被った。酒匂川の河床が上昇し、翌年には足柄平野開発のために築かれた大口堤が決壊した。大口堤の締切工事は幕府・小田原藩の失敗や酒匂川左岸の反対もあって容易に進まず、起用されたのが地方巧者の田中休愚である。享保一〇（一七二五）年に酒匂川の浚渫・補修に関わりはじめ、翌同一一（一七二六）年に酒匂川西岸七三ヶ村が小田原藩領から幕府領とされ、復旧に取りかかった。休愚は、創案した手法で堤防の改修を行った。丈夫な木製の枠に丸石を詰めた弁慶枠や、丸く細長く粗く編んだ竹籠の中に栗石や砕石などを詰めた蛇籠を造り、これを川の流れに沿って並べて強固な堤を築いた。幕府はすぐに流域の水防組合の編成にとりかかり、「川通一三ヶ村」と「大口水下二十一ヶ村」からなる「川通水下三十五ヶ村」の連合組合が編成され、これを構成する組合ごとに水防に取り組んだ。

## 5　湘南文化圏

相模の南部地域は東西を東海道が貫通し、中央を南北に相模川が流れる。国府・惣社の六所神社が大住郡に、国分寺・国分尼寺、相模一宮が高座郡にあるなど古代には相模の中心部であって、それだけ土地は豊かだったが、中世には鎌倉が中心となり、戦国期には小田原が中心になった影響もあり、近世には独自の文化が容易に育だたなかった。

しかし小田原の文化圏と江戸近郊・鎌倉文化圏に挟まれ、その双方の影響をうけて、東海道に沿った文化がしだいに形成されてきた。相模南部地域を結びつけていた一つには大磯本郷の惣社六所神社における国府祭があげられる。それは相模一宮の寒川神社、二宮の川匂神社、三宮の比々多神社、四宮の前取神社、五宮の平塚八幡宮、それに六所神社の氏子たちが集まって行われていた。経済的には相模川と相模湾の存在が結び付けており、相模川河口の右岸には須賀湊があり、相模川の水運と相模湾の漁場の結節点となっていた。

東海道の宿駅は藤沢・平塚・大磯の三つで、ケンペルは大磯・平塚宿について、「大磯といふ数百戸の小さい町」、「三百戸余りの平塚村」と記している。大磯を町と称したのは、中世に栄えた名残の故であり、元禄七（一六九四）年の大磯宿の助郷は大住郡・淘綾郡一一〇ヶ村、大助郷が二〇ヶ村と至って少ない。平塚宿は村とあるが、享保三（一七一六）年の助郷は大住郡の一四ヶ村、大助郷が大住・愛甲郡に四二ヶ村と多く、享保六年の年貢割付状に「平塚町」と見え、東海道の交通の発展とともに宿場町として栄えるようになったことがわかる。

藤沢宿については「藤沢でわれわれは昼食をする宿舎に立ち寄ったが、いつもの宿はいっぱいだったので、他の宿に入った。この小さい町は、半里にも満たない町筋からなっていて、一筋の川がながれている」と、小さな町ながら賑わっていた、という。藤沢宿は寛文九（一六六九）年の助郷帳で、高座・鎌倉両郡に定助郷一三ヶ村、大助郷三〇ヶ村が指定されている。

助郷という面から相模南部は、藤沢宿の助郷役を勤める高座・鎌倉両郡の村々、大磯・平塚宿の助郷役を勤める大住・愛甲郡の村々からなり、それらの村々では宿の助郷役を勤めるとともに農業生産に励んだ。なかでも大住郡は水田面積の占める比重が高く、それだけに灌漑施設の整備が重要課題となっていた。

大住郡にある中小河川のうち金目川の用水については多くの史料が残されているので見てゆこう。金目川は大住郡蓑毛村から涌出し、曾屋村地先で水無川と合流して大きな流れとなって海に注ぐが、「あばれ川」の異名をもち、常に洪水の危険があって、寛永七（一六三〇）年、万治三（一六六〇）年、寛文六（一六六六）年、延宝八（一六八〇）年と断続的に洪水により堤が決壊し、普請が行われている。

その普請は幕府の代官が中心に行われていたが、貞享元（一六八四）年の大堤の決壊の際には「金目川通り二十八か村組合」が結成され、以後、この組合が中心になって、元禄地震や宝永の砂降りに対応し、克服してゆくことになった。このことと、延宝九（一六八一）年に、金目村の名主藤間甚五兵衛が『検地溝沢記』を著していることとは無関係ではなかろう。ここにも地方の巧者が生まれていた。

文化的には、大磯宿近くの鴫立庵が西の拠点であって、大淀三千風の『和漢田鳥集』には、大磯では楽之・地福寺宥憲・木子・慶学院・琢清・蘆笛・貞次・少加、小磯の一笑・山石らの名がみえ、藤沢宿では金井氏宗貞（宗偵）の名があり、俳諧文化は大磯・藤沢が拠点となっていた。藤沢の宗偵は連歌師里村昌琢の門下金井昌与の娘の子で、父与元は小田原北条氏直の子、与元も茶道・和歌を好んだ文芸一家であった。

遊行四二代の尊任はその書簡に「金井氏宗偵入道は、予が若かりし比よりのつらぬ歌の友」と記している。藤沢宿の文芸を見てゆくと、宗偵も弟の与至も和歌をよくし、さらに金井氏と同じく藤沢宿の年寄役を勤めた堀内氏の道二も連歌・俳諧をよくしていたが、見逃せないのが、その一二人いる道二の子のうち次男の将能ら四人が時宗の僧になっている点である。時宗は和歌や連歌の文芸を取り入れてきており、遊行寺の門前の藤沢宿では文芸に関心をもつ町人が育っていた。

藤沢宿は慶長六（一六〇一）年に宿駅とされて伝馬の常備が義務付けられ、五千坪の地子が免除され、坂戸町・大久保町・大鋸町の三町で構成され、寛文九（一六六九）年に幕府代官の検地がおこなわれた。もともと時宗の清浄光寺（遊行寺）門前と大鋸町を中心とした宿駅の機能から出発していて、遊行寺は南の片瀬浜に流れ込む境川に沿う極楽廃寺跡に、時宗四世遊行上人の呑海が正中二（一三二五）年に創建された。

この遊行寺の体制を整えたのは尊任であって、寛文八年に遊行四二代遊行上人となって諸国を遊行し、天和三（一六八三）年に一九代藤沢上人として遊行寺に入ると、時宗の宗内規則を改定し、祠堂金の利益で本堂の修理や境内の整備を行い、金千両を寄付して什物類を購入・修理し、時宗の体制を確立した。

こうして東の遊行寺、西の大磯鴫立庵を拠点とする俳諧文化が次第に広がっていった。芭蕉の死後、その蕉風復興にあたった柳居（麦阿）は、元文二（一七三七）年に門下の鳥酔・鷺貫らを伴い相模を遊歴しており、その時の紀行文『俳諧夏山伏』によれは、藤沢宿から大山に詣で、蓑毛に下山して小田原宿で小田原連中に迎えられ、箱根で入湯した後、帰りは大磯から平塚宿を経て、大住郡の豊田宮下村の嶋村千之邸に立ち寄っている。「平塚の宿より横きれて、豊田と云在所にまねく方のありければ立寄に、日漸西に舂く」とあって、「豊田連中」と称される俳諧仲間と句をつくっていたことがわかる。この俳諧文化がさらに大きく発展するのは、この時に同行した鳥酔が明和四（一七六七）年に鴫立庵三代になってからである。

このように展開し始めた相模南部地域の文化をどう名づければよいであろうか。儒者の太宰春台は、東海道を藤沢までゆきそこから江の島、鎌倉・金沢を遊覧したが、その時の漢文の紀行文を「湘中日記」と称している。小田原の崇雪が鴫立庵に建てた石碑には「著盡湘南清絶地」と記されている。ともに中国の湖南省洞庭湖に流入する湘江のあたりの風光明媚な地帯への連想から、湘中・湘南などと称したのであって、俳諧文化との関わりから湘南文化と表現するのが妥当であろう。

## 6　大山文化圏

湘南の北に聳える大山の文化は、大山詣とともにあった。大淀三千風は、貞享三（一六八六）年に金沢を見物して「金沢能見堂筆棄松艶景」を記し、鎌倉に入って扇谷の渡辺勝政邸で「臥竜松記」を記し、江ノ島を見物して大山へと向かい、「これより大山まうでし、霞河原伊藤氏に草鞋とき、各伴ひ登山す。町家千余宇、神徳繁栄の地なり」と記している。

さらに「大山景境」において、大山の登山・参拝した様子を述べ、そこで詠んだ句を次のように載せている。

生貫の樹神目に見しほととぎす
御仏と神と人とのあや杉の鎮心ぞ不動一体
各挨拶の句ども、脇に小序を添えてかた見しが略す
行く蛍又の年まで夜が明ぬ　　　宿主伊藤氏治直

三千風の句と泊った宿の伊藤治直の句を載せたが、このほかに沖津是泉・三樽□風・平田是耳風ら三人の句が載っており、彼らは大山門前町の俳人であろう（『日本行脚紀行』）。大山の麓でも俳諧文化が広がりつつあったことがわかるが、それは多くの人々が大山詣に訪れるようになったからである。

大山御師の檀家帳を見ると、貞享四（一六八七）年一〇月の上総望陀郡、延宝三（一六七五）年二月の相模愛甲・高座・鎌倉郡、同四（一六九一）年八月の武蔵荏原郡、九月の相模三浦郡、元禄一〇（一六九七）年の上総天羽・望陀郡、享保五（一七二〇）年三月の相模淘綾郡など、貞享以後のものが多く残されている。三千風もそうした流れに沿って大山に赴いたのである。さらに芭蕉門下の俳人榎本其角も大山詣を行っていて、元禄四（一六九一）年の『雑談集』にその際の句が載る。田村川・市宮・伊勢原・御向松・大山・石蔵で詠んだ句である。

大山の文化は大山詣の道筋の大山道とともにあり、三千風や其角は東海道藤沢宿を出て四ツ谷からの大山道を赴いていた。相模一ノ宮（寒川神社）を経て、田村渡しで相模川を渡り、横内・下谷・伊勢原・〆引、石倉、子易、大山へと赴いた。この田村通り大山道と並んでよく使われたのが矢倉沢往還である。これは江戸の赤坂見附から三軒茶屋を経て

二子渡しで多摩川を渡り、溝口・荏田・長津田・下鶴間・国分を経て厚木の渡しで相模川を渡り、厚木・愛甲・下糟屋・伊勢原・秦野・関本・矢倉沢を通って駿河に達し、途中の伊勢原と秦野盆地の曾屋が大山の登山口になっていた。

矢倉沢には関所が置かれ、元和四（一六一八）年までは、この地が東海道として使われていたこともあり、人馬の継立が行われ、厚木と伊勢原では六斎市が開かれ、曾屋には十日市場があり、下鶴間宿に大山阿夫利神社の分社が存在するなど基幹道路であった。寛保二（一七四二）年、厚木村に「一向専修の俳諧のすすめ」から、俳学校風月庵が開かれているが、これは厚木村に滞在した箱根の祇空の弟子自在庵祇徳を慕う「社友」が、百人を超えるほどになったことからであって、その開庵記念句集には厚木村七一六人のほか、厚木市域に二八人、海老名市域に一一人、相模原市域に八人、伊勢原市域に五人と、俳諧の文化が厚木宿を中心に根付いていたことがわかる。

厚木宿は矢倉沢往還と平塚・王子を結ぶ八王子道が通り、さらに相模川の船運が平塚の須賀湊を結んで、交通の要衝として繁栄してきたのである。大山では俳諧文化だけでなく、大山阿夫利神社境内に能舞台があり、神職や御師によって「大山能」が演じられた。元禄年間に紀伊貴志の観世流能役者貴志源次郎を招いて、神事能が演じられてからといわれ、実際、御師の沼野家には元禄一六年からの「御神事能狂言番組」が伝わる。

## おわりに

本稿は、神奈川県域において寛文から元禄期にかけ、横浜文化圏、鎌倉古都文化圏、箱根文化圏、小田原文化圏、湘南文化圏、大山文化圏の六つの地域文化圏が形成されてきたことを見てきた。それぞれ古代・中世の地域文化を前提としつつ、近世社会の仕置・所帯維持政策に沿いつつ形成されてきたものである。

ただ文化圏といっても排他的ではなく、隣接する文化圏との交流を経て形成されてきたことを忘れてはならない。またその形成にあたっては、俳人による俳諧文化が大きな役割を果たしていたことに気付く。それは、俳人松江重頼が寛永一五（一六三八）年に著した俳諧作法書『毛吹草《けふきぐさ》』が諸国の名産や名所を記しているように、俳人が現地に赴いてその季節感を交える俳句をつくり、現地の人々と交流していたからである。

**参考文献**


神奈川県民部県史編集室編『神奈川県史』資料編9　近世　一九七四年、各論編　三　文化　一九八〇年
厚木市編『厚木市史』　近世資料編　三　文化文芸　二〇〇三年
伊勢原市史編集委員会編『伊勢原市史』通史編　近世　二〇一〇年
大磯町編『大磯町史』　通史編　二〇〇四年
小田原市編『小田原市史』史料編　近世Ｉ幕領　一九九五年、通史編近世　一九九八年
鎌倉市史編纂委員会編『鎌倉市史』近世近代紀行地誌編　一九八五年、近世通史編　吉川弘文館　一九九〇年
平塚市編『平塚市史』　通史編　古代・中世・近世　一九八六年
藤沢市史編纂委員会編『藤沢市史』　五巻　通史編　一九七四年
横浜市金沢区役所編『図説かなざわの歴史』　二〇〇一年
『神奈川県の地名』（日本歴史地名大系一四）平凡社　一九八四年
神奈川近世史研究会編『江戸時代の神奈川』有隣堂　一九九四年
同　『江戸時代の神奈川の１００人』　有隣堂　二〇〇七年
神奈川県教科研究会国語部会編『神奈川県郷土文学資料』　一九六五年
五味文彦『文学で読む日本の歴史《近世社会篇》』山川出版社　二〇一九年

# I　古代・中世の拠点「鎌倉」

# 六・七世紀の南武蔵におけるミヤケとその周辺

堀川　徹

## はじめに

近年の現神奈川県地域における古代史、とりわけ六・七世紀の研究は、考古学側からの議論の提起が多くを占める一方で、文献史学側からの発信は消極的と言わざるを得ない。それは文献資料がほとんどない一方で、発掘調査の進展により考古資料は増加傾向にあることが背景にあることは周知のとおりである。しかし、本稿に課せられたテーマである拠点を考えるうえで、どのような性格あるいは意義をもつ拠点か、またその形成過程等を明らかにするということは、人間同士の関わり合いの中から検討すべきであるため、考古学的手法では限界があり、文献史学からでなければ明らかにできない部分であることも事実であろう。

確かに近年では文献史学側も考古資料をいかに取り入れていくかが重要という研究動向ではあるが、一方で文献史学側が安易に考古資料を用いている場合も多い。安易な融合ではなく、文献史学でどこまでを明らかにし得るのかを確認したうえで、考古学との協業作業に入るべきであろう。このような理由から本稿では考古資料の使用は最低限にとどめ、文献史学の立場から検討する。

本稿は大会共通テーマである「拠点」について、六・七世紀の南武蔵を検討対象とする。とりわけ古代における拠点の一つであるミヤケを軸として、当該時期・地域の社会とその展開を明らかにすることを課題とする。[1]本稿ではその課題にこたえるため、六世紀前半の武蔵国造の乱、その結果設置された四つのミヤケ、七世紀後半の評制下における拠点（＝ミヤケと評家の関係）を素材として検討する。

## 一　武蔵国造の乱

### 1　武蔵国造の乱の概要と共通理解、問題点

最初に安閑朝（六世紀前半）におこった武蔵国造の乱をとりあげる。まずは概要と近年の共通認識を示し、そのうえで検討を進めていく。武蔵国造の乱の概要は【史料一】の通りである。

【史料一】『日本書紀』安閑天皇元年一二月是月条

武蔵国造笠原直使主。与二同族小杵一相二争国造一。〈使主。小杵。皆名也。〉経レ年難レ決也。小杵性阻有レ逆。心高無レ順。密就求二授於上毛野君小熊一。而謀レ殺二使主一。使主覚之走出。詣レ京言レ状。朝庭臨レ断。以二使主一為二国造一。而誅二小杵一。国造使主悚憙交レ懐。不レ能二黙已一。謹為二国家一奉レ置二横渟。橘花。多氷。倉樔。四処屯倉一。

【史料一】の大意を示せば次のようになる。笠原直使主と同族の小杵が国造の地位を争うが、年を経ても決着がつかなかった。そこで小杵は上毛野君小熊に助けを求め、使主を殺そうとした。しかし使主はこれを察知して、倭王権に

助けを求める。結果倭王権は使主を国造とし、小杵を殺した。使主は国造とされたお礼に四ヶ所のミヤケを奉った。

もちろんここに記載された内容がすべて史実であるとは考えられない。そのため史実と判断できる部分とそうでない部分を確認しておく。近年では、ミヤケは継体朝に設置が始まり（糟屋ミヤケが最初の設置[2]）、安閑朝に全国に設置されたことは史実と見る見解が有力で[3]、その背景には対外的緊張が指摘されている[4]。この理解に従い、武蔵国造の乱後に設置された四つのミヤケも一定の史実に基づいたものとみてよいだろう。続いて国造については、争っている段階では両者ともに国造の地位には就いていないこと、東国における国造制の成立は六世紀後半の崇峻朝であることもふまえると[5]、「武蔵国造」は安閑朝に用いられていた表記ではなく最終的な地位を示し、後世の名称を遡及させたものと考えられる。すなわち実際に国造に任じられるのはこの説話よりも後の出来事といえる[6]。これらのことから、『日本書紀』に記された武蔵国造の乱の本質は武蔵における盟主権の争いと四つのミヤケの設置にあり、この点については『日本書紀』にある通り安閑朝（六世紀前半）の出来事とみておきたい。

ここに登場する地については以前より比定作業がおこなわれており、次のように理解されてきた。各ミヤケの所在地は、横渟ミヤケは多磨郡内の横野[7]、倉樔ミヤケは倉樹の誤りで久良郡内、多氷ミヤケは多末の誤りで多磨郡内、橘花ミヤケは橘樹郡内と考えられており、四つのミヤケはすべて南武蔵にあると考えられる。そして使主の本拠は南武蔵とする理解もあるが[8]、通説的には「笠原直」という名称から埼玉郡笠原郷（北武蔵）と見る向きが強い。一方小杵の本拠に関する共通理解は得られていない。

四つのミヤケの比定地は共通理解が得られており、首肯すべきであろう。しかし使主と小杵の本拠については共通理解を得られていない。これらの比定地によって武蔵国造の乱の具体像および六世紀武蔵国の歴史像が変化するため、この乱から当該地域の社会を考えるためには、まずは使主と小杵の本拠が最初の問題点となる。なお、この点は従来から古墳の消長や遺物の分布・形態を結びつける方法がとられてきたが、本稿では文献史学の立場から再検討する。

## 2　小杵の本拠

それでは小杵（乱の敗者）の本拠に関する近年の先行研究を確認しておく。南武蔵とする理解の代表的なものとして、仁藤敦史と鈴木靖民の理解がある。仁藤は前方後円墳の消長を踏まえて四つのミヤケ献上を敗者の本拠として捉え[9]、鈴木は考古遺物等が上毛野の影響とみることを根拠として小杵の本拠を南武蔵に比定する[10]。一方で北武蔵とする篠川賢の理解では、「同族」という表記から使主と同様小杵の本拠を笠原（北武蔵）と考える[11]。仁藤の場合、その理由のみでは南武蔵に本拠を置く根拠が不十分であろう。後述するように、ミヤケが貢納奉仕の拠点として機能することを考えればミヤケのある南武蔵は使主の勢力下にある地域とみても問題はない[12]。また、鈴木のように考古資料の分布等から検討する場合、それが経済圏や文化圏によるものか、そしてそれを政治権力と結びつけることが可能かは不明であり、それを根拠とした鈴木の理解は積極的には同意できない。一方北武蔵とする篠川も、「同族」ということを根拠とするのも短絡的であろう。篠川のように理解するのであれば、両者の同族関係が史実として認められるのか検討する手続きをふむべきであって、この手続きをふまない限り、「同族」だから北武蔵であるという見解は慎重になるべきである。すなわちいずれの先行研究も問題点が多く、再検討する余地がある。そこで本稿では系譜関係と交通路との関連という視点から再検討を加える。

系譜関係を検討するうえで対象となるのは、まずは「国造本紀」に記載されているムサシ国造の系譜である。ここにはムサシ国造とされる系譜が二つ記載されている（无邪志国造と胸刺国造）。それらの間には兄多毛比を結節点として同祖関係が結ばれており、武蔵国造の乱において使主と小杵が「同族」とされていることと合致する。まずはこの系譜関係の検討を通じて、「同族」関係が史実として認められるのか否かという点を検討する。

【史料二】『先代旧事本紀』所引「国造本紀」

无邪志国造

志賀高穴穂朝世、出雲臣祖名二井之宇迦諸忍之神狭命十世孫兄多毛比命。定㆓賜国造㆒。

胸刺国造

岐閇国造祖兄多毛比命児伊狭知直定㆓賜国造㆒。

【史料二】において无邪志国造は直接の祖を兄多毛比としており、また『本朝月令』所引「高橋氏文」にも「無邪国造上祖大多毛比」とあることから、彼らは元来兄多毛比を祖としていたとみられる。そしてその後様々な氏族と同祖関係を結ぶにあたり、系譜を架上していったとみられる[13]。一方、胸刺国造の系譜では直接の祖を伊狭知直としていることから、元来祖としていたのは兄多毛比ではなく伊狭知直とみられる。すなわち胸刺国造が、自らの系譜を无邪志国造の祖である兄多毛比に接続することで両者が同祖関係を結んだと考えられる。これらをふまえれば、无邪志国造の系譜が軸となり、そこに胸刺国造が系譜を結びつけることで「国造本紀」記載の系譜が成立するとみられる[14]。

ここにみられる二つのムサシ国造の擬制的同祖関係が八世紀に伝わり、武蔵国造の乱において「同族」の争いとされたと考えられる。先述したように「国造」が最終的な地位を表記したものならば、「同族」についても同様に、最終的な二つの一族の関係性が表記されたと指摘できる。すなわち安閑朝に二つの異なる一族により武蔵の盟主権をめぐって争いが起き、その結果同祖関係が結ばれることになる、とみるのが自然だろう。系譜の形成過程をこの乱の登場人物に当てはめれば、无邪志国造一族は乱の勝者である使主一族、胸刺国造一族は敗者の小杵一族と考えられ、この擬制的同族関係が『日本書紀』に記されたといえる。なお、「同族」と表記された背景や伝承した一族については後述する。

小杵一族とみられる胸刺国造の系譜で祖とされているのは岐閇国造である（「国造本紀」では道口岐閇国造、『古事記』では道尻岐閇国造）。岐閇国造は常陸国多珂郡を中心とする地域に存在していたと考えられることから、(15)胸刺国造の系譜は北関東への広がりが想定される。この点を交通路との関連から掘り下げてみる【図1・2】。道口岐閇国造は「国造本紀」において、下毛野国造と陸奥国の国造とみられる阿尺国造に挟まれて記載されていることから、常陸国は東海道に属しているものの東山道に属しているように記載されている。さらに『常陸国風土記』逸文には常陸国新治郡に大神駅の存在が記されており、東海道と東山道を連結する道が推定され、(16)この連結路は古くから存在していたと想定できる。すなわち胸刺国造の系譜が北関東に広がりをみせること、小杵がこの乱において上毛野とつながっていたことをあわせると、篠川とは異なる理由から、小杵は北武蔵に本拠をおいたとみる方が理解しやすい。

## 3　使主の本拠

続いて使主（乱の勝者）の本拠を検討する。通説では『倭名類聚抄』に武蔵国埼玉郡に笠原郷という地名があることから、本拠地は埼玉郡笠原郷とされる。これまでこの地とすることに異論はほとんどないが、果たしてそのような理解でよいだろうか。近年では北武蔵とする通説のほか、四つのミヤケが南武蔵にあり、国造とみられる无邪志直が北武蔵以外にいた可能性があることなどから南武蔵とみる理解や、(17)南武蔵や北武蔵に限定しない考え方も提起されている。(18)様々な理解があり、通説を再検討する段階にきているといえる。

こちらも使主一族とみられる无邪志国造の他地域との同祖系譜をみると、上総国市原郡を中心とする地域に存在していたと考えられる菊麻国造[19]と同祖関係を結んでおり、[20]南関東への広がりが想定される。さらに小杵と同様交通路との関連から掘り下げてみる。八世紀後半には武蔵国は東山道から東海道へ移されていることから【史料三】、それ以前は武蔵国は東山道に属していたことがわかる。しかし東山道に属しながらも、武蔵国埼玉郡の防人が足柄を通過していた記録が残る【史料四】。

【史料三】『続日本紀』宝亀二（七七一）年一〇月己卯条

太政官奏。武蔵国雖レ属二山道一。兼承二海道一。公使繁多。祗供難レ堪。其東山駅路。従二上野国新田駅一。達二下野国足利駅一。此便道也。而枉従上野国邑楽郡一。経二五ケ驛一。到二武蔵国一。事畢去日。又取二同道一。向二下野国一。今東海道者。従二相模国夷参駅一。達二下総国一。其間四駅。往還便近。而去レ此就レ彼損害極多。臣等商量。改二東山道一。属二東海道一。公私得レ所。人馬有レ息。奏可。

【史料四】『万葉集』巻二〇防人歌

（四四二一）

和我由伎乃　伊伎都久之可婆　安之我良乃　美祢波保久毛乎　美等登志努波祢

我が行きの　息づくしかば　足柄の　峰這ほ雲を　見とと偲はね

（四四二三）

安之我良乃　美佐可尓多志弖　蘇埿布良波　伊波奈流伊毛波　佐夜尓美毛可母

足柄の　御坂に立して　袖振らば　家なる妹は　さやに見もかも

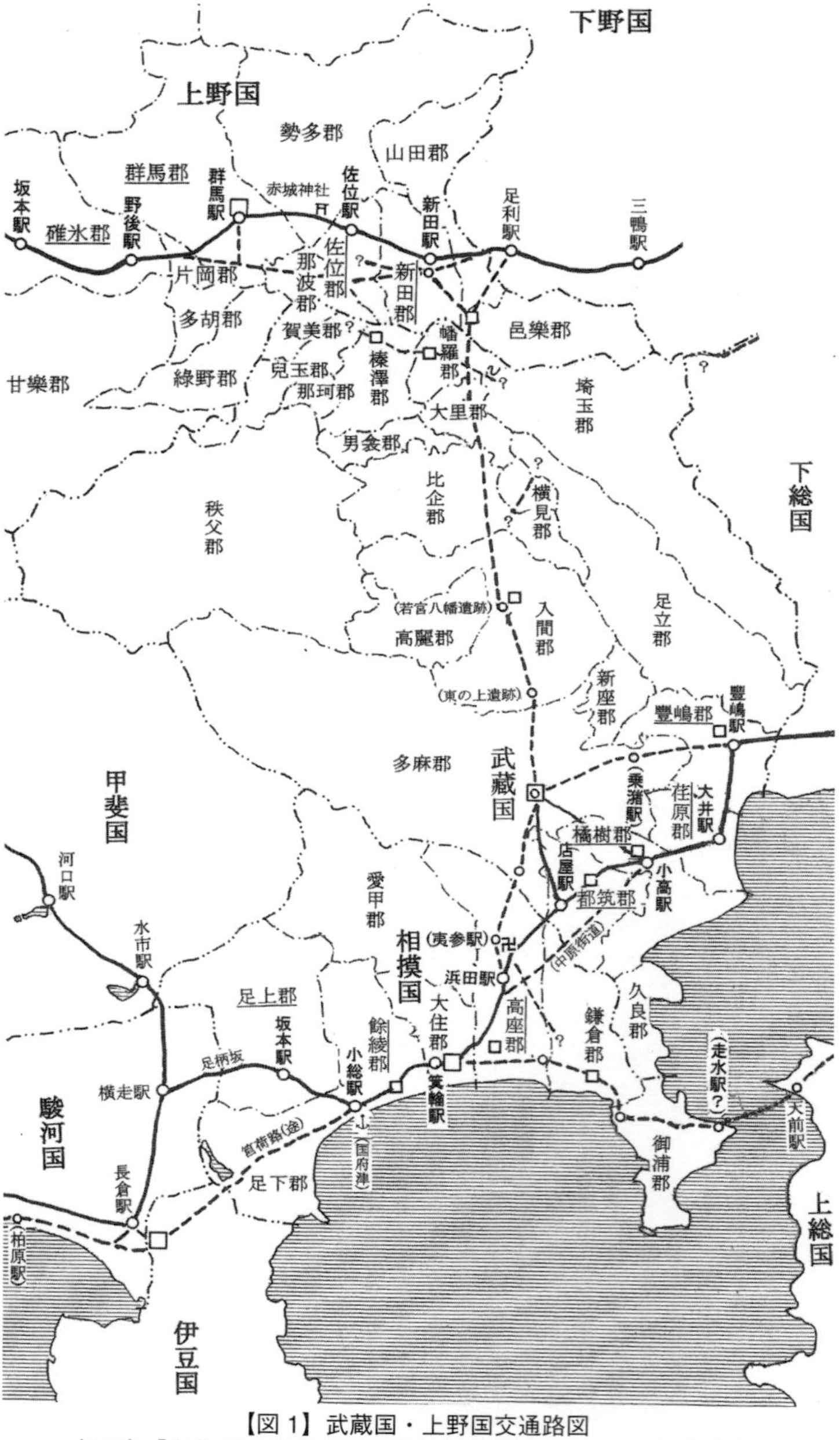


【図 1】武蔵国・上野国交通路図
木下良『事典 日本古代の道と駅』(吉川弘文館、2009) を改変。

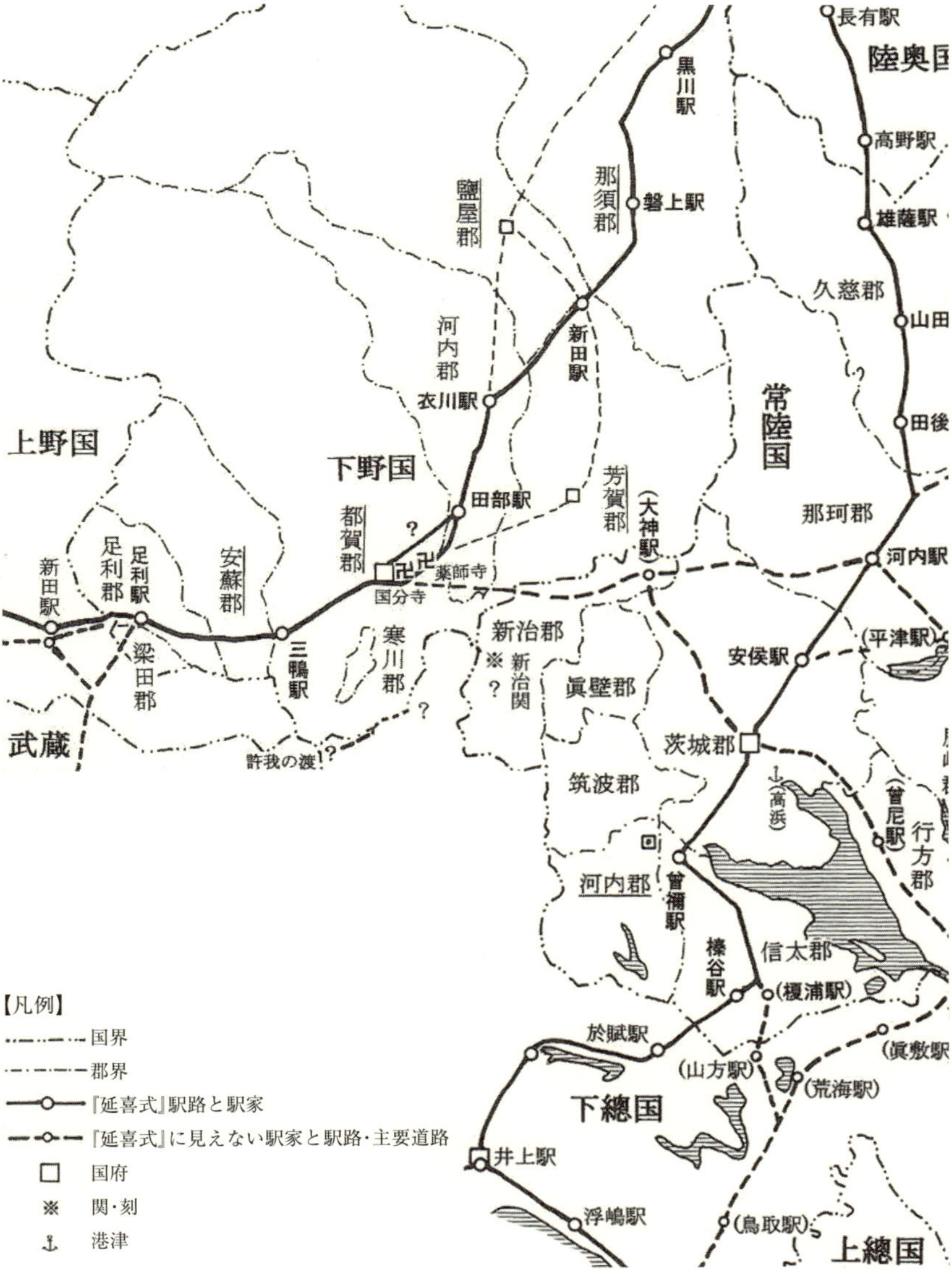


【図 2】下野国・常陸国交通路図
木下良『事典 日本古代の道と駅』（吉川弘文館、2009）を改変。

これらから、都までのルートは公的ルートではないものの、一般的に東海道が使用されていたと考えられ、実際【史料三】にある東海道への移管もそれが理由とされる。すなわち東山道から東海道へと変更されたのは実態に即したものと考えられる。[21]

ここでこの乱において献上された四つのミヤケと交通路の関係も確認しておきたい。四つのミヤケは交通路上に配置されていた可能性が考えられる。四つのミヤケは多摩川水系及び大岡川、帷子川流域に位置し、南から東京湾に入り、多摩川水系などをたどり、南武蔵内陸部に入っていくと考えられる。[22]一般的にミヤケの性格が貢納奉仕の拠点、[23]あるいは王権の施策を確実に機能させる装置[24]とされ、この四つのミヤケが特定の目的をもって設置されたものでないならば、交通の要衝、あるいは管理者の本拠の近くに設置されたとみることが自然であろう。

この乱において使主が王権とつながっていたことを考えると、[25]使主は東海道[26]経由で王権とつながっていた可能性が指摘できる。この点は使主が乱の勝者で系譜の軸になると考えられる（无邪志国造）こと、无邪志国造の系譜が南関東に広がりをみせることからも想定できよう。さらに東海道に近い四つのミヤケを献上できたこともふまえると、使主の本拠は南武蔵に比定すべきと考えられる。元来南武蔵を本拠とする使主一族が北進することで小杵一族と軋轢を生み、抗争に発展したと捉えられる。

## 4　「同族」とされた背景と武蔵国造の氏姓

続いて、論じ残していた使主と小杵が「同族」とされた背景について、武蔵国造の氏姓から検討する。国造の氏姓は一般的に「クニの名＋カバネ」とされてきた。[27]ただし武蔵国造の乱の記載において国造に任命されたのは笠原直とされる。笠原直をどのように考えるべきか。大化以前の初代武蔵国造の氏姓は、原則からすれば「ムサシ＋カバネ」である。そこで後世の記録を確認すると、「『続日本紀』神護景雲元（七六七）年一二月甲申条」には武蔵国造に武蔵宿祢不破麻呂が任命されるという記載がある。[28] しかしこれは恵美押勝の乱の功臣であるためであって、[29] この時初めて就任したと考えられる。そのためこの一族をいわゆる旧国造までさかのぼらせることは不可能である。他には「『日本後紀』弘仁二（八一一）年九月壬辰条」に「出羽国少初位下无邪志直膳大伴部広勝」の存在が見える。これは八世紀に国家事業として東海道・東山道諸国・坂東諸国から出羽柵・雄勝城への移住が進められたことから、ここにある无邪志直はそれらの系譜をひく人物と考えられる。[30] また、「武蔵」の名称が風土記撰進の詔にあわせて改定された地名表記であることを考えると、[31] 无邪志直の表記は古い形態を保ち、七世紀以前にさかのぼると考えられる。すなわち『日本後紀』に記されている出羽国に存在した无邪志直は国造の氏姓の原則である「クニの名＋カバネ」と合致すること、「国造本紀」の「无邪志国造」とも「ムサシ」の表記が同一であることから、初代武蔵国造一族の系譜をひくと考えられる。

なお、武蔵国造は『聖徳太子伝暦』[32] にもみえる。

【史料五】『聖徳太子伝暦』抜粋[33]

舎人物部連兄麻呂、性有二道心一、常以二斎食一。後為二優婆塞一、常侍二左右一。癸巳年、賜二武蔵国造一、而退賜二小仁位一。

【史料五】には、物部直兄麻呂が聖徳太子に舎人として仕え、聖徳太子没後の癸巳年（舒明五年、六三三）に武蔵国造に任じられたことが記されている。物部直から輩出された人物として物部直広成（後に入間宿祢が賜姓される）が知られ、八世紀半ばには授刀舎人にあったことが判明している。[34] 授刀舎人は兵衛に準じた待遇で、兵衛は郡司子弟から任用されることが律令に規定されていることから、広成は郡領氏族の出身であったと推定される[35]。すなわち郡領氏族と推定できることから、物部直が舒明朝から八世紀半ばにかけて武蔵国造であったと想定することが可能である[36]。先述の「『続日本紀』神護景雲元（七六七）年一二月甲申条」をふまえれば、恵美押勝征討の功績によって、広成の存命中に国造職は武蔵宿祢不破麻呂にうつされた可能性が考えられる。また、国造の氏姓が「クニの名＋カバネ」とすれば、物部直の事例は原則から外れる。これはおそらくすでに无邪志直が存在していたためとも考えられる。地方伴造としての性格を持っていたこの一族はそういった背景もあり物部直を名乗ったと考えられる。

これらから武蔵国造の氏姓の流れは次のように復元できよう。初代武蔵国造は氏姓の原則から无邪志直とみられる。しかし无邪志直が九世紀前半に一例しか見えないことを考えれば、六世紀後半に国造に任じられたものの、後に勢力を失ったと考えられる。七世紀前半の舒明朝には物部直が国造に任命され、八世紀半ばにも郡領氏族と推定できることから、物部直は七世紀前半から八世紀半ばまで武蔵国造に任命されていた一族と考えられる。そして彼らが『日本書紀』に武蔵国造の乱の伝承を、「国造記」[37]に二つの国造の伝承を伝えたと考えられ、无邪志直（＝无邪志国造）↓物部直（＝胸刺国造）と国造一族の変遷がみられる。そして物部直が武蔵国造の乱の伝承を残したのは、自らの出自の顕彰を目的として、本来異なる氏族である无邪志国造（＝使主・武蔵国造の乱の勝者）の伝承を吸収するため、乱後に結ばれた擬制的同族関係を背景として笠原直という結節点を置き（あるいは物部直の古い氏姓[38]）、「同族」の争いとしたと考えられる。そのため笠原直は物部直の前身と考えられる[39]。

## 5　小括

ここで本節を簡単にまとめておく。武蔵国造の乱は北武蔵に本拠を有していた小杵と南武蔵に本拠を有していた使主による武蔵における盟主権争いであったといえる。もともとは異なる氏族である小杵一族（＝笠原直で後の物部直）と使主一族（＝无邪志直）の争いだったと考えられる。北武蔵の小杵一族は東山道ルートを介して上毛野一族と関係を持ち、東山道から東海道への連結路を介して岐閇国造とも関係を持っていた。一方で南武蔵の使主一族は東海道を介して王権と関係を持ち、菊麻国造とも関係を持っていた。そしてこの乱の勝者である使主一族は乱からしばらく後（六世紀後半）に初代国造に任じられたと考えられるが、後に使主一族（＝无邪志直＝初代武蔵国造一族＝无邪志国造）は勢力を失い、舒明朝に物部直（＝小杵一族の後裔）が国造に任じられた（＝胸刺国造）と考えられる。[40] そして物部直は八世紀前半において、自らの出自の顕彰を目的として、武蔵国造（无邪志国造）に関する伝承を吸収するために擬制的同族関係を背景として笠原直を置き、「同族」の争いとしたと考えられる。これらをふまえると、南武蔵に設置された四つのミヤケはこの乱の勝者である使主一族の領域にあったものと考えられる。

## 二　ミヤケから評家へ

### 1　評制施行の意義とミヤケ

つづいて本節では武蔵国造の乱の際に設置された四つのミヤケ、とりわけ倉樔ミヤケと橘花ミヤケがどのように展開したのかという点を検討する。まずはミヤケ一般の概念について確認し、評制下においてミヤケが一般的にどのように展開したのかを検討する。

土地支配に結び付けて理解されてきた以前のミヤケの理解に対し、近年は非常に広い意味を持って理解される。すなわちミヤケは貢納奉仕の拠点で、必ずしも支配を念頭に置いた拠点である必要はないという理解である。[41]程度の差こそあれ、「支配」と「経営」がどのレベルで作用しているかという点が重要で、二つの要素は基本的にどのミヤケにも存在し、[42]相互補完的な関係にあったと考えられる。そのため国造制や部民制など様々な制度にとどまらないあらゆる王権の施策に解消されるといえる。そしてミヤケが評制下にどのように展開したかは、当然その拠点としての性格上、ミヤケと評制下における拠点である評家の関係性に焦点があてられる。[43]すなわちミヤケが評制下においてどのように展開したかという点はミヤケと評家の関係性という論点に置き換えられる。この点を明らかにするために、①評制施行の流れとその段階のミヤケの変化（ミヤケの視点）、②評家の視点の双方向から検討する。

孝徳朝に問題となっているのは人間集団の錯綜化と貢納奉仕関係の多元化である。前者の問題（人間集団の錯綜化）については、具体的には社会編成原理が異なる二つの制度（国造制と部民制）が併存していたが、部民制が族制的原理という特質を持つが故に地域社会が混乱していたといえる【史料六】。評制はこの問題への対策として施行されたと考えられる。[44]【史料七】からは評制が人間集団をベースに、とりわけミヤケを治めた人間を中心とした社会編成を認める形で施行されていることがわかる[45]【史料八】。一方後者の問題（貢納奉仕関係の多元化）については、具体的には貢納奉仕関係において中央の首長層と在地首長層の関係が存在し、多元化している様子がうかがえる【史料九】。このことはミヤケへの命令系統が記される【史料一〇】とも対応する。こういった状況を改めるために【史料一一】に始まる部民・ミヤケの（天皇以外が所有することの）廃止[46]が進められたと考えられる。すなわち評制施行のなかで、地域社会はミヤケを治めた人間を中心として再編成され、ミヤケそれ自体は存続していると考えられる。

【史料六】『日本書紀』大化二（六四六）年八月癸酉条

（略）而始二王之名名一、臣・連・伴造・国造、分二其品部一、別二彼名名一。復以二其民品部一、交雑使レ居二国県一。遂使二父子易レ姓、兄弟異レ宗、夫婦更互殊一レ名、一家五分六割。由レ是争競之訟、盈レ国充レ朝、終不レ見レ治、相乱弥盛。（略）

【史料七】『常陸国風土記』行方郡条抜粋

難波長柄豊前大宮馭宇天皇之世、癸丑年、茨城国造小乙下壬生連磨・那珂国造大建壬生直夫子等、請二物領高向大夫中臣幡織田大夫等一、割二茨城地八里・那珂地七里合七百戸一、別置二郡家一。

【史料八】『日本書紀』大化元（六四五）年八月丙申朔庚子条

（略）若有二求レ名之人一、元非二国造・伴造・県稲置一、而輙詐訴言、自二我祖時一、領二此官家一、治二是郡県一。汝等国司、不レ得三随詐便牒二於朝一。審得二実状一而後可レ申。（略）

【史料九】『日本書紀』大化元（六四五）年九月甲申条

遣二使者於諸国一。録二民元数一。仍詔曰。自レ古以降。毎二天皇時一。置二標代民一。垂二名於後一。其臣連等。伴造。国造各置二己民一。恣レ情駈使。又割二国県山海林野池田一。以為二己財一。争戦不レ已。或者兼二併数万頃田一。或者全無二容針少地一。

【史料一〇】『日本書紀』宣化天皇元年五月辛丑朔条

（略）故朕遣二阿蘇仍君一。〈未レ詳也。〉加運二河内国茨田郡屯倉之穀一。蘇我大臣稲目宿禰。宜下遣二尾張連一運中尾張国屯倉之穀上。物部大連麁鹿火宜下遣二新家連一運中新家屯倉之穀上。阿倍臣宜下遣二伊賀臣一運中伊賀国屯倉之穀上。修二造官家那津之口一。（略）

【史料一一】『日本書紀』大化二（六四六）年正月甲子条

即宣二改新之詔一曰。其一曰。罷二昔在天皇等所レ立子代之民。処々屯倉及別臣連。伴造。国造。村首所レ有部曲之民。処々田庄一。仍賜二食封大夫以上一。各有レ差。降以二布帛一賜二官人。百姓一有レ差。（略）

続いてもう一つの視点である評家について検討する。考古学的視角から、八・九世紀の郡家に継承されていく評家は、七世紀第4四半期以降（天武朝後半以降）に新たに建設されたもので、それまでの拠点施設であった豪族居館（後述）をそのままの形で継承・発展させたものではないとする理解がある。[47] すなわち八世紀以降の郡家の前身となる（七世紀第4四半期以降の）評家は評制成立段階（七世紀半ば）では郡家と異なる形で存在していたことを示す。この点を文献史料から捉えなおしてみる。

【史料一二】『日本書紀』天武天皇一四（六八五）年一一月丙午条

詔二四方国一曰、大角・小角・鼓吹・幡旗及弩抛之類、不レ応レ存二私家一、咸収二于郡家一。

【史料一二】について篠川は、「ここにいう「私家」は、指揮用具や大型兵器を持つのであるから、豪族層の「私家」に限られる」としており、[48]政務の中心である「郡家」にそれらを集めるということはそれ以前の「私家」も「郡家」と同様の性格を持っていたものと推定できる。そのため【史料一二】で示された天武天皇一四年以前は、政務を行う場所は豪族の居宅など、【史料一二】でいう「私家」にあたると考えられる。[49]そして【史料一二】が全国的に出された詔という性格をふまえればこの理解は一般化できよう。この理解をふまえれば、評制施行段階の七世紀半ばから七世紀第４四半期にかけては私家＝豪族の居宅が政務を行う場所＝前期評家、それ以降は私家とは別に建てられた建物＝後期評家が政務を行う場所と分類することができる。[50]

ここまでのことをふまえて評制施行に伴うミヤケの展開を考えてみると、例外的な事例もあるものの、[51]基本的にはミヤケを治めた人間が評官人に変化し、彼らの居宅（私家）が支配拠点たる前期評家であったと考えられる。そして貢納奉仕の拠点たるミヤケ（とその機能）は一応は存続しながらも、評制施行時の支配拠点が私家である以上、支配拠点としての性格を強くもつ場合はそこに取り込まれ、経営拠点としての性格を強くもつ場合は、そのまま存続していた可能性が考えられる。ただし、八世紀以降の郡家に正倉が設けられていることをふまえれば、郡家につながる後期評家の段階には経営拠点としての性格を強くもつミヤケも評家に取り込まれていったと考えられる。

## ２　四つのミヤケの展開と評

それでは武蔵国造の乱において設置された四つのミヤケはどのように展開したのだろうか。ここまでの検討をふまえて、とりわけ現神奈川県域に設置されたと考えられる倉樔ミヤケ（久良郡内）と橘花ミヤケ（橘樹郡内）について、これらの性格もあわせて検討する。

まず久良郡内にあったとされる倉樔ミヤケについて検討する。久良郡は現在の横浜市東部にあたり、鶴見区から金沢区にかけての沿岸部と考えられている。『倭名類聚抄』には久良郡は鮎浦、大井、服田、星川、郡家、諸岡、洲名、良椅の諸郷からなるとされる。すなわち倉樔ミヤケの存在を直接示唆する郷名はない。そこで東海道から考えてみる。古い段階の東海道は『古事記』のヤマトタケル神話に見られるように、相模国(走水)から海を渡って房総半島へ続いていたと考えられる。あわせて東海道は【図1】のように想定されるため、久良郡は駅路にも接していない。すなわち東京湾における海上交通の要衝は久良郡よりも南にあると考えられること【図1】、また駅路にも接していないことから倉樔ミヤケが駅家につながるような役割を持っていたとも考え難い。もう一つ手掛かりとなるのは郡家郷の存在である。郡家郷の場所は諸説あって判然としないが、郡家郷に郡家が存在していたことは明らかである。ミヤケを治めた人間を中心として評制が施行されたこと、ミヤケの名称と評の名称が一致することを考えると、倉樔ミヤケを治めた人間が久良解評をたてたと考えるのが自然であろう。[52] そして郡家郷が存在する一方でミヤケ郷がないことから、支配拠点である前期評家と倉樔ミヤケは近接していた可能性が考えられる。すなわち倉樔ミヤケは支配拠点として一般的な展開過程と同様に私家＝前期評家へと取り込まれ、さらにそれは後に近くに新たにたてられた後期評家の構造の中に取り込まれたと考えられ、その後郡家郷という名称が付されたと考えられる。[53] 恣意的に倉樔ミヤケの名称と地名を考えれば、倉樔ミヤケが設置されたためにこの地を「『クラ』キ」と呼称するようになったとも考えられよう。

つづいて橘樹郡内にあったとされる橘花ミヤケはどうだろうか。橘樹郡は現在の川崎市や横浜市港北区と考えられている。『倭名類聚抄』には橘樹郡は高田、橘樹、御宅、県守、駅家の諸郷からなるとされる。ここで注目すべきは橘樹郷、御宅郷の名称で、郡名と同名の郷は郡家所在郷と捉えるべきであろう。すなわち橘樹郡家は橘樹郷にあったとみられる。なお、駅家郷は【図1】にある小高駅があった郷と考えられるが、橘花ミヤケが継承されたものとは考え難い。[54] 御宅郷はその名の通り、橘花ミヤケが存在したと考えられる。[55] 加えて平川南が示すように郡家郷より郡名郷の方が相対的に古いと理解できること、[56]先述したようにミヤケを治めた人間が評を立てたと理解できることから、郡名郷である橘樹郷は評制施行段階から橘花ミヤケを治めた人間の支配拠点（＝私家＝前期評家）が存在していたと考えられる。そのため御宅郷は評制段階においては橘樹評の支配拠点ではないこと、私家と区別される郡家（＝後期評家）は、橘樹評の官人の私家からほど近い場所に成立したと考えることが妥当であろう。すなわち橘花ミヤケは私家に継承されていないことから、七世紀半ば以前は支配拠点ではなく、経営拠点としての性格を強く持っていたと考えられる。なお、後に後期評家ができるとその機能は評家の正倉に継承され、七世紀末ごろには橘花ミヤケはランドマークあるいは遺称となっていたと考えられる。

最後に補足として横渟ミヤケと多氷ミヤケにも触れておきたい。これらはともに多磨郡に設置されたと考えられる。横渟ミヤケは多磨郡のうち山野を主な生産基盤としたミヤケとする理解がある。[57]一方で多氷ミヤケは多磨ミヤケと考えられるため、その名称から多磨郡の比較的中心地に設置されたと考えられる。大化以前において、国司がミヤケに派遣されてきた例が『古事記』『日本書紀』『播磨国風土記』にも記されていること（ヲケ・オケ伝承）、また東山道武蔵路が多磨郡を通過しており、これが当時主要な道路だったことをふまえれば、多氷ミヤケは国司が派遣されてくる交通の要衝に設置された可能性がある。[58]すなわち橘花ミヤケや倉樔ミヤケよりも規模の大きい、武蔵国の中心ともいうべき支配拠点と考えられる（駅家としての性格も持ち合わせるが、後の国府に吸収された可能性がある）。そのため多氷ミヤケは設置された当初は武蔵国造につながる使主一族の支配拠点だったとも考えられる。[59]そのように考えれば、横渟ミヤケは自ずと経営拠点のような性格で、その機能は後の多磨評家あるいは国府に吸収されていった可能性が導き出される。さらにこれをふまえれば、橘花ミヤケや倉樔ミヤケは国造や伴造の下位にある県稲置などの首長層が管掌していたとみられ、武蔵国造が治めていた多氷ミヤケより比較的規模の小さいミヤケだったと考えられる。

# おわりに

　ここまでの検討結果を簡単にまとめて結びとしたい。まず武蔵国造の乱は南武蔵の使主一族（＝无邪志国造＝无邪志直）と北武蔵の小杵一族（＝胸刺国造＝笠原直＝物部直）の争いで、使主一族が北進することで軋轢が生まれたと考えられる。すなわちこれらは史料上「同族」とされるものの、元来異なる一族によるものであったと考えられる。そして六世紀後半には乱の勝者である使主一族が国造に任じられるが、後には勢力を失い、舒明朝に乱の敗者である小杵一族の後裔である物部直が国造に任じられると想定できる。その際両方の記録が残っていたために「国造本紀」には二つの国造が記されていると考えられる。また、武蔵国造の乱は、国造として八世紀当時勢力の強かった物部直がその出自の顕彰のため（乱の勝者である使主一族＝初代武蔵国造＝无邪志国造＝无邪志直の伝承を取り込むため）に擬制的同族関係を背景に同族の争いとして書き換えたと考えられる。

　ミヤケのその後の展開については、評制下には貢納奉仕の拠点たるミヤケ（とその機能）は、支配拠点としての性格を強くもつ場合は私家（＝前期評家）に取り込まれ、経営拠点としての性格を強くもつ場合はそのまま存続していた可能性を考えた。そして郡家の正倉の存在から、後期評家の段階には経営拠点としての性格を強くもつミヤケも評家に取り込まれていったと考えられる。

　この理解をふまえて南武蔵のミヤケを検討した。倉樔ミヤケは、郷名の状況などから支配拠点としての性格を持ち、そのために倉樔ミヤケを治めていた人間の私家に取り込まれたと考えられる。そのためミヤケの名称が残らなかったと考えられる。一方で橘花ミヤケは支配拠点としての性格は希薄で、経営拠点としての性格が強かったと考えられる。橘花ミヤケの名称が橘樹評・橘樹郷に継承される一方で御宅郷が存在することから、基本的に私家と別地域に橘花ミヤケが存在し、機能していたと考えられる。後期評家の段階になってその性格・機能が継承されていったとみられ、御宅郷は橘花ミヤケの遺称あるいは建造物自体は残存し、ランドマークとなっていたと考えられる。

ミヤケが評制以降どのように展開するかという点は一般化は困難であるが、武蔵国の事例は上記のように復元可能であろう。本稿では文献史学の立場から検討したが、今後は文献史学と考古学の成果をどのように接合していくかが課題となる。考古学との協業作業の前提として本稿を位置付けるとともに、今後の研究の進展に期待したい。

## 註

（1）ミヤケは「屯倉」「官家」（『日本書紀』）、「屯家」「屯宅」（『古事記』）、「御宅」「三宅」（『播磨国風土記』）など史料によって様々な表記がなされる。本稿では混乱を避けるため一括してミヤケと表記する。

（2）舘野和己「屯倉制の成立」（『日本史研究』一九〇、一九七八年）。

（3）大川原竜一「国造制の成立とその歴史的背景」（『駿台史学』一三七、二〇〇九年）。

（4）仁藤敦史「古代王権と「後期ミヤケ」」（『古代王権と支配構造』吉川弘文館、二〇一二年、初出は二〇〇九年）。

（5）篠川賢『日本古代国造制の研究』（吉川弘文館、一九九六年）、拙稿「国造制の成立に関する基礎的考察」（篠川賢ほか編『国造制の研究』八木書店、二〇一三年）。

（6）ただ仁藤敦史「「辛亥」銘鉄剣と「武蔵国造の乱」」（『古代王権と支配構造』吉川弘文館、二〇一二年、初出は二〇〇七年）がいうように、豪族の内紛に倭王権と上毛野氏が介入したというモチーフまで否定する必要はないだろう。

（7）鈴木靖民「南武蔵と大和王権」（『相模の古代史』高志書院、二〇一四年、初出は一九九七年）によれば、「横野」の地名は少なくとも鎌倉初期まで遡るようであり、「横見」よりは横渟と音通しやすい「横野」の方が妥当だろう。

（8）伊藤循ａ「筑紫と武蔵の反乱」（吉村武彦編『古代を考える　継体・欽明朝と仏教伝来』吉川弘文館、一九九九年）、同ｂ「武蔵の乱をめぐる東国の国造制と部民制」（『古代天皇制と辺境』同成社、二〇一六年）。

(9) 仁藤敦史「古代東国と「譜第」意識」（『古代王権と支配構造』吉川弘文館、二〇一二年、初出は二〇〇八年）。

(10) 鈴木前掲註(7)論文。

(11) 篠川賢「日本列島の西と東」（荒野泰典ほか編『東アジア世界の成立』日本の対外関係一、吉川弘文館、二〇一〇年）。

(12) 伊藤前掲註(8)ｂ論文では、四つのミヤケが南武蔵に存在したとすれば、国造氏は南武蔵に所在したと解釈している。また、磐井の乱において葛子が自らの勢力下にある糟屋ミヤケを献上した例が知られるが、献上する主体の勢力下にあるミヤケが献上されており、武蔵国造の乱においても同様の論理が考えられる。

(13) 記紀にはすでにアメノホヒにつながる系譜が作られていることから、（明確な時期は特定できないが）記紀成立以前の古い段階までさかのぼるとみられる。

(14) 伊藤前掲註(8)ｂ論文が示すように、「『続日本紀』和銅六（七一三）年五月甲子条」に「畿内七道諸国。郡郷名着二好字一」とあり、地名が二字表記になることから、「无邪志」表記が古い表記であることがわかる。

(15) 鈴木正信編「国造関係資料集」（篠川賢ほか編『国造制の研究』八木書店、二〇一三年）。

(16) 木下良『事典　日本古代の道と駅』（吉川弘文館、二〇〇九年）。

(17) 伊藤前掲註(8)ｂ論文。

(18) 小野里了一「国造任命の一試論」（篠川賢ほか編『国造制・部民制の研究』八木書店、二〇一七年）では北武蔵を基準とするが、南武蔵まで含まれていたとみる。

(19) 鈴木前掲註(15)資料集。

(20) 「国造本紀」には菊麻国造について、「志賀高穴穂朝御代、无邪志国造祖兄多毛比命児大鹿国直定二賜国造一。」とあり、兄多毛比を介して无邪志国造と同祖関係を結んでいる。胸刺国造と菊麻国造がそれぞれ兄多毛比を介して无邪志国造と同祖関係を結んでいることをふまえれば、无邪志国造と菊麻国造の同祖関係は胸刺国造と无邪志国造の同祖関係が結ばれた時期と大きく変わらない可能性が考えられる。

(21)日常的に使用されていた道と王権が設定した道が異なるのは、地域社会と王権の空間認識のズレによるものか。【史料三】は、そのズレを地域社会の実態に促して修正したものとみられる。
(22)伊藤前掲註(8)b論文では九州や播磨国のミヤケを例に挙げ、ミヤケは交通路上に設置されたことは一般化できるとする。小野里前掲註(18)論文でも南武蔵の四つのミヤケは交通の要衝に設置されたとする。ミヤケを貢納奉仕の拠点と理解すれば、首肯すべき見解であろう。
(23)仁藤前掲註(4)論文。
(24)拙稿「ミヤケ制研究の射程」(『史叢』九二、二〇一五年)。
(25)「国造」(盟主権)を争っている最初の段階では地域内で解決しようとしていたが、決着がつかなかったため王権へ助けを求めたとする記述はそれ以前から王権とのつながりを持っていたことを示す。なお、『日本書紀』神功皇后四七年には武蔵国人千熊長彦が外交に携わっている様子もみえる。
(26)東海道は当初は相模国から房総半島へと海路を通じて抜けるルートであるが、あくまで公式なルートがそうであって、東京湾を回る後の東海道ルートも存在していたと推定したい。註(54)で後述するように、一〇世紀段階の駅路はそれまでは伝路として使用されていた可能性が高い。
(27)鈴木正信「国造の氏姓と「クニの名」」(『日本古代の氏族と系譜伝承』吉川弘文館、二〇一七年)では国造の氏姓が「クニの名+カバネ」で構成されることは普遍性を持つことが指摘されている。首肯すべき見解であろう。
(28)国造就任以前には丈部から改氏姓しており、足立郡人であったことが「『続日本紀』神護景雲元(七六七)年一二月壬午条」に記載されている。
(29)「『続日本紀』天平宝字八(七六四)年一〇月庚午条」では恵美押勝征討の功績により外従五位下が授けられている。
(30)伊藤前掲註(8)b論文。
(31)前掲註(14)参照。
(32)この史料の記載については拙稿「武蔵国造の乱と橘花ミヤケ」(『史叢』九五、二〇一六年)では信憑性にかけるため武蔵国造を復元する素材として扱わなかったが、鈴木正信「武蔵国高麗郡と武蔵国造」(日本高麗浪漫学会監修『古代高麗郡の建郡と東アジア』高志書院、二〇一八年）では【史料五】の部分について、何らかの原資料に基づいて記されたもので全くの創作ではないとし、一定の史実が含まれると高く評価する。非常に論理的に説明されており、首肯すべき見解であると考える。そのため本稿では拙稿の見解を修正し、『聖徳太子伝暦』の記載も使用することとする。

（33）森田悌「武蔵国造と辛亥銘鉄剣」（『古代の武蔵』吉川弘文館、一九八八年）、鈴木前掲註（27）論文などでは武蔵国のカバネが判明しているほかの氏族はほぼすべて直姓を称していることから、物部連は物部直の誤りと指摘されており、首肯すべき見解である。

（34）物部直広成の経歴については、鈴木前掲註（32）論文にまとめられている。

（35）荒井秀規「武蔵国入間郡家の神火と二つの太政官符」（古代の入間を考える会編『論叢　古代武蔵国入間郡家』古代の入間を考える会、二〇〇八年）。

（36）選叙令には「凡郡司。取下性識清廉堪二時務一者上。為二大領。少領一。強幹聡敏工二書計一者。為二主政。主帳一。其大領外従八位上。少領外従八位下叙之。其大領。少領。才用同者。先取二国造一。」とある。

（37）「国造本紀」の元になったものは「『続日本紀』大宝二（七〇二）年四月庚戌条」にある「国造記」で、この段階での国造が物部直で、自らの出自（「胸刺国造」）と最初の国造であった「无邪志国造」の両方を記したと考えられる。

（38）氏族は本来複数の仕奉関係を持ち、庚午年籍における定姓の段階で各氏族がそれらの中から一つの仕奉に基づく氏姓を選択したことが指摘されている（須原祥二「「仕奉」と姓」『古代地方制度形成過程の研究』吉川弘文館、二〇一一年、初出は二〇〇三年）。

（39）鈴木前掲註（32）論文では笠原直から分出された集団か、配下の集団が新たに一つの氏として編成され地方伴造として物部直を名乗ったと二つの可能性を想定しているが、配下集団というよりは分出した集団とみるほうが妥当だろう。

（40）推測に過ぎないが、物部直が北武蔵に本拠を有した小杵一族の後裔で武蔵国造だったからこそ、武蔵国は当初東山道に属していたと考えることもできる。

（41）仁藤前掲註（4）論文によれば、依網ミヤケは儀式的な空間をもつことが確認でき（「『日本書紀』皇極天皇元（六四二）年五月己未条」）、深草ミヤケでは馬が常備され、交通の要衝であったことが確認できる（「『日本書紀』皇極天皇二

（六四三）年一一月丙子条」）。加えてミヤケ自体に駅家や郡家のような交通機能が備わっていたことは、松原弘宣「令制駅家の成立過程について」（『日本古代の交通と情報伝達』汲古書院、二〇〇九年、初出は一九八八年）、中大輔「日本古代国家形成期の交通と国司」（『歴史学研究』九六三、二〇一七年）も指摘しており、首肯すべき見解である。

(42)　仁藤前掲註（4）論文。

(43)　仁藤敦史「貴族・地方豪族のイエとヤケ」（『古代王権と支配構造』吉川弘文館、二〇一二年、初出は二〇〇七年）。

(44)　拙稿「評制の史的前提と史的意義に関する覚書」（『古代文化研究』二二、二〇一四年）。

(45)　拙稿前掲註（44）論文。『皇大神宮儀式帳』において立評に伴ってミヤケがおかれていることからも、ミヤケそのものを中心として評制が施行されたわけではないことがわかる。

(46)　この場合の廃止は王権と民衆の貢納奉仕関係に様々な階層が介在する、言い換えれば天皇以外が部民・ミヤケを所有することを廃止することを意味すると考えられる。この直後に中大兄がミヤケ一八一ヶ所を献上しているが（『日本書紀』大化二（六四六）年三月壬午条）、孝徳に対して「献上」したのであって、ミヤケそれ自体は「廃止」となっていないことが留意される。

(47)　山中敏史「古代地方官衙の成立と展開」（『古代地方官衙遺跡の研究』塙書房、一九九四年）、同「評制の成立過程と領域区分」（『考古学の学際的研究』岸和田市、二〇〇一年）。

(48)　篠川賢「評制の成立と国造」（前掲註（5）著書）。この中で篠川は豪族層はもとより、実質的には国造の「私家」を指すとする。国造の「私家」かどうかという点については、本稿の課題とは離れるためここでは問題にしない。しかし豪族層の「私家」とする部分においては認められる所であろう。

(49)　山中前掲註（47）論文。

(50)　なお、このようにオフィスが自宅から切り離されることは、評官人が地域首長的性格を持つものから律令官人的性格に変化することとつながると考えられる（拙稿「評制の展開と国司・国造」、『ヒストリア』二六六、二〇一八年）。

(51)　なお、『皇大神宮儀式帳』には「而難波朝廷天下立レ評給時仁、以十郷分弖、度会乃山田原立二屯倉一、新家連阿久多督領、磯連牟良助督仕奉支。」とあるように、ミヤケが評家として扱われる場合もあるようだが、これは立評に伴ってミヤケがたてられていることから、後期評家のように私家とは異なるものと想定可能で、評制施行段階では一般的に私家が評家であったことをふまえれば例外的なものとして捉えておきたい。また、「『出雲国風土記』神門郡日置郷条」では「日置郷、郡家正東四里、志紀嶋宮御宇天皇之世日置伴部等所レ遣来、宿停而為レ政之所。故云二日置一。」とあり、「宿停而為レ政之所」がミヤケと考えられる。この地には三田谷Ⅰ遺跡が存在するが、これは「公的な施設（郡家別院など）」と考えられること（武廣亮平「出雲国の日置氏について」、『史叢』九二、二〇一五年）、神門郡（「神門評」の存在も藤原宮出土木簡から確認できており、神門郡は神門評へ遡るとみられる）の郡家は古志本郷遺跡とみられていることから評家として展開したとはいえない。

(52) 藤原宮出土木簡に「久良解郡」と判読できる木簡があり（『藤原宮木簡』三―1371）、これは前掲註（14）で述べた和銅六（七一三）年の地名の修正以前の表記とみられる。そのため評制段階でもこの表記がとられていたと考えられる。

(53) 平川南「古代の郡家と所在郷」（『律令国郡里制の実像』上、吉川弘文館、二〇一四年、初出は二〇一三年）によれば、郡家所在郷は「郡家郷」、郡名郷、「大家郷」または「大宅郷」などがあり、「郡家郷は大家郷・〝郡名〟郷に代わってもうけられた郡家所在郷と考えられ、郡家郷の成立時期は両郷に比して新しいと想定できる」とする。

(54) 駅家郷は小高駅家があったために付された名称と考えられる。しかし、中村太一「東国駅路網の変遷課程」（『日本古代国家と計画道路』吉川弘文館、一九九六年）によれば、東海道の店屋、小高、大井、豊島の各駅家を通るルートは一〇世紀代に駅路として使用されており、それ以前は相模国から海路を経て房総半島へ続くルートや夷参駅、国府、乗潴、豊島の各駅を通るルートなどが駅路として使用されていたことは明らかである。なお、駅路の変遷については、荒井秀規「武蔵国橘樹郡家と南武蔵の交通」（『史叢』九五、二〇一六年）にも詳しく、一〇世紀代の駅路はもとは伝路であったことを示す。すなわち橘樹郡に駅路が通っていたのは一〇世紀代のルートとなるため駅家郷はかなり遅く成立したと考えられ、橘花ミヤケが駅家的な役割を担っていたとは考え難い。

(55) 郡家正倉群とみられる千年伊勢山台北遺跡や郡家周辺寺院の影向寺遺跡は七世紀第4四半期にさかのぼると考えられている。すなわち橘樹郡家はこの時期に建てられたものと考えられ、橘花ミヤケがそのまま郡家あるいは正倉に継承されていないことは明らかであろう。

(56)平川前掲註(53)論文。

(57)鈴木前掲註(7)論文。

(58)中前掲註(41)論文では伴造―部民の関係性のもとに派遣されてきたとするが、それが一般化できるかは慎重に検討する必要がある。国造のもとに派遣されてきた可能性も十分に考えられる。

(59)東山道武蔵路が七世紀第3四半期末から七世紀第4四半期前半ごろに、東海道も同様の時期に整備されたとすれば、それ以前から東山道武蔵路が使用されていた可能性もあり、武蔵国造が東海道を通じて王権とつながりを持っていたことと関連する。また、初代武蔵国造は先述のとおり七世紀前半には勢力が衰えるが、評制がミヤケを治めた人間を中心として施行されたこと、多磨郡の領域が他に比して大きいことをふまえると、勢力は衰えたもののそれなりに大きな領域を支配する首長層だったとみられる。

# 中世都市鎌倉の宿所について

松吉大樹

## はじめに

本稿で筆者に与えられた課題は、神奈川県における中世の拠点について考えよということであった。神奈川大会の趣意書には拠点を「人々が活動することで人・モノ・情報の集中・拡散が起こる場」と定義している。またその定義に則した鎌倉の説明は「鎌倉を根拠にした源頼朝は、既存の街道と地形を利用した都市建設を構想」「武蔵国府をつなぐ鎌倉街道上道等、鎌倉を結節点とする主要道を整備した」「物流・交通拠点としての和賀江島に港を整備した」とある。このように中世の鎌倉は、列島の一首都であり流通・交通路の出発・終着・経由先として捉えられている。本稿では、列島の拠点であった鎌倉の内部「拠点」について考察する。鎌倉期を軸にして御家人(地)、特に宿所をテーマにして考えたい。

## 一　中世都市鎌倉の屋敷

中世都市鎌倉における御家人の屋敷については、『吾妻鏡』等の文献史料に記載されており、具体的な場所についても『鎌倉市史』総説編等の先行研究で指摘されているものの、確定事例が少ないのが現状である。(1)一方で『浄光明寺敷

| 年月日 | 史料上の表記 | 氏名 | 屋敷地表記 |
|---|---|---|---|
| 文治 3（1187）4.14 | 因幡前司広元、因州 | 大江広元 | 既 |
| 正治 2（1200）6.16 | 大官令 | 大江広元 | 亭 |
| 正治 3（1201）2.3 | 大官令 | 大江広元 | 亭 |
| 建仁 1（1201）9.7 | 大膳大夫広元朝臣 | 大江広元 | 亭 |
| 建仁 3（1203）9.2 | 大膳大夫広元朝臣、大官令 | 大江広元 | 亭 |
| 建仁 3（1203）11.9 | 前大膳大夫広元朝臣 | 大江広元 | 家 |
| 元久 1（1204）12.17 | 前大膳大夫広元朝臣 | 大江広元 | 家 |
| 承元 4（1210）1.26 | 広元朝臣 | 大江広元 | 亭 |
| 承元 4（1210）5.6 | 広元朝臣 | 大江広元 | 家 |
| 建暦 3（1213）5.2 | 前大膳大夫、広元朝臣、大官令 | 大江広元 | 亭 |
| 建暦 3（1213）6.12 | 広元 | 大江広元 | 亭 |
| 建暦 3（1213）8.17 | 広元朝臣 | 大江広元 | 宿所 |
| 建暦 3（1213）8.20 | 前大膳大夫広元朝臣 | 大江広元 | 第 |
| 建暦 3（1213）10.3 | 前大膳大夫 | 大江広元 | 宿館 |
| 建保 7（1219）1.7 | 前大膳大夫入道覚阿 | 大江広元 | 亭 |
| 承久 2（1220）5.20 | 大官令禅門 | 大江広元 | 亭 |
| 嘉禄 1（1225）4.30 | 毛利蔵人大夫入道西阿 | 毛利季光 | 宿所 |
| 嘉禎 2（1236）11.22 | 蔵人大夫入道西阿 | 毛利季光 | 宿所 |
| 延応 1（1239）11.2 | 毛利蔵人大夫入道西阿 | 毛利季光 | 宿所 |
| 寛元 4（1246）1.10 | 毛利蔵人大夫入道西阿 | 毛利季光 | 第 |
| 寛元 4（1246）1.12 | 毛利入道西阿 | 毛利季光 | 第 |
| 寛元 5（1247）1.3 | 毛利蔵人大夫入道西阿 | 毛利季光 | 家 |
| 文暦 2（1235）1.21 | 毛利蔵人大夫入道西阿 | 毛利季光 | 領 |

**【表 1】『吾妻鏡』大江氏屋敷地表記**

地絵図』には境内の様相と共に、寺が「今所望」する敷地の範囲が図示されており、そこに「守時跡（赤橋）」や「土州跡」などの鎌倉御家人の屋敷地跡が記載されていた。『円覚寺境内絵図』と並んで中世都市鎌倉の屋敷状況を現す史料として注目されている。[2] しかし、京都と比較しても、確定できる御家人の屋敷地は圧倒的に少ない。それは中世都市鎌倉を描いた絵画資料の絶対的不足と、現在までほぼ連続して開発が行われてきたため、前代の遺構が確認しづらい都市遺跡の特質に依るが、御家人の屋敷地を記載している『吾妻鏡』の編纂物としての史料的特質も大いに影響していると考える。[3] 例えば『吾妻鏡』には屋敷地表記が様々あり、同一と思われる屋敷地を違う言葉で表記している例と、別々のものを同じ言葉で表記するなどの混乱が多々見られるのである。【表1】は『吾妻鏡』に記載されている大江広元とその子毛利季光の屋敷地を、管見の限りでまとめたものであるが、「亭」「第」「宿所」「家」などと書かれ方の違いが分かる。単純に、用途別による名称の違いと考えるのが妥当であるが、例えば、「『吾妻鏡』正治二（一二〇〇）年六月一六日条」には、広元「亭」背後の山麓に屋を新造することになった理由として「納涼逍遥之地」であるからと書かれている。では「亭」は、遊覧の際に立ち寄る四阿のような屋敷地を指す語であったのかといえばそうではない。『吾妻鏡』承元四（一二一〇）年五月六日条」では、源実朝や北条義時・時房等が和歌など興宴に及ぶことについて書かれているが、その開催場所は広元「家」であった。一方で和田合戦の際に、大倉御所に向けて進軍した和田勢が「小町上」の義時邸から続いて広元「亭」を攻撃するが、その後和田勢は「横大路（御所南西道也）」を進み、「御所西南政所前」で御家人等と合戦していることから、(4)正治二年と建暦三（一二一三）年の広元「亭」は、別々のものである可能性が考えられる。それぞれ具体的な場所の特定には至らないが、比企氏の乱に際しての記事では、源頼家と比企能員の密議を北条政子より伝え聞いた北条時政が、大江広元に相談するため、名越への帰宅途中を引き返して、広元「亭」を訪れており、その後、北条時政は「荏柄社前」において天野遠景と新田忠常に比企能員誘殺の相談をしている。(5)これにより広元「亭」は、大倉御所から名越へ行く道中の、荏柄天神社近辺にあったと推測できよう。(6)そして大江広元は、他の事例を見ると「御所近辺」に屋敷地を有していたことが分かる。(7)

【表1】の如く屋敷地表記を見てみると、やはり編纂物としての史料的制約を強く感じるところであり、ともすれば単なる「屋敷」を表現しているだけで、様々な屋敷地表記には厳密な使い分けがなされていないように思われてならない。こうした状況の中で、場面・性格の違いによって区別され、使用されてきたと思われる屋敷地表記の史料がある。

【史料二】『吾妻鏡』嘉禄元（一二二五）年四月卅日条

毛利蔵人大夫入道西阿宿所〈御所向〉、焼亡、近辺一許町災

毛利蔵人大夫入道西阿とは毛利季光のことで、大江広元の四男として生まれ、相模国毛利荘を領し毛利を称した。その毛利季光の「御所向」にあった「宿所」が焼亡した記事である。御所が大倉から宇津宮辻子へ移転するのが嘉禄元（一二二七）年一二月であるので、この当時の「御所」は、まだ大倉御所のことを指している。この季光の「宿所」は、おそらく「御所近辺」にあった大江広元の屋敷地を伝領したものであろう。これまでも広元の屋敷地表記で「宿所」は登場してきたが(8)、「亭」・「家」などの屋敷地を臨時的に「宿所」として使用されてきた感が強い。対して季光の「宿所」は、相続した段階で数あったであろう大江氏関係の屋敷地の中から、「宿所」として伝領している。となれば「宿所」は、他の「家」などの屋敷表記とは、違った意味合いで使用されていたのではないか。以下「宿所」を手がかりに中世都市鎌倉の拠点について考察してみたい。

## 二　「宿所」について

「宿所」については、斉藤利男氏による重厚な先行研究がなされているので、そちらを大いに参照にしつつ論を進めて行くこととする(9)。

「宿所」とは古代以来、主人の屋敷内に構えられた、出仕のための居所として表記されてきた。同様な言葉としては「直廬」・「宿直所」・「宿廬」があり、総じてそれぞれ同じような意味で使用されている(10)。鎌倉期には、本拠（本宅・本貫）とは別に設置する施設として書かれることが多い。

【史料二】『吾妻鏡』建久元（一一九〇）年七月廿七日条
京都宿所地事、度度雖令申給、其所未治定之上、今年依可有御上洛、殊被馳申之、御書云、宿所事、先日言上候畢、東路之辺宜候歟、広らかに給候て、家人共の屋形なとを構て候はんするに、可令宿之由、思給候也

【史料二】は、源頼朝が上洛に際し、京方へ「宿所地」を「度々」所望しているにも関わらず、未だ決定していないことについて、御書を進上する記事である。頼朝は京都出身であるので、京都の屋敷地が本宅であろうとも考えられるが、治承四（一一八〇）年に鎌倉で御所を新造しているので、この頃の本拠は鎌倉であるから京都の屋敷地は「宿所地」となるのであろう。注目すべきは提出した「御書」の内容で、頼朝が申請する京都の宿所地には、彼の家人（御家人）等も「屋形」を構えると書いている。主人の「宿所」の周辺を、家人の「宿所」が取り巻く、重層的な居住形態が垣間見える。

一方で「宿所」は、平安京の「官衙町」の系譜としても発生・発達している。この系譜は、地方から上京した人々が、それぞれの所属する役所が平安京内で管轄する地に、一時的に滞在する状況に端を発しており、言うなれば宿屋的な機能としての「宿所」が町から発生している。(11) そして一時的・臨時的に「宿所」に「寄宿」していた在家人に対して、官衙が税を課すようになると、臨時から恒常へと機能が変化し、当地が町化していくようになった。主人宅の周辺に設置される「宿所」と、町から発生する宿屋的な「宿所」が混在する状況が、特に中世京都を中心に発生するようになる。二つの違う原因から発生するも、「宿」という趣旨では同様の「宿所」が設置されるようになった。

【史料三】『吾妻鏡』建久六（一一九五）年五月十五日条
於六条大宮辺、三浦介義澄郎等与足利五郎所従等、発闘乱、依之和田左衛門尉義盛、佐原左衛門尉義連以下馳集于義澄旅宿、又小山左衛門尉朝政、同五郎宗政、同七郎朝光以下大胡佐貫之輩集足利宿所、

京都六条大宮辺りにおいて、三浦氏と足利氏が闘諍に及んだ記事である。ここでは三浦氏方が「旅宿」に集結し、足利方は「宿所」に集合している。この場合、恐らく三浦方は宿屋的な「宿所」で、足利方は何かしらの権門の周辺に所有していた「宿所」であろう。治承・寿永の内乱以降の、列島規模の軍勢移動により、両方の意味での「宿所」設置は増加し、臨時性を持って発生したものが恒常化していく現象が広まるのである。次に、中世鎌倉における「宿所」について考察する。

## 三　鎌倉における「宿所」

そもそも、源頼朝が鎌倉に入った当初、大倉に御所が構えられるまで居住していた施設は「宿館」と呼ばれていた。[12] 臨時的な機能を持つ「館」だったのである。そして続々と鎌倉に入ってくる御家人も鎌倉に宿所を構えるようになった。

【史料四】『吾妻鏡』寿永元（一一八二）年六月七日条
及晩、加藤次景廉於座席絶入、諸人騒集、佐佐木三郎盛綱持来大幕、纏景廉懐持退去、則帰宿所加療養

由比浦で弓馬の芸を競った後に宴会となり、その席で加藤景廉が気絶して騒動となった記事である。佐々木盛綱が大幕で加藤景廉を纏って「宿所」に帰った。この場合の「宿所」は、佐々木盛綱が所有していた「宿所」か、加藤景廉のそれかは分からない。また宿屋的な「宿所」であったのかも判断できないが、いずれにせよ寿永年間時点においては、彼らにとって鎌倉の屋敷地は未だ「本宅」に対して臨時的な意味合いを持つ「宿所」であったことは間違いないだろう。時期が下ると、御家人の「宿所」が「旅亭」となるケースが見られるようになる。

【史料五】『吾妻鏡』承元三（一二〇九）年九月廿九日条

園城寺明王院僧正公胤下着。是依御召請也。以行光宿所為旅亭。宿直等事。広綱奉行之

二階堂行光の「宿所」が「旅亭」として利用され、別の御家人がその宿直を奉行する記事である。二階堂氏はその名が由来となっているように、永福寺近辺に屋敷地を所有していたが、二階堂行光クラスの御家人は鎌倉内の「本宅」とは別に、御所近辺に「宿所」を有していたのであろう。[13] そこは御所へ行くにも都合が良い場所であったため、鎌倉外から来るゲストの「旅亭」として利用されたと思われる。先述した大江広元の「宿所」も同様な利用状況であったのだろう。源頼朝が鎌倉に入部した直後は、鎌倉外の「本宅」に対して、臨時的に設置された「宿所」であったが、有力御家人が鎌倉内に複数の屋敷地を所有する状況になり、鎌倉内の別の屋敷地に対しても「宿所」が設置されるようになるのである。中世都市鎌倉においても、先述した京都の事例同様、「宿所」は臨時から恒常へと変化し、多種多用な機能を有するようになっていく。[14]

【史料六】『吾妻鏡』嘉禎二（一二三六）年十二月十九日条

武州御亭御移徙也、日来御所北方所被新造也、被建檜皮葺屋并車宿、是為将軍家入御云々、御家人等同構家屋、南門東脇尾藤太郎、同西平左衛門尉、同並西大田次郎、南角諏方兵衛入道、北土門東脇万年右馬允、同西安東左衛門尉、同並南条左衛門尉宅等也云云

【史料七】「崇顕金沢貞顕書状[15]」

今暁火事驚入候、雖然不及太守禅閤御所候之間、特目出候、長崎入道・同四郎左衛門尉・同三郎左衛門入道・同三郎左衛門尉・尾藤左衛門入道・南条新左衛門尉等宿所炎上候了

【史料六】は北条泰時が新造の屋敷に入る記事であるが、泰時邸の周囲に得宗被官と目される人々も「家屋」を構えているのが分かる。[16]これは北条泰時のカリスマ性に依拠する事例とも読み取れるが、この住居形態は鎌倉幕府末期まで続いていたのが、【史料七】に示されている。これは金沢貞顕の書状であるが、北条高時の「御所」が火事で被災するも無事であったので目出度いと見舞う内容である。「長崎入道」をはじめ「尾藤」や「南条」など、【史料六】に記載されている被官の末裔が、高時の周囲に「宿所」を有していたことが分かる。[17]主人の周辺に屋敷地（宿所）を構えるスタイルは、鎌倉幕府末期まで続いていたのである。

【史料八】「関東新制事書[18]」

一　侍所雑仕以下下部等、行向御家人宿所、被饗応事、侍所雑仕・小舎人・朝夕雑色・御中間、贄殿〈虫々〉執当釜殿等、正月并便宜之時、行向諸人宿所、常求盃酌、甚以左道也、早可停止之、但行向奉行人之許事、

非制限矣

【史料八】は幕府の追加法である。「侍所雑仕」や「小舎人」等が、正月などの都合の良い時に「宿所」へ行き酒を要求するので、それを禁じている。宿所での饗応を制限する法であるが、この「宿所」は御家人の「宿所」と考えるよりは、宿屋的な「宿所」の可能性の方が高い。[19]

【史料九】「結城宗広書状[20]」

今月廿三日、自京都早馬参テ候、当今御謀叛之由、其聞候、（中略）鎌倉中令騒動候、（中略）早打、土岐伯耆前司宿所〈唐笠辻子〉被押寄候之処、在国之間、留守仁一両人被召取候云々

【史料九】は、京都で後醍醐天皇が蜂起した情報が鎌倉に入り、与党と目されていた土岐氏の「宿所」へ討手が押し寄せる内容である。この場合、土岐伯耆前司は在国のため居なかったが、留守役が捕縛されている。「宿所」は在地と鎌倉を結ぶセンターであったと理解されていたからこそ、このような襲撃が発生したのであろう。[21]

【史料一〇】「行日二階堂行久譲状[22]」

譲渡　領地并倉等事

一所　在西御門入奥地

一所　浜倉半分

右、相副証文、所譲渡向女房也、兼又鎌倉宿所乃倉納物事、与名越女房両人、各可被分取半分也、於浜倉者、同相分半分、可有其沙汰、但至敷地者、所令借用他人之領也、然者、向後も地主を相語て、毎年無懈怠、弁其地子、可被領知之状如件、

文永三年六月十日　　　　沙弥行日（花押）

【史料一〇】は「宿所」に倉が伴う事例である。「宿所」を通じての経済活動の一旦が垣間見えるが、「地主」に「地子」を支払う状況から、「重層的権利関係」をも想定させる史料である。[23]

【史料六】と【史料七】で北条得宗家の集住形態について述べたが、他の有力御家人においても、得宗と同様な集住形態が見られる。

【史料一一】「崇顕金沢貞顕書状[24]」

一去月十九日夜、甘縄の城入道の地の南頬いなかき左衛門入道宿所の候より、炎上出来候て、其辺やけ候ぬ、南者越後大夫将監時益北まてと承候、彼家人糟屋孫三郎入道以下数輩焼失候、北者城入道宿所を立られ候ハむとて、人を悉被立候程ニ、そのあきにてと丶まり候ぬ

当史料からは甘縄にあった安達時顕の屋敷地周辺の状況が分かる。安達時顕の土地の南面にあった「いなかき左衛門入道宿所」から出火して、北条時益邸の北側まで炎上。北条時益の家人である糟屋孫二郎らの家が焼失した。安達時顕の「宿所」は無事だったが、それは安達時顕が以前より「宿所」の拡張を計画し、「宿所」周辺の人々を追い立てた

場所が空き地となっていたためによる。得宗以外の有力御家人は「宿所」を所有しており、その周辺には家人等も「宿所」を持っている重層的な居住環境が窺えよう。

以上、文献史料から中世鎌倉の「宿所」について概観してきた。本来的には、鎌倉外に存在していた「本宅」に対して、宿所という語句が使用されたが、鎌倉内に、複数所有していた屋敷地の中に対しても使用されるようになって行くと同時に、臨時的性質が希薄となり一般的な屋敷地を指すようになっていった。一方で町屋にあった宿屋的機能を持つ「宿所」も同時に併存していたため『吾妻鏡』での混同も生まれたのであろう。そして、有力御家人の「宿所」の周りに、被官等の「宿所」が設置されるという、重層的な住環境が中世都市鎌倉内に展開していくのである。次に鎌倉の発掘調査によって出土した文字資料から「宿所」について考察する。

## 四　考古資料から見る宿所

鎌倉市御成町一七一番一外地点の発掘調査により木製の板が出土した[25]【図1】。これについては、以前若干の考察を試みたことがあるので、ここでは概略を記す[26]。発掘調査地点は、源氏山の南麓に入り込んだ、無量寺谷と呼ばれた谷戸の開口部前面辺り、今小路から約七〇ｍほど無量寺谷側に入ったところに位置している【図2】。木製板は、第三面（一三世紀中葉～一四世紀中葉）上の包含層中より出土した【図3】。発掘調査地点は現住所では扇ガ谷となっているが、中世は「甘縄」の範囲内であることが分かっている[27]。また谷戸名称の由来となっている「無量寺」は、廃寺のため詳しい境内域はわかっていないが、「『吾妻鏡』文永二（一二六五）年六月三日条」に記載されている、安達義景十三年忌仏事の会場となった「無量寿院」と同一寺院であるとされており、安達氏との関係を彷彿させる地域である。また近隣に

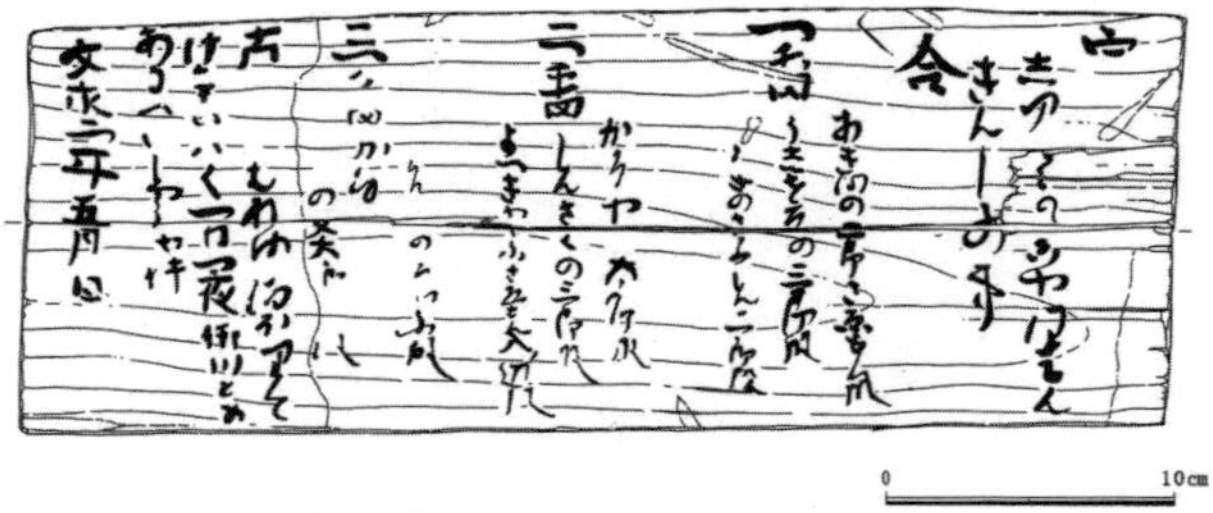


【図 1】木製板トレース図
『鎌倉の埋蔵文化財 12　平成 19 年度発掘調査の概要』より引用修正

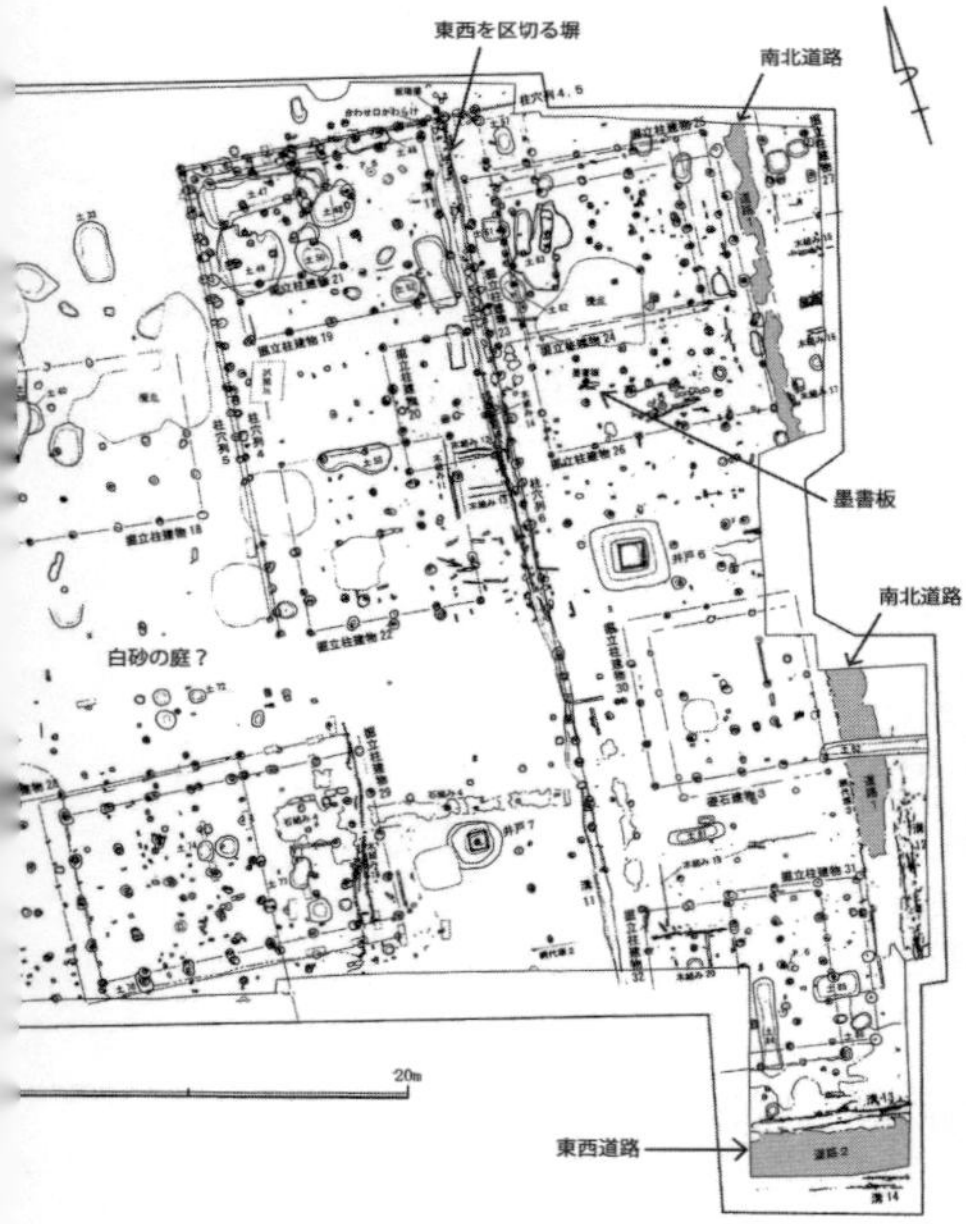


【図 3】木札出土遺跡・第三面全体図
発掘調査報告書より加筆修正

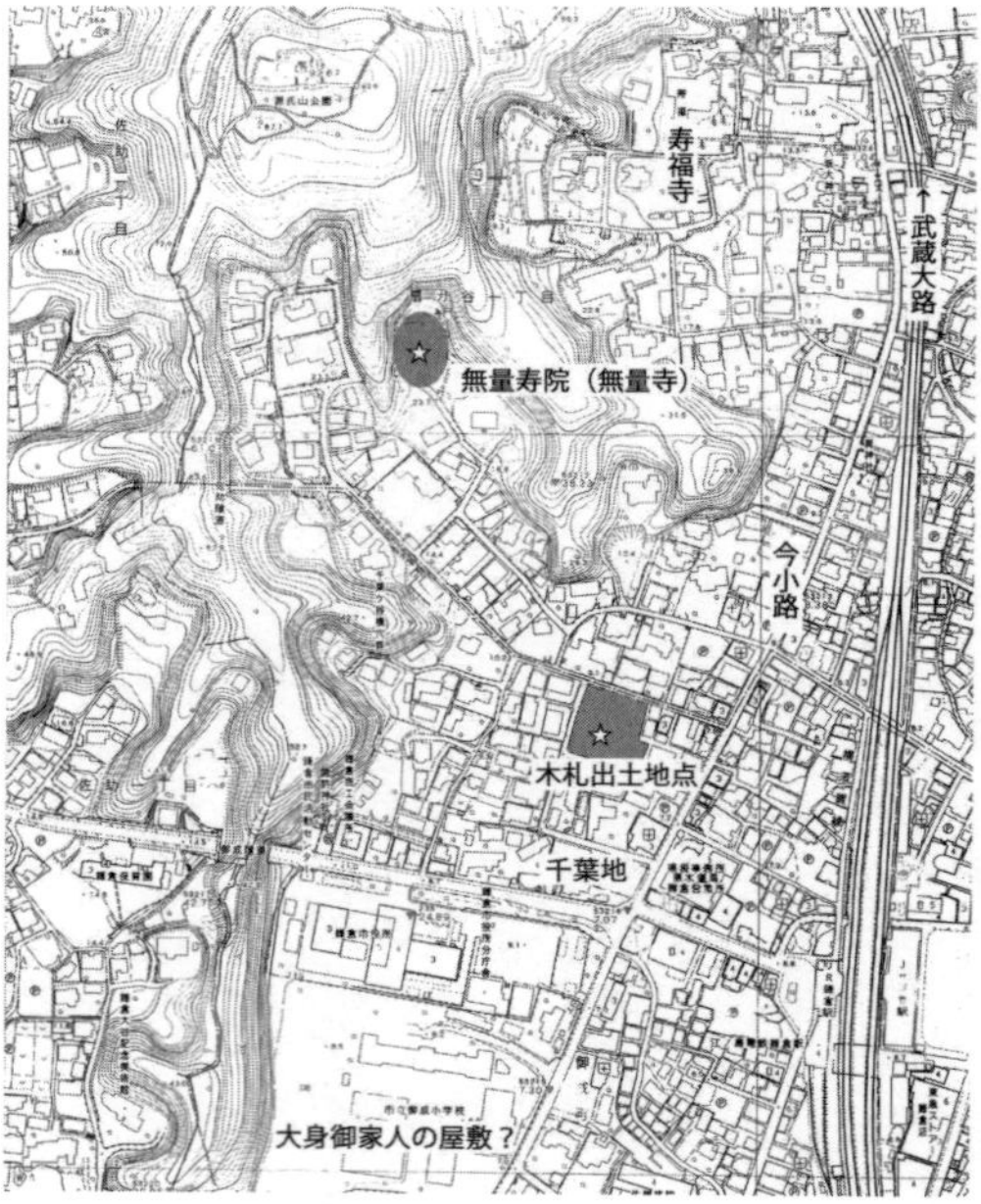


【図 2】発掘調査地点周辺図　松吉 2014 より加筆修正

は「千葉地」（千葉屋敷）と呼ばれる字名が残っていたので、千葉氏の存在も伺われる地域でもあった。[28]

木製板は第三面上包含層中より、墨書が施された面を上にした状態で出土した。書かれていた墨書の内容は次のように読める。[29]

定

志由くけい古や行者ん

きんしの事

合

　あき満の二郎さゑもん殿

一番　う志を堂の三郎殿

　ささきのさゑもん三郎殿

　か春やの太郎殿

二番　しんさくの三郎殿

　支へきやうふさゑもん入道殿

　美王□の□□ふ殿

三番　か勢［

　ヲの又太郎［　　殿

右□□むね越満本里て

け堂い奈く一日一夜御川とめ
あるへきしやう如件
文永二年　五月　日

事書の「志由くけい古や行者んきんしの事」は「宿警固夜行番勤仕事」と読むことができる。そして「合」の後に、一番から三番まで各々三人ずつ書かれている九名が、警固を勤める人物である。彼らは「けたいなく一日一夜おつとめ」するべく命じられていた。警固を勤めた九名については、上野国・武蔵国に縁があると思しき武士の名が多く見える。中でも「あき満」は、飽間・秋間・明間などの名字が推測され、武蔵二俣川合戦の安達景盛「主従七騎」の「野田与一、加世次郎、鶴見平次、玉村太郎、与藤次」と共に参加した「飽間太郎」の末裔であろう。(30) 飽間は上野国碓氷郡飽間郷（現群馬県安中市秋間）に比定されている。そして「か勢」の名も墨書に見えるが、これは加世・賀勢・加勢・加瀬などの名字が充てられよう。こちらもやはり安達景盛「主従七騎」の「加世次郎」の系統の者であると推測される。武蔵国橘樹郡に賀勢庄（現川崎市幸区北加瀬・南加瀬、中原区西加瀬付近一帯）があり、そこを本貫としていた可能性が高い。他にも「うしおた」なども武蔵・上野関連の武士であろう。(31) 安達氏と関係が深い無量寺谷から、安達景盛「主従七騎」に家筋を持つ者に「宿警固」を命じた木札が出土したということは、この発掘調査地点が安達氏の屋敷地であったということを示唆する。となれば、「宿警固」の「宿」は、安達氏の「宿所」を指していると考えられる。木札には安達氏の「宿所」を一晩警固する番文が記されていたのである。そして末文には「文永二年五月日」の年月日が書かれているが、この年次は先述した安達義景十三回忌と同年であり、ともすれば木札は十三年忌法要に関連したものとも推測できよう。(32) しかし、この木札に書かれた人物全てが安達氏の被官であったとは断定し難い。鎌倉の谷戸内では、居住する御家人の間で血縁関係が結ばれていたとする指摘もあるが[33]、直接的な血縁関係がない人々とも地縁的に関係を持つ状況、現在でいうところの町内会のような繋がりもあったであろう[34]。木札が出土した遺構の図を見ると【図3】、中央が塀で区切られ、左と右の建物の大きさが違うのが分かる。発掘調査報告書によれば、左側建物の周囲には白い貝が混じった砂が敷かれていたとあり、右側の建物群よりは社会的地位の高い人物が居住していたのであろう。この場合、左側が安達氏の屋敷で、右側の建物群は被官などの「宿所」と考えられる。

有力御家人の「宿所」は、地域の核として求心力を発揮し、周辺に居住する血縁・地縁の関係者に個人的な役を奉仕させるなど、居住者間に積極的な関係性を持たせる拠点となっていった。また、この調査地点からは木札の他に、漆器・かわらけ・貿易陶磁・国産陶磁なども多数出土しており、人と物が能動的に集合離散する拠点であった[35]。

## おわりに

以上、先行研究に依りつつ、列島の拠点、中世都市鎌倉を構成する拠点を「宿所」に求めて考察した。先行研究に屋上屋を架す感は否めないが、以下にまとめる。当初、主君へ奉仕・出仕する際に、本拠地とは別に構える臨時の居所として発生した「宿所」は、中世都市として成熟する過程において、権門や有力者の邸宅の周辺に設置される恒常的に構える邸宅と化すようになる。それは文献史料だけではなく考古学的に見ても同様で、河野眞知郎氏が「出発点としては御家人が出仕する際の宿舎、宿館であった鎌倉の武家屋敷が、都市の消費的生活になじむにしたがって常住性を増していった」とするのも首肯できる[36]。また町の「寄宿」装置が発達して発生する「宿所」も、中世を通じて都市内に宿屋的機能を有しつづけ、後には都市の邸宅一般を指す言葉になる[37]。御家人の屋敷地としての「宿所」と、宿屋としての「宿所」は、同時に都市内で作用し発展しており、「宿所」には人が集まり、経済が発生する拠点としての機能を有するようになる。この鎌倉期における「宿所」拠点の存在は、管見の限り他の相武地域には見られない。[38]中世都市鎌倉内で有力御家人の「宿所」が拠点化し（人・モノ・情報の集中）、拠点性を持つ「宿所」の集合体が、中世都市鎌倉を構成していたのである。鎌倉幕府の解体以降、文献史料では中世都市鎌倉の「宿所」事例が減少することから、鎌倉へ集中していた拠点性は、他の相武地域へ分散・伝播していったのであろう。[39]近年の研究に拠れば、武士団は、交通の要衝に拠点を設置し発展してきたと言われているが、[40]中世の鎌倉はその武士団が、各自それぞれの情報や物を鎌倉に持ち込むことによって、急激な発展を遂げて来た都市であった。鎌倉の貿易陶磁器の出土量は、博多・京都などと同様に非常に多いが、その鎌倉へ輸入された陶磁器等が、他の相武地域へ大量に還元された形跡は、今のところ見られない。[41]おそらくその大部分は鎌倉の中で消費されたのだろう。しかし最近、東名高速道路の工事により、伊勢原地域で大規模な中世遺跡が発見された。[42]鎌倉の膝下である相武地域の調査事例を網羅的に整理し注視していくのが、今後の課題である。

## 註

（1）高橋慎一朗『中世の都市と武士』（吉川弘文館、一九九六年）、秋山哲雄『北条氏権力と都市鎌倉』（吉川弘文館、二〇〇六年）、山村亜希「東国の中世都市の形成過程―鎌倉の空間構造とその変遷―」（『中世都市の空間構造』吉川弘文館、二〇〇九年、初出「中世鎌倉の都市空間構造」『史林』八〇巻二号、一九九七年））など。

（2）大三輪龍彦編『浄光明寺敷地絵図の研究』（新人物往来社、二〇〇五年）、大三輪龍哉「浄光明寺敷地絵図に見る屋地」（『鎌倉遺文研究』二七、二〇一一年）など。

（3）『吾妻鏡』の編纂問題を取り扱った研究としては、五味文彦『吾妻鏡の方法　事実と神話にみる中世　増補　新装版』（吉川弘文館、二〇一八年）、初出『吾妻鏡の方法 事実と神話にみる中世』（吉川弘文館、一九九〇年）、佐藤雄基「公卿昇進を所望した武蔵守について」（阿部猛編『中世政治史の研究』日本史史料研究会論文集一（日本史史料研究会、二〇一〇年））など、枚挙にいとまがない。

（4）『吾妻鏡』建暦三（一二一三）年五月二日条（『新訂増補 国史大系』）。『吾妻鏡』については、断りがない限り国史大系に依る。

（5）『吾妻鏡』建仁三（一二〇三）年九月二日条。

（6）天神の前で秘密を打ち明ける誓約的表現とも読み取れるが、ここでは詳述する術を持たない。

（7）『吾妻鏡』建保七（一二一九）年正月七日条など。

（8）『吾妻鏡』建暦三（一二一三）年八月十七日条。

（9）斉藤利男「「宿館」「宿所」と「本宅」成立期中世政治都市についての覚書」（『国立歴史民俗博物館研究報告』七八、一九九九年）。

（10）例えば『日本三代実録』（『新訂増補 国史大系』）貞観十三年四月十八日条「陛下不許臣就私第、賜直廬於禁中」、『宇治拾遺物語』（『新編 日本古典文学全集』）巻十一、則光盗人を切ること「わかくて衛府の蔵人にぞ有ける時、殿居所より女のもとへ行とて」、『小右記』（『大日本古記録 小右記1』）永延元年四月二十八日条「一品入道内親王可被候云々、其御宿廬在礼堂」など、大きな意味で公的・私的機関に詰める場所としての記載が多い。

（11）村井康彦「官衙町の形成と変質」（『古代国家解体過程の研究』第四章、岩波書店、一九六五年）、北村優季『平安京―その歴史と構造―』（吉川弘文館、一九九五年）などの研究に詳しい。

（12）『吾妻鏡』治承四（一一八〇）年一〇月六日条。

（13）『吾妻鏡』同十月十日条には、「民部大夫行光。永福寺之傍建立一伽藍。今日遂供養。以明王院僧正公胤為導師」とあるので、永福寺近辺の屋敷を「宿所」とした可能性もあり得る。

（14）中世都市鎌倉の発展を空間的に捉える見方が多くある。例えば「軍事首長のベースキャンプならではの集住の風景」（入間田宣夫「平泉館はベースキャンプだった」、『月刊歴史手帖』第一九巻七号、名著出版、一九九一年七月）、「武士社会の堅密な主従関係の空間的な表現」（石井進「鎌倉武士たちの屋敷」石井進・大三輪龍彦編『よみがえる中世三武士の都 鎌倉』、平凡社、一九八九年）、「泰時以降の得宗亭は、頼朝御所の流れを受けながらも被官宅を郭内に吸収するという閉鎖的な特徴を生み出した」・「都市鎌倉における「館」の性格変化」（前掲註(1)秋山論文）等である。

(15)「金沢文庫文書」元弘三（一三三三）年（?・）正月十日崇顕金沢貞観書状（『鎌倉遺文』三二一八五号）。

(16)得宗被官（＝得宗御内人）の体系的な研究については、佐藤進一『鎌倉幕府訴訟制度の研究』（岩波書店、一九九三年。初出は畝傍書房、一九四三年）、奥富敬之『鎌倉北條氏の基礎的研究』（吉川弘文館、一九八〇年）、細川重男『鎌倉政権得宗制論』（吉川弘文館、二〇〇〇年）など枚挙にいとまがない。

(17)長崎氏については、細川重男「内管領長崎氏の基礎的研究」（『日本歴史』四七九、一九八八年）、前掲註(16)細川論文など参照。

(18)「近衛家本式目追加条々」弘長元（一二六一）年二月廿日関東新制事書（『鎌倉遺文』八六二八号）。

(19)鎌倉市内の北条時房・顕時邸跡より「はたこふるまい」と書かれた木製品が出土している（『集成 鎌倉の墨書』特定非営利活動法人鎌倉考古学研究所、二〇一七年）。この木製品と旅籠振舞については、伊藤一美「〈墨書木簡〉が語る鎌倉の御家人たち」（『相模武士団』関幸彦編、吉川弘文館、二〇一七年）を参照。

(20)「越前藤島神社文書」元亨四（一三二四）年九月廿六日結城宗広書状（『鎌倉遺文』二八八三五号）。

(21)鎌倉の屋敷を留守する者の職務などについては、石井進「鎌倉時代中期の千葉氏」（『千葉県史研究』一、一九九三年）に詳しい。

(22)「二階堂文書」文永三（一二六六）年六月一〇日行日二階堂行久譲状（『鎌倉遺文』九五四二号）

(23)秋山哲雄「都市の地主―敷地絵図にみる鎌倉の寺院―」（高橋慎一朗・千葉敏之編『中世の都市』、東京大学出版会、二〇〇九年）。

(24)「金沢文庫文書」元徳元（一三二九）年（?・）一一月一一日崇顕金沢貞顕書状（『鎌倉遺文』三〇七七五号）。

(25)株式会社斉藤建設『今小路西遺跡（№201）発掘調査報告書』鎌倉市御成町一七一番一地点外、二〇〇八年。

(26)松吉大樹「鎌倉市今小路西遺跡出土の結番交名木札について」（『都市史研究』一、二〇一四年）、高橋慎一朗編『鎌倉

の歴史 谷戸めぐりのススメ』（高志書院、二〇一七年）。

(27) 前掲註(1)高橋論文、第二部第二章第一節「甘縄に住む武士たち」。福島金治『安達泰盛と鎌倉幕府―霜月騒動とその周辺』（有隣新書六四、有隣堂、二〇〇六年）。秋山哲雄『都市鎌倉の中世史　吾妻鏡の舞台と主役たち』（歴史文化ライブラリー三〇一、吉川弘文館、二〇一〇年）に詳しい。

(28) 『新編鎌倉志』は「千葉屋敷」を「天狗堂東」（現在の御成小学校裏側）に比定している。『吾妻鏡』建保元年（一二一三）二月十五日条などから、千葉氏の屋敷地は「甘縄」にあったことが知れる。「甘縄」の地域範囲については、現在の甘縄神明社周辺とする解釈が江戸時代の地誌類に見られるが、前掲註(1)高橋論文などで明らかにされているように、現在の扇ガ谷の一部を含む大きな範囲として認識されていた可能性が高い。

(29) 墨書の釈文は他に三例ある。他に人名比定などについての内容は、前掲註(26)松吉論文参照。

(30) 『吾妻鏡』元久二（一二〇五）年六月廿二日条。

(31) 紀姓大井氏流潮田氏。畠山重忠攻めの一員として、一族の大井・品河・春日部に続き「潮田」も参戦している。潮田は武蔵国橘樹郡潮田（現神奈川県横浜市鶴見区潮田）に比定。安達氏と上野国との関係については、安達盛長が上野国奉行人職、上野国守護職に就任していたことが、佐藤進一氏によって明らかにされている（同氏『〔増訂〕鎌倉幕府守護制度の研究』東京大学出版会、一九七一年）。守護職は子の景盛にも引継がれ、行政と検断が一体化して行われていたようだ（石井進『日本中世国家史の研究』岩波書店、一九七〇年）。武蔵国との関連については上野国のような事例は見られないが、「主従七騎」の「鶴見平次」が、武蔵国橘樹郡鶴見郷（現神奈川県横浜市鶴見区）の人である可能性が高い。「『吾妻鏡』仁治二（一二四一）年十月廿二日条」、「同年十一月四日条」では、安達氏が鶴見に別荘を有していたことが記載されており、加世氏の例も鑑みると、武蔵国でも多摩川・鶴見川流域地域との強い関連性を見出すことができる。また、霜月騒動の自害者を記した『安達泰盛乱自害者注文』（「安達泰盛乱聞書」（熊谷直之氏所蔵梵網戒本疏日珠抄裏文書『鎌倉遺文』一五七三六号文書）、「熊谷直之氏所蔵梵網戒本疏日珠抄裏文書」（同一五七三八号文書））には、安達氏方として綱島氏の名前が見え、「此外、武蔵上野御家人等自害者、不及注進」とあることからも、鎌倉時代を通じた安達氏と上野・武蔵武士との関係が窺われる。

(32)『吾妻鏡』文永二（一二六五）年六月三日条に、「故秋田城介義景十三年之仏事也、於無量寿院、自朔日至今日、或十種供養、或一切経供養也」とある。

(33)前掲註(13)秋山論文。

(34)人名の後に「殿」と墨書されているのはその影響か。

(35)御家人（東国）の鎌倉における邸宅については、前掲註(1)秋山論文に詳しい。

(36)河野眞知郎「武家屋敷の構造」（『よみがえる中世三 武士の都 鎌倉』石井進・大三輪龍彦編、平凡社、一九八九年）。

(37)本稿では触れることができなかったが、鎌倉期以降の書札礼の脇付に「御宿所」と書かれているものが目立ってくる。恒常的に居住している屋敷でもあえて臨時性を持たせる書かれ方が一般化するのか。または単に陣などの臨時的な軍事施設に送るからなのか、今現在においては言を俟たない。また、奈良市の餅飯殿にあった遍照院の「大宿所」（『大乗院寺社雑事記』（『続史料大成』三二）文明九（一四七七）年十一月廿五日条）など、祭礼の精進や祭式の諸事調進をするための場所であったり、平安時代の事例であるが、伊勢神宮での任を終えて帰京する斎王が、難波の三津浜で禊をするために、淀川の岸辺で宿所とした「茨田真手宿所」など、長距離移動をするため権門のために設置されたものなど、今後の課題として別稿にて取り組みたい。

(38)相武地域以外の事例についても現段階では詳述することは叶わないが、例えば紀伊国に繁茂した武士団湯浅氏は、湯浅荘の町場形成と「石橋屋敷」の関連性が指摘されており、「宿所」の存在も伺われる。（高橋修『信仰の中世武士団 湯浅一族と明恵』清文堂出版、二〇一六年）。列島各地域の様相も視野に入れる必要性があるだろう。

(39)鎌倉幕府滅亡後、急速に減少・減退するということではない。文献史料では鎌倉公方を取り巻く武士達の存在が伺われ「在鎌倉」の問題が指摘されている。「在鎌倉」を含めた鎌倉期以降の中世都市鎌倉については、田辺久子『乱世の鎌倉』（かまくら春秋社、一九九〇年）、藤木久志「中世鎌倉の祇園会と町衆―どっこい鎌倉は生きていた―」（『戦国の村を行く』朝日新聞出版、一九九三年）、山田邦明「室町時代の鎌倉」（『都市の中世』中世を考える、吉川弘文館、一九九二年）、江田郁夫「鎌倉府体制下の在倉制について」（『国史談話会雑誌』三五、一九九五年）、植田真平『鎌倉府の支配と権力』（校倉書房、二〇一八年）など枚挙にいとまがない。そして考古学的には遺物の量は減少しているが、比較的速度は緩やかであるようだ。古田土俊一「鎌倉の消費動向」（『十四世紀の歴史学』中島圭一編、高志書院、二〇一六年）を参照されたい。しかし、都市鎌倉内での具体的な屋敷地の状況を語る史料は少ない。例えば「留守家旧記」（『大郷町史』史料編三）には次のようにある。

「大崎殿鎌倉ニて八瀬ヶ崎殿ニ御宿めされ候間、せかさき殿と、山形殿ハ長尾ニ御宿タル間、長尾殿と申す」。

これを、鎌倉の中に居住スペースがないと捉えるか、瀬ヶ崎・長尾という鎌倉周辺の交通の要衝だから「御宿」としたのか。問題は多い。

(40) 中世前期の在地領主制を地域社会からの視点で追及する研究が注目される。所領単位を超えたネットワークの存在と、その町場を結節点とした武士団同士の地域的な連合関係の存在が明らかにされている。高橋修『中世武士団と地域社会』（清文堂出版、二〇〇〇年）、田中大喜『中世武士団構造の研究』（校倉書房、二〇一〇年）を参照されたい。

(41) 全く出土しないということではない。例えば海老名市にある上浜田遺跡では中世の建築遺構群が検出され、主屋、台所、付属屋、厩、倉庫など複数構成の建物跡が確認された。また出土遺物には高麗青磁や青磁・白磁類などの貿易陶磁器が出土しており、一三世紀中頃〜一五世紀にかけて存在していたことが分かっている。渋谷氏一族の屋敷であった可能性が指摘されている（『綾瀬市史』六、通史編中世・近世、一九九九年）。

(42) 『あつぎ郷土博物館開館記念 厚木市史シンポジウム 愛甲の古代を探る』資料集（厚木市教育委員会、二〇一九年）など。

## 追記

本稿入稿後、峰岸純夫氏の「鎌倉における上野守護安達氏の館と寺―今小路西遺跡と無量寿院―」（『群馬文化』三三六号、二〇一九年）が発表された。峰岸氏は木札の事書を「しゅこのこや門はん」とよみ、無量寿院境内に建てられた法要のための「仮設建物（聴聞小屋）」を「守護」するために作成されたものとしている。番文という解釈では本稿と同じであり、対象が「宿所」か「聴聞小屋」かの違いはあるが、安達氏関連の屋敷地があったという意味では本稿と同じであると理解する。峰岸氏はまた、御成小学校内から検出された武家屋敷についても、安達氏の存在を想定されているが、こちらについては稿を改めて取り組みたい。

前後になるが、地方史神奈川大会事務局各位、大会当日にご意見を頂戴した方々に、この場を借りて御礼を申し上げたい。

# 武蔵国鶴見寺尾郷絵図と拠点

武田周一郎

## はじめに

神奈川県域の地形を概観すると、西部に箱根火山や丹沢山地から構成される山地が、中央部に相模野台地と相模川低地が、そして東部には多摩丘陵から三浦丘陵にかけて一連の丘陵・台地が広がっている【図1】。北を多摩川に、西を境川に区画されたこの一帯は、多摩丘陵と下末吉台地、三浦丘陵と宮田台地・三崎台地から構成され、これらの丘陵・台地を谷戸と呼ばれる小さな谷が侵食する複雑な地形をなしている。この丘陵・台地群は武蔵国と相模国が接する領域にあたり、旧国郡の単位では武蔵国多摩郡（南部）・都筑郡・橘樹郡・久良岐郡と、相模国鎌倉郡・三浦郡に該当する。また、この一帯は中世の拠点である鎌倉と、近現代の拠点である横浜を内包するとともに、近世から近現代の拠点である江戸・東京に近接している。これらは各時代に高度な中心性を有した巨大な拠点であり、常にその至近距離にあり続けてきたのが相武境域に広がる丘陵・台地群であった。

この相武境域に広がる丘陵・台地の一画を描いた荘園絵図が、武蔵国鶴見寺尾郷絵図（神奈川県立金沢文庫所蔵）である【図2】。この絵図は建武元（一三三四）年に建長寺塔頭の正統庵が寺領の回復を目的として作成したものと考えられていて、描かれた範囲は多摩丘陵と下末吉台地を流れて東京湾に注ぐ鶴見川の河口部にあたる。

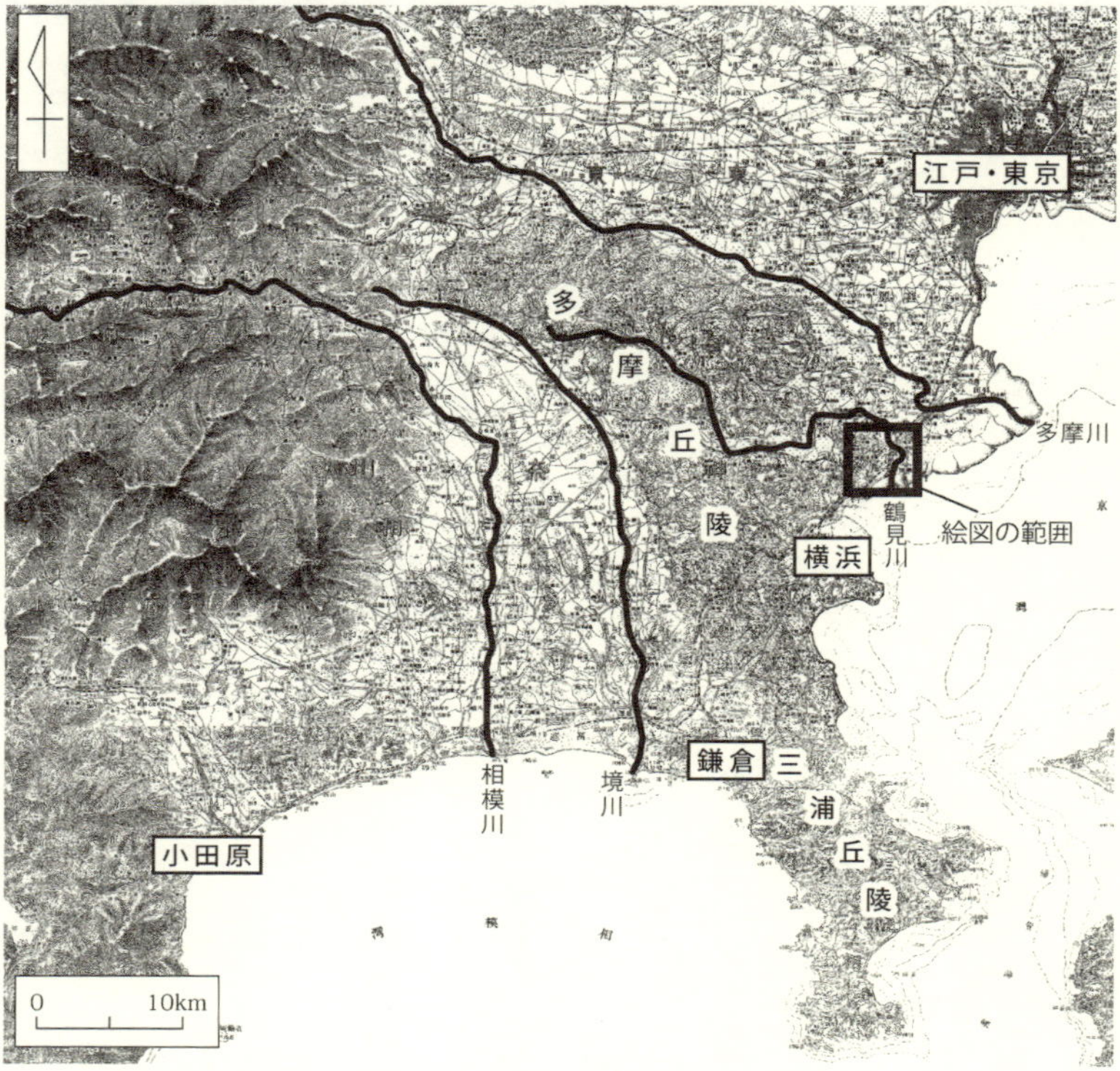

【図1】多摩丘陵・三浦丘陵と相武の主な拠点（20万分1地勢図「東京」〔大正5年修正〕・同「横須賀」〔明治27年修正〕を使用）

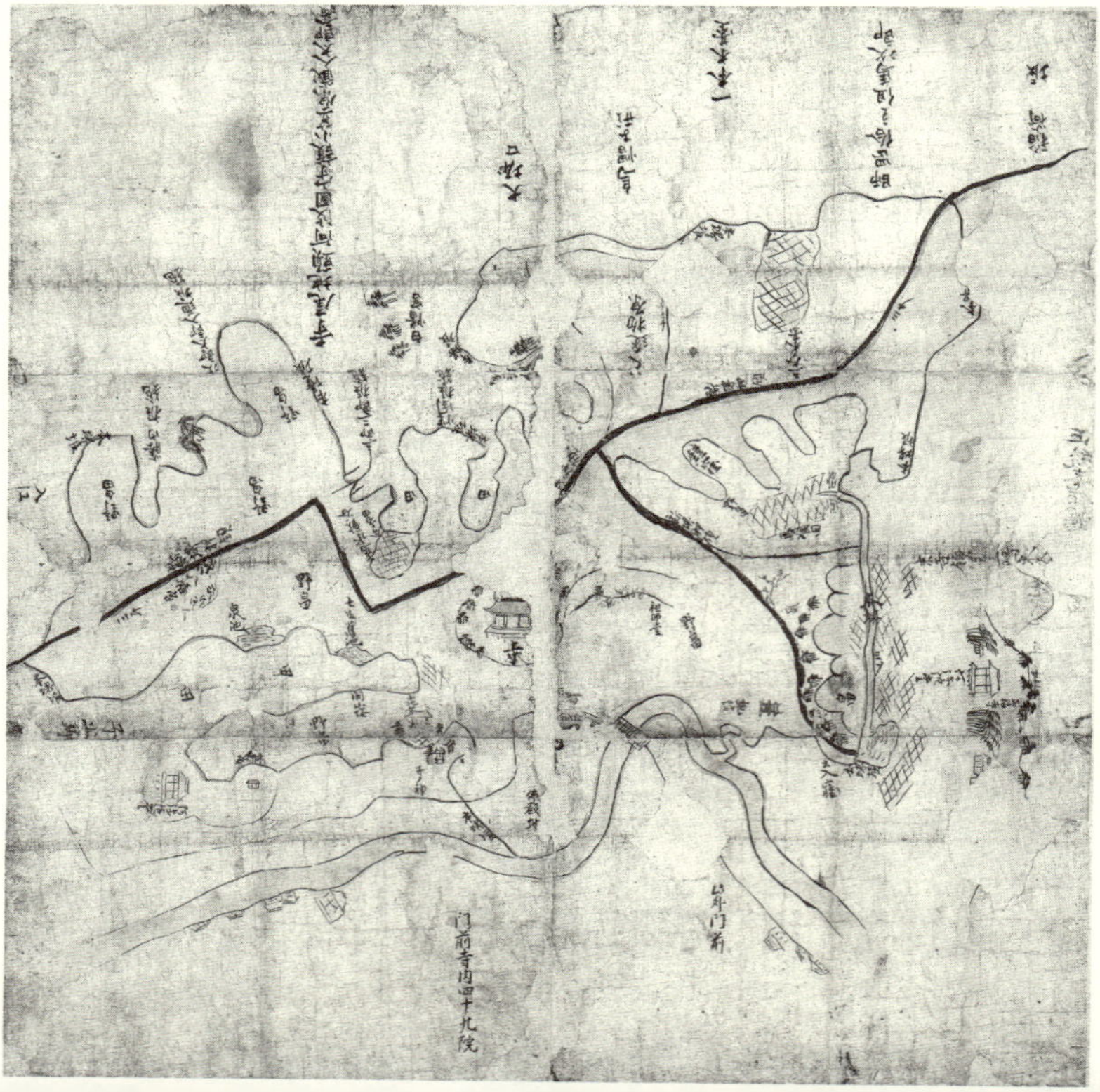
【図2】武蔵国鶴見寺尾郷絵図（神奈川県立金沢文庫所蔵）

鶴見寺尾郷絵図は中世東国の村落景観を描いた稀有な絵図として、多くの研究が蓄積されてきた。なかでも、絵図の理解を大きく進展させたのが高島緑雄氏[1]である。高島氏は詳細な現地比定をしたうえで中世の南武蔵における水田と水利の実態を明らかにし、現在に至るまで鶴見寺尾郷絵図の研究は同氏の成果に拠るところが大きい。高島氏をはじめ研究の蓄積は厚いが、従来は絵図に描かれた地域自体に関心が寄せられ、鎌倉との関係については十分に焦点が当てられてこなかった[2]。先述のとおり、相武境域に広がる丘陵・台地群の地域特性は中世以降、巨大な拠点の至近距離にあり続けたという点にあり、その一角を描いた鶴見寺尾郷絵図を理解するにあたっては、巨大な拠点との関係性に留意する必要がある。そこで本稿では先行研究を踏まえて、中世の巨大な拠点である鎌倉との関係に注目しながら、描かれた地域に代表される丘陵・台地群の特徴について検討したい。

## 一　鶴見寺尾郷絵図の作成過程と伝来

### 1　絵図の作成過程

まず、鶴見寺尾郷絵図の主題と作成者について整理する[3]。絵図の裏書と関連史料から、鶴見寺尾郷絵図は建武元(一三三四)年に建長寺塔頭の正統庵が寺領を巡る相論に際して作成したものと理解されている。絵図の裏書は三種類あるが、そのうち絵図作成当初と判断されるものに「建武元 五 十二／正統庵領鶴［　］図」(以後、裏書一とする)とある。正統庵は建長寺一四世高峰顕日(一二四一～一三一六)の塔所であり、もとは浄智寺にあったが建武二(一三三五)年に建長寺へ移されたため、建武元年時点では建長寺になかったことに留意が必要である[4]。その後、応安四(一三七一)年には建長寺正

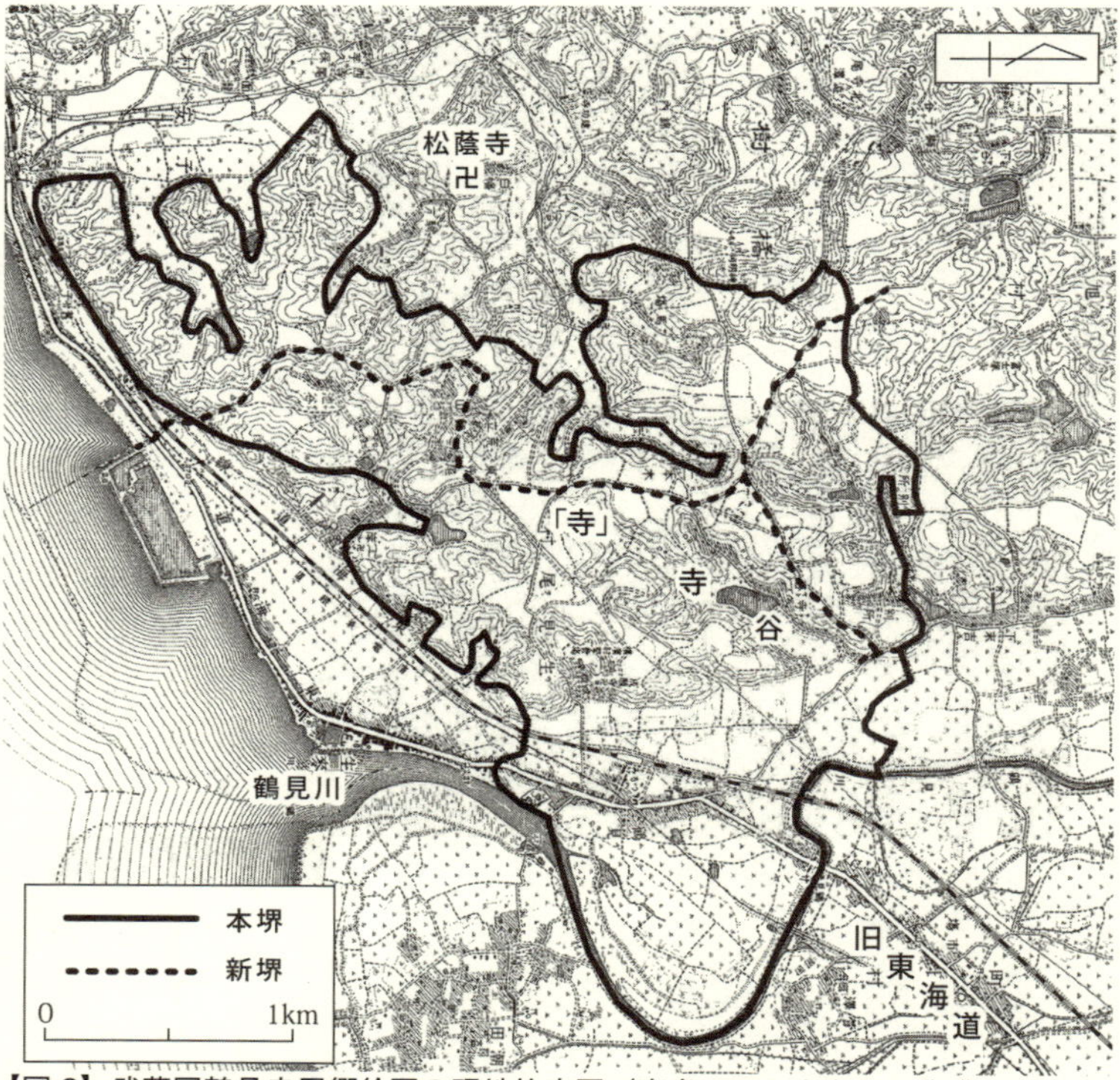

【図3】武蔵国鶴見寺尾郷絵図の現地比定図（高島1997をもとに作成。2万分1地形図「神奈川」〔明治39年測図〕を使用）

統庵領の「鶴見郷同新市」に禁制が発給されていて、正統庵は鶴見に所領を有していた(5)。その正統庵の在地支配機関（末寺）と理解されているのが、絵図の図幅中央に描かれた「寺」である。西を天とする絵図の図幅下辺には鶴見川が左手を河口部として描かれていて、「寺」の位置は現在の横浜市鶴見区寺谷の谷頭部に比定されている【図3】。

鶴見寺尾郷絵図の主題を端的に図示するのが、二種類の境界である。まず、図幅中央の「寺」を取り囲むようにして朱線があり、その線上には「本堺」あるいは「本堺堀」という文字が記載されている。絵図のなかで一際目立つ本堺の朱線は、その内部が正統庵の本来の寺領であることを示す。一方で、本堺に囲まれた寺領を分割するように太い墨線が示されていて、その傍らには「新堺押領」の文字が記載されている。この新堺は本来の寺領である朱線に囲まれた領域を三分割し、寺領が押領された状態を描いている。本堺堀で囲まれた本来の寺領の中心に位置する「寺」に対して、寺領を押領する側として図示されているのが、図幅上辺の「寺尾地頭阿波国守護小笠原蔵人太郎入道」（小笠原長義）と「師岡給主但馬次郎」（未詳）、そして図幅右辺の「末吉領主三嶋東大□」（伊豆国三島社神官）である。

このうち小笠原氏に関しては建武元（一三三四）年から一六年後の観応元（一三五〇）年に、正統庵と小笠原氏との間で寺尾郷地頭職に関する相論があり、正統庵は小笠原十郎長季後家の尼恵性から寺尾郷地頭職について申し立てを受けていたことが知られている。(6)この点について、阿諏訪青美氏は鶴見寺尾郷絵図に記された小笠原氏と観応時点の訴訟の当事者である小笠原氏が別系統である可能性があり、絵図が建武元年の作成であるか、そして寺尾地頭の小笠原氏は寺領を押領していたかという点に疑問を呈している。(7)また古川元也氏は、絵図の裏花押が円覚寺文書の類例から暦応年間（一三三八～一三四一）の鎌倉府奉行人によるものであることを明らかにして、絵図の作成時期について建武年間と暦応年間の二段階で理解すべきであると指摘している。(8)このように絵図の作成過程は再検討の余地があり、さらなる研究の蓄積が求められよう。

## 2　絵図の伝来

続いて、鶴見寺尾郷絵図の伝来を整理する。(9)絵図は明治期まで鶴見にある松蔭寺に所蔵されていたが、その後、寺外へ流出して昭和二七（一九五二）年に現所蔵者である神奈川県立金沢文庫が購入した。松蔭寺は横浜市鶴見区東寺尾にある臨済宗建長寺派の寺院であり、その所在地は鶴見寺尾郷絵図の「寺」が比定される寺谷の谷頭部から約一・五㎞南西にあたる。『新編武蔵風土記稿』によれば、松蔭寺は建長寺三〇世仏寿禅師枢翁妙環（一二七三～一三五四）が退隠後に建立し正統庵と号した庵であり、寺号は延宝三（一六七五）年以前に松音寺と定められ、後に松蔭寺と改められた。(10)

近世以降における鶴見寺尾郷絵図の伝来を示すのが、絵図の裏書と原本を模写した副本の存在である。絵図の裏書は前掲した裏書一のほかに二つあり、うち一つに「建武元年五月十二日／至天明六丙午年年当四百五十三年／本寺雲外庵領鶴見寺尾之地図」（以後、裏書二とする）とある。この裏書二は神奈川県立金沢文庫が購入後に元の裏打紙から切り取られて貼付されたもので、「本寺雲外庵領」の部分は、さらに別の貼紙となっている。建長寺塔頭の正統庵は天正年間（一五七三～九二）までに廃絶し、その後、寛永一〇（一六三三）年には絵図の旧蔵者であった松蔭寺の本寺が建長寺塔頭の雲外庵になっていた[11]。裏書二に記載のある天明六（一七八六）年に建長寺は本末帳を作成していて、裏書二はその動向に関連して書き込まれた可能性が想定されよう[12]。

そして文化年間には、地誌編纂に関わる調査を契機として絵図に関する記録が残されている。まず、江戸幕府による『新編武蔵風土記稿』編纂にあたっての調査が、文化一一（一八一四）年から同一三（一八一六）年にかけて鶴見川河口部を含む橘樹郡域で実施された。これとほぼ同時期に実施されたのが『江戸名所図会』編纂にあたっての調査であり、同書を編纂した斎藤幸孝は文化一三（一八一六）年一〇月二四日に松蔭寺で「古絵図」を実見した[13]。その際に模写されたものと推測される鶴見寺尾郷絵図の副本が、藤沢市在住の研究者である服部清道の旧蔵資料（藤沢市所蔵）に含まれている。さらに、この服部清道所蔵の副本は昭和二二（一九四七）から二三（一九四八）年にかけて、熊原政男（神奈川県立金沢文庫長）や石井光太郎（横浜市史編纂事業事務局員）らによって模写されていて、現在、神奈川県立金沢文庫、横浜開港資料館、松蔭寺にも副本が所蔵されている。

以上のように絵図の伝来過程を追うと、それぞれの時代において鎌倉・江戸・横浜という巨大な拠点との関係のなかで絵図が位置付けられてきたことが分かる。すなわち、建武年間に中世の拠点である鎌倉にある正統庵の寺領を描いたものとして作成された鶴見寺尾郷絵図は、その後、文化年間の地誌調査にあたって、近世の拠点である江戸の近郊に所在する松蔭寺の寺宝として記録された。さらに、戦後には近現代の拠点である横浜市の自治体史調査にあたって、過去の横浜市域を描いた絵図と位置付けられた。鶴見寺尾郷絵図を位置付ける主体は、各時代に高度な中心性を有した巨大な拠点に立脚していて、その視線の重層性は、巨大な拠点の至近距離に在り続けてきた当該地域の特徴を端的に示しているといえよう。

## 二　拠点・鎌倉と描かれた地域

### 1　丘陵・台地群の北東端

これまでに整理した鶴見寺尾郷絵図に関する情報を念頭においたうえで、絵図に描かれた地域と中世の拠点・鎌倉との関係について検討する。本稿の冒頭で触れたとおり、神奈川県域（相模国と武蔵国南部）の東部には多摩丘陵から三浦丘陵にかけて一連の丘陵・台地が広がっていて、そのうち北東端に位置しているのが鶴見寺尾郷絵図に描かれた地域である（前掲【図1】参照）。多摩丘陵は関東山地に接続する北西部で標高約二〇〇ｍと最も高く、南東方向へ緩やかに傾斜していて、丘陵東部で標高約四〇～六〇ｍの下末吉台地に接している。(14)この下末吉台地のなかでも東京湾に面した東端に該当するのが絵図に描かれた範囲であり、河川や東京湾沿岸の沖積低地を除けば、多摩丘陵から下末吉台地にかけての一帯でも標高が低く平坦な台地面が広がる特徴的な地形を呈している。ここで鎌倉から相武境域に広がる丘陵・台地群を越えて北上するルートを考えれば、標高が高く起伏に富んだ北西部ではなく、標高がより低く平坦な東部の下末吉台地を経て鶴見川・多摩川河口部の低地へ抜ける方が至便である。すなわち鎌倉を起点にすると、

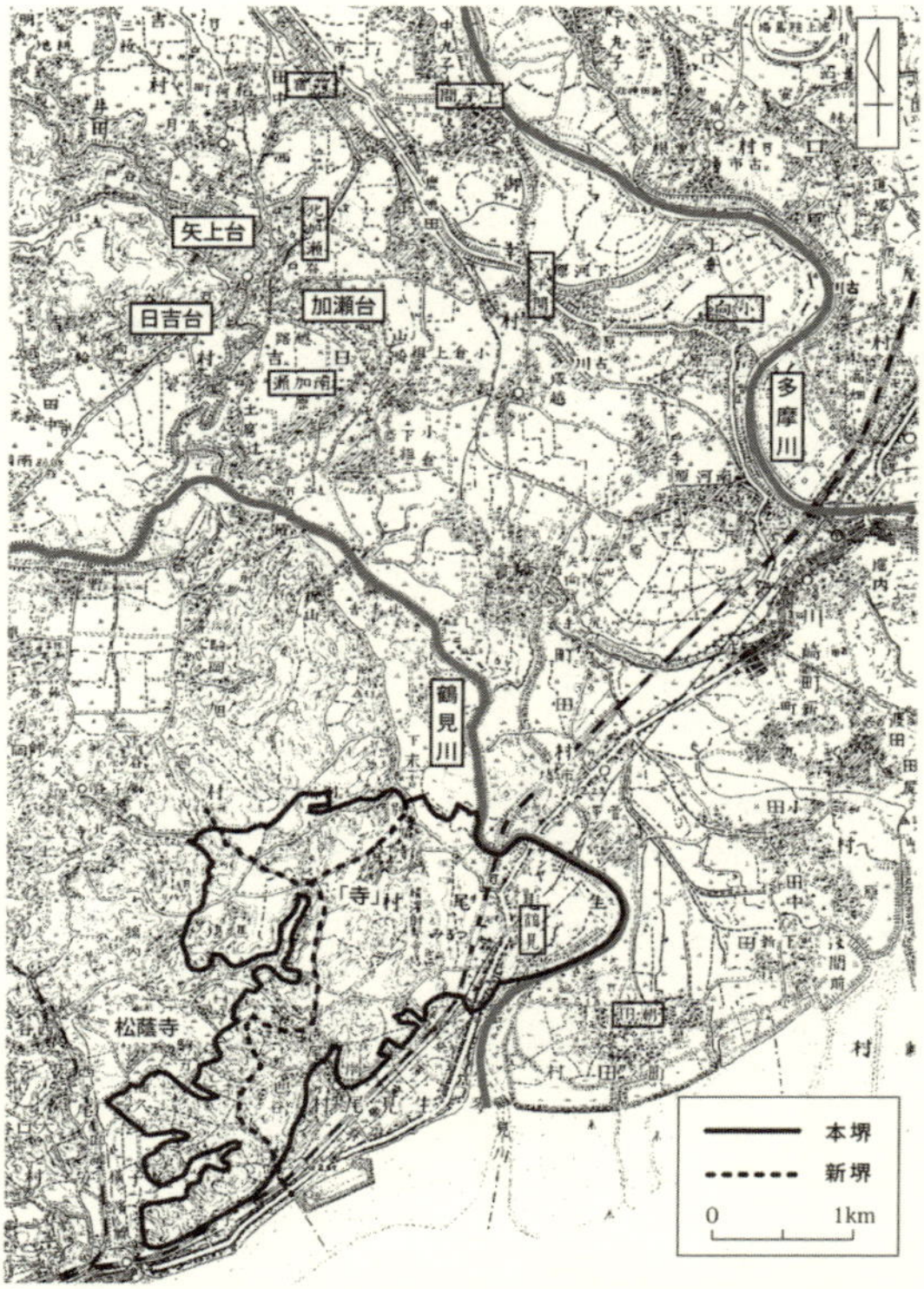


【図4】鶴見川・多摩川下流部（5万分1地形図「東京西南部」〔明治45年縮図〕・同「横浜」〔明治45年部分修正〕を使用）。

絵図に描かれた地域は鶴見川・多摩川を渡って北上するルートの途上にあって、丘陵・台地が尽きる先端部と位置付けられる。

さらに視野を広げると、鶴見寺尾郷絵図に描かれた地域が鎌倉からみて丘陵・台地群の先端部であったことがより明確に理解できる。絵図に描かれた台地上の寺領から北上して鶴見川を渡った先に位置するのが、日吉周辺の台地である。鶴見川と多摩川に挟まれたこの一帯には、日吉台・矢上台・加瀬台といった台地が島状に点在していて、古墳時代には鶴見川河口部から多摩川河口部にかけての低地においては、多摩川の川崎市幸区小向町付近まで海が入り込んでいたと推測されている。[15] そして、日吉周辺に点在する台地上には弥生時代から古墳時代の大規模な集落遺跡群が分布するほか、三角縁神獣鏡が出土した白山古墳や、墳長一〇〇mクラスの大型前方後円墳である観音松古墳があった[16]【図4】。また白山古墳からは一二世紀後半のものと考えられる骨蔵器の秋草文壺（国宝）が出土していて、その出土地と同一の遺跡と推測される越路遺跡からも、同様に骨蔵器の白磁四耳壺が出土している。[17]

この日吉台一帯からみて多摩川を挟んだ対岸には、武蔵野台地の南端が迫っている。双方の台地が多摩川両岸で最も接近する付近には平間の渡しがあり、多摩川の渡河点として交通の要衝と位置付けられる。[18] ここで鶴見寺尾郷絵図に戻ると、台地上に広がる寺領を分割する「新界」に沿って「ミチ」の文字が記載されている点が注目される。この台地上を通る道を北上して鶴見川を渡った先には日吉周辺の台地が位置していて、両者を繋ぐ道の存在が推定されている。[19] 以上のとおり、鶴見寺尾郷絵図に描かれた地域は下末吉台地の北東端であり、中世の拠点である鎌倉からみて多摩川最下流部を経由して北上する際の交通の要衝であった。

## 2　描かれた地域と安達氏

絵図に描かれた地域と鎌倉との関係を媒介する存在の一つが、鎌倉幕府の有力御家人であった安達氏である。『吾妻鏡』によれば、鶴見寺尾郷絵図の作成に先立つ仁治二（一二四一）年一〇月二二日には、武蔵野開発の際の方違として「秋田城介」すなわち安達義景の所領である武蔵国鶴見郷が本所とされ、一一月四日には将軍頼経が同地の「秋田城介義景武蔵国鶴見別庄」に渡御して笠懸の儀式が行われた。さらに、その翌日に頼経らは鶴見から還御する途中で海辺を見て回り、犬追物が行われた。[20] 安達氏の「鶴見別庄」が鶴見のどこにあったのかを明確に示す材料は見つかっていないものの、鶴見寺尾郷絵図には台地上に「犬逐物原」の記載がある。絵図に描かれた地域に広がる平坦な台地面は、三方を山に囲まれた鎌倉にはみられない環境であり、安達氏ら鎌倉に拠点を置く人々にとっては特徴的な環境として捉えられたものと想定されよう。

さらに、描かれた地域と安達氏との関係を理解するにあたって重要なのが、安達氏に近い武士の存在である。松吉大樹氏[21]によれば、鎌倉市今小路西遺跡から出土した文永二（一二六五）年の墨書がある木札には、安達氏の屋敷を警固していたと考えられる人名が記載されていて、そのうちに「かせ」や「うしおた」といったものが含まれている。絵図が描かれた地域の周辺には加瀬（現・川崎市幸区北加瀬ほか）や潮田（現・横浜市鶴見区潮田）といった地名があり、安達氏と鶴見周辺との関係の深さが示唆される（前掲【図4】参照）。さらに、元久二（一二〇五）年に畠山重忠と北条義時が二俣川で合戦に及んだ際に、安達景盛の「主従七騎」として「加世次郎」とともに「鶴見平次」の名が挙げられている。これらの点から松吉氏は、安達氏の所領が多摩川・鶴見川流域に存在していた可能性を指摘している。

このように、安達氏は鶴見寺尾郷絵図に描かれた地域を含む多摩川・鶴見川の下流域に拠点を置いたと考えられるが、頼経が鶴見に渡御してから約四〇年後の弘安八（一二八五）年に霜月騒動によって滅亡した。鶴見寺尾郷絵図が描かれたのは、そのさらに半世紀後であった。その南北朝期にあって、絵図に描かれた地域と拠点・鎌倉の結びつきを象徴的に示すのが、鶴見周辺で度々発生していた合戦である。[22]例えば、鶴見寺尾郷絵図が描かれる前年の元弘三（一三三三）年には、金沢貞将が鶴見で千葉貞胤と遭遇して敗走している。また、建武二（一三三五）年には中先代の乱で北条時行軍と常陸佐竹軍が衝突している。さらに、正平七（一三五二）年には水野到秋が新田義興軍に参陣するため、鶴見宿から多摩郡関戸へ向かっている。これらの合戦の場となった鶴見には市・宿が置かれていて、先述したように応安四（一三七一）年には建長寺正統庵領の「鶴見郷同新市」に禁制が発給されていて、正統庵は鶴見に所領を有していたことが分かる。以上の点から総合的に理解すれば、鶴見寺尾郷絵図に描かれた地域は相武境域の丘陵・台地群の北東端にあたり、中世の拠点である鎌倉から多摩川最下流部を経て北上するルートの途上に位置する、交通の要衝であったと位置付けられる。

## 三　丘陵・台地群の土地利用

### 1　描かれた地域の水田と野畠

最後に、土地利用の観点から鶴見寺尾郷絵図に描かれた地域、そして相武境域に広がる丘陵・台地群の特徴を理解する。絵図に描かれた畑地や水田といった耕地は、丘陵・台地群における土地利用の特徴を象徴的に示している。絵図に描かれた耕地を大別すれば、本堺堀に囲まれた台地面に広がる「野畠」と、その台地を浸食する谷戸に分布する「田」に分けられる。そして「野畠」と「田」を区画するのが朱線の本堺堀であり、絵図中央に描かれた「寺」の左上の一角に注目するとその差異が明瞭に理解できる（前掲【図2】参照）。

この一角では「本堺堀」が複雑に屈曲していて、その形状は台地を深く侵食する谷戸に対応している。本堺堀の外側には「田」のほか、「藤内堀籠」や「次郎太郎入道堀籠」といった文字が記載されていて、高島氏は谷戸田の展開を検討したうえで農民による谷戸の開発が周辺領主による押領の論理を支えたと指摘している。[23]一方で本堺の内側には白緑色の彩色が施されるとともに、各所に「野畠」の記載がある。これまでに確認してきたとおり、本堺の内側は標高三〇〜四〇ｍ程度の下末吉台地の台地面に相当し、本来の寺領を図示している。現在では広範に住宅地となって横浜や東京といった巨大な拠点の人口を支えているこの台地面は、中世にあっては野畠として利用されていたことが分かる。この点について、伊藤寿和氏は鶴見寺尾郷絵図を含めて類例を挙げたうえで、鎌倉の建長寺や円覚寺などの諸寺院が野畠を広く領有していたことを明らかにしている。[24]

鶴見寺尾郷絵図に描かれた畑地は台地上の「野畠」だけに留まらず、図幅右辺の阿弥陀堂の対面には「畠」の文字が一ヶ所記載されている。台地上の「野畠」とは明瞭に区別されたこの「畠」が立地する場所は、鶴見川低地に開口する谷戸にあたり、周辺の描写から谷戸の斜面に対応すると理解される。丘陵・台地群において畑地は台地上に限らず沖積地の微高地などにも立地し、前者に比べて後者の方が土地条件が良かった点に留意が必要である。[25] 鶴見寺尾郷絵図に描かれた「畠」は、丘陵・台地群において畑地が台地上だけでなく、多様な立地環境にあったことを示している。

相武境域の丘陵・台地群における谷戸と畠との結びつきを示す史料としては、宝生寺文書から類例を見出し得る。宝生寺は横浜市南区堀ノ内町にある高野山真言宗の寺院であり、その所在地は鶴見寺尾郷絵図が描かれた地域より南に位置する下末吉台地の一角である。時代は下るが、文正元（一四六六）年の「堀政家寄進状写」[26]（宝生寺文書）によれば宝生寺に「畠二反（堂谷）」が寄進されている。堂谷は宝生寺の近辺にあった谷戸を示す地名と考えられ、同様にして弘治二（一五五六）年の「岡崎正長等連署証文」[27]にも「堂谷ニ候百姓名入ましりの畠」とある。これらの事例は中世の下末吉台地において台地面に広がる野畠だけではなく、台地を侵食する谷戸にも畠が立地していたことを示唆している。従来は絵図に描かれた地域における土地利用のあり方として、台地上の野畠と谷戸の水田に焦点が当てられて、台地縁辺や谷戸に広がる斜面については捨象されてきた。しかし、丘陵・台地群では台地面や谷戸の谷底部とともに、丘陵や台地縁辺の斜面もまた対象地域を構成する主要な要素の一つと位置付けられよう。

## 2　丘陵・台地群における斜面の利用

相武境域に広がる丘陵・台地群における斜面利用の実態は、台地上の畑地や谷戸の水田などに比べると直接把握しがたいものの、いくつか参照すべき事例がある。例えば次の「足利直義寄進状」[28]（極楽寺文書）は、一四世紀後半の鎌倉における崖地の利用に関する史料である。

寄進
報恩寺〈末寺〉
相模国山内庄尾藤谷厓地等〈本知行分順心跡〉事
右任本寺所望、為当寺興隆所令寄附也、守先例可致沙汰之状如件
延文五年九月廿二日
参議左中将源朝臣（花押）

これは延文五（一三六〇）年に、足利直義が鎌倉の山ノ内にある尾藤谷の「厓地」を報恩寺に寄進した際の寄進状であり、鎌倉の崖地が寄進の対象となっていたことが分かる。寄進の対象となった「厓地」があった尾藤谷は浄智寺の東に位置する谷戸であるが、この崖地が具体的にどのように利用されていたのかは不明である。ただし、南関東における崖地利用という観点では、史料上で崖線の存在に言及した稀有な事例として、元徳二（一三三〇）年の「周防守貞世相博状写」（立川文書）が注目される。この史料には多摩川中流域の「ママ」や「ハケ」と呼ばれる崖線の上面部を指すと思われる「高満々」の用語が散見され、そこから多摩川中流域に特徴的な崖線という地形環境に規定された湧水開発の存在が明らかにされている。(29)

続いて「河内兼吉山寄進状」(30)（宝生寺文書）は、一五世紀後半の下末吉台地における「山」の利用に関する史料である。

寄進申山事
右平子郷石河村堀之内談所之向彦九郎山ハ依有成願院乗蓮坊相論、一方江難付之間宝生寺へ永代為父祖菩提奉寄附処実正也、縦於後年前判所持之由雖有申方後判本而可有知行、仍證文如件
文明八年〈丙申〉九月十五日
河内太郎左衛門尉兼吉（墨印）
宝生寺住持円鎮法印江

ここで「石河村堀之内談所」とは先述した宝生寺を指し、その向かいにある「彦九郎山」は相論の場であったが所有関係が決めがたいため、先祖供養のために宝生寺へ寄進されたことが分かる。寄進者である河内兼吉については詳細不明であるものの、在地の小豪族の一人と推測されている。鎌倉の崖地と同様に、この事例においても「山」が寄進の対象となっていた。彦九郎山における利用の実態は不明であるが、丘陵・台地群の斜面から得られる産物の具体例として例えば山芋が挙げられる。同じく宝生寺文書でほぼ同時期の文明一〇（一四七八）年頃と推測される「太田道灌書状」[31]（宝生寺文書）は、在陣中の太田道灌から宝生寺に宛てた礼状であり、ここでは宝生寺からの贈答品として「巻数」（祈祷札）と「薯蕷」（山芋）が記されている。以上のように、丘陵・台地群において谷戸や台地縁辺の斜面は畑地として利用されるとともに、山芋などといった林産物の生産の場であった。

## おわりに

本稿では武蔵国鶴見寺尾郷絵図を通じて、相武境域に広がる一連の丘陵・台地群の特徴について検討した。鶴見寺尾郷絵図に描かれた地域は丘陵・台地群の北東端にあたり、中世の拠点である鎌倉からみて多摩川最下流部を経由して北上するルートの途上に位置する交通の要衝であった。また、丘陵・台地群においては台地面や谷戸の谷底部とともに、丘陵や台地縁辺に広がる斜面も地域を構成する主要な要素の一つであり、畑地や林産物の生産の場であった。そして、これらの特徴を持つ鶴見寺尾郷絵図に描かれた地域は、中世の巨大な拠点である鎌倉で活動する人々にとって必要とされ、鎌倉幕府の有力御家人である安達氏の所領や、鎌倉の建長寺塔頭正統庵の寺領として鎌倉を支えていた。

なお、本稿で確認したように中世を対象とすれば、丘陵・台地群における斜面利用の実態を示す史料は乏しい。しかし、時代が下って一七世紀前半には、鶴見寺尾郷絵図に描かれた地域を含む広い範囲で耕地だけでなく山野を対象とした「山検地帳」が作成されていて、当該期における山野所持の特質が分かる。例えば、鶴見寺尾郷絵図に描かれた範囲に含まれる下末吉村の場合、山検地帳に帳付けされた山野は谷戸や台地縁辺の段丘崖の斜面林のほか、鶴見川沿いの低湿地などがあり、これらは一部の百姓に占有されていたのではなく、多くの百姓に細分化されて所持されていた。(32) 丘陵・台地群における斜面の存在は従来捨象される傾向にあったが、その利用のあり方について通時的に検討する必要があろう。また、本稿では一連の丘陵・台地群のうち、南部に位置する三浦半島の丘陵・台地については具体的に検討できなかったため、今後の課題としたい。

## 註

（1）高島緑雄「建武元年正統庵領鶴見寺尾郷図の研究―中世南武蔵の水田と水利―」（『明治大学人文科学研究所紀要』二五号、一九八七年。同『関東中世水田の研究―絵図と地図にみる村落の歴史と景観―』日本経済評論社、一九九七年所収）。同「武蔵国鶴見寺尾絵図」（小山靖憲・下坂守・吉田敏弘編『中世荘園絵図大成』河出書房新社、一九九七年）。

（2）鶴見寺尾郷絵図に関する研究は数多いが、本稿では前掲註（1）のほか主に以下を参照した。青山宏夫「鶴見寺尾絵図の構造とコスモス」（葛川絵図研究会編『絵図のコスモロジー 下』地人書房、一九八九年。青山宏夫『前近代地図の空間と知』（校倉書房、二〇〇七年）に「鶴見寺尾絵図の空間構成と地域空間」として増補所収）。吉田敏弘「荘園絵図にみる東国中世村落の成立と古代寺院」（地方史研究協議会編『地方史・研究と方法の最前線』雄山閣出版、一九九七年）。山本隆志「鎌倉時代の宿と馬市・馬喰」（『年報日本史叢』一九九九年号、一九九九年）。伊藤寿和「『武蔵国鶴見寺尾郷図』に関する歴史地理学的研究」（『日本女子大学紀要・文学部』五一号、二〇〇二年）。阿諏訪青美「『武蔵国鶴見寺尾郷絵図』にみる小笠原氏について」（『横浜市歴史博物館調査研究報告』六号、二〇一〇年）。「武蔵国鶴見寺尾絵図」（東京大学史料編纂所編『日本荘園絵図聚影 釈文編二中世一 解説』東京大学出版会、二〇一六年）。

（3）本項の記述は特に断らない限り、前掲註（1）に拠る。

（4）前掲註（2）青山論文・阿諏訪論文。

（5）応安四（一三七一）年「隼人佑禁制」（塚本文書。『神奈川県史』所収）。「禁制／建長寺正統庵領武蔵国鶴見郷同新市事／右、於当庵領同新市庭、甲乙人等不可致押買以下濫妨狼藉、若有違犯之輩者、可被処罪科之状如件、／応安四年十月五日　隼人祐（花押）」。

（6）観応元（一三五〇）年「関東管領上杉憲顕奉書」（京都・真如寺文書）。宇野日出生「関東管領上杉憲顕奉書」（『栃木史学』六号、一九九二年）。「小笠原十郎長季後家尼恵性申、武蔵国寺尾郷地頭職事、訴状〈副奉書案〉如此、早速召進雑掌於京都、可被明申之状、依仰執達如件、／観応元年九月廿四日　散位（花押）／正統庵塔主」。

（7）前掲註（2）阿諏訪論文。

（8）古川元也氏のご教示による。記して感謝いたします。

(9)本項の記述は特に断らない限り、拙稿「『武蔵国鶴見寺尾郷絵図』の副本とその作成過程」(『史境』六三号、二〇一一年)に拠る。

(10)なお、松蔭寺所蔵の銅造如来坐像(東京国立博物館寄託)は、飛鳥時代後期、七世紀末から八世紀初頭の特色を有し関東でも稀有なものとして、近年再評価されている(神野祐太「銅造 如来坐像(伝阿弥陀如来像)」『横浜の文化財』二五号、二〇一七年)。

(11)前掲註(2)青山論文。

(12)貫達人編『鎌倉志料 第九巻 建長寺常住日記 六』鎌倉国宝館、二〇〇一年。

(13)斎藤幸孝が江戸郊外を調査した際の記録である「郊遊漫録」(国立国会図書館所蔵)に以下の記述がある。「此松蔭寺に古絵図を所持す、則此寺地其近辺百姓家田畑抔少々あり、(中略)古絵図の上書に、建武元年五月十二日と書付あり」(長沢規矩也・財部建志・前島康彦編『江戸地誌叢書 七 郊遊漫録』有峰書店、一九七四年)。

(14)貝塚爽平・小池一之・遠藤邦彦・山崎晴雄・鈴木毅彦編『日本の地形四 関東・伊豆小笠原』東京大学出版会、二〇〇四年。

(15)松島義章『貝が語る縄文海進 南関東、+2℃の世界』有隣堂、二〇〇六年。松原彰子「東京湾西岸地域の地形 東京都東部地域と鶴見川流域を例にして」(『慶応義塾大学日吉紀要 社会科学』二二号、二〇一一年)。

(16)安藤広道「観音松古墳の研究1 墳丘及び墳丘外施設の復元」(『史学』七八巻四号、二〇〇九年)。同「観音松古墳の研究2 新発見の写真と図面からみた墳丘と主体部の形態と構造」(『史学』八五巻一・二・三号、二〇一五年)。

(17)伊東秀吉・浜田晋介・望月一樹「川崎市幸区越路遺跡発掘調査報告」(川崎市教育委員会編・発行『川崎市文化財調査集録』三二集、一九九六年)。

(18)青山宏夫「地名『カリヤド』と渡河の景観—関東の事例から—」(金田章裕編『景観史と歴史地理学』吉川弘文館、二〇一八年)。

(19)前掲註(17)伊東・浜田・望月論文、同註(18)青山論文。

(20)『吾妻鏡』同日条。

(21) 松吉大樹「鎌倉市今小路西遺跡出土の結番交名木札について」（『都市史研究』一号、二〇一四年）。同「無量寺谷 安達氏邸と持仏堂」（高橋慎一朗編『鎌倉の歴史―谷戸めぐりのススメ―』高志書院、二〇一七年）。同「文献史学と考古学からみる安達氏邸」（神奈川県立金沢文庫編・発行『特別展　安達一族と鎌倉幕府　御家人が語るもうひとつの鎌倉時代史』二〇一八年）。本書所収松吉氏論考。
(22) 横浜市歴史博物館編・発行『鶴見合戦』二〇〇七年。
(23) 前掲註(1)高島論文。
(24) 前掲註(2)伊藤論文。同「古代・中世の『野畠』と雑穀栽培」（木村茂光編『雑穀　畑作農耕論の地平』青木書店、二〇〇七年）。
(25) 安藤広道「水田と畠の日本史」（国立歴史民俗博物館編『歴博フォーラム 生業から見る日本史 新しい歴史学の射程』吉川弘文館、二〇〇八年）。
(26) 神奈川県立金沢文庫編・発行『特別展 横浜の元祖 寳生寺―寳生寺聖教横浜市文化財指定記念―』（二〇一七年）所収、資料番号二二―一一。
(27) 前掲註(26)所収、資料番号二二―二一。
(28) 神奈川県立金沢文庫編・発行『生誕八〇〇年記念特別展 忍性菩薩 関東興律七五〇年』（二〇一六年）所収、資料番号六八。
(29) 渡邊浩貴「崖線の在地領主―武蔵国立川氏の水資源開発と地域景観―」（『国立歴史民俗博物館研究報告』二〇九集、二〇一八年）。
(30) 前掲註(26)所収、資料番号二二―一三。
(31) 前掲註(26)所収、資料番号二二―一五。
(32) 拙稿「元禄期『山検地帳』からみた武蔵国南部における山野所持の特質」（『歴史地理学』五五巻二号、二〇一三年）。

# Ⅱ

# 中世・近世の拠点「小田原」

# 戦国都市小田原の個性

佐々木　健策

## はじめに

「小田原」という名称は、『真名本曽我物語』（小中Ｉ２４３）の建久元（一一九〇）年の記述、『仏牙舎利記』（小中Ｉ２４６）の建久二年の記事が最も古い事例とされている。しかし、どちらも一四世紀初頭の史料であるため、一次史料としては嘉元三（一三〇五）年の『某書状（称名寺文書）』（小中Ｉ２６６）の「御まいりの人ハ、をたわらと申候にと、まり候しに候」という記述が実質的な「小田原」の初見と位置づけられる。[2]

それより少し前、弘安二（一二七九）年に箱根を越えて小田原へと入った阿仏尼（冷泉為相の母）は、『十六夜日記』に、「湯坂より浦に出て日暮かゝるに、猶とまるべき所遠し、伊豆大島まで見渡さるゝ海面を、いづことか言ふと問へば、知りたる人もなし、海人の家のみぞある」（小中Ｉ２６２）と、湯坂（箱根町）から海辺へ出たが、日暮れだというのに今夜の宿（酒匂宿）まではまだ遠い。伊豆大島を望むこの場所（小田原市板橋・早川付近か）は何という場所かと聞いても知っている人はなく、海人の家がある程度である、という小田原の景観を記している。

したがって、この『十六夜日記』の記述を参考にすれば、この時の小田原には未だ「漁村」としての景観しか存在していなかったと解釈することができよう。[3]

また、建武二（一三三五）年の足利尊氏関東下向・宿次注文（小中Ⅰ268）では、「小田原上山野宿」「十間酒屋上野宿」と、小田原・十間酒屋（茅ヶ崎市十間坂）での野宿を記す一方で、興津宿（静岡県静岡市）においては「興津宿逗留」と表現している。小田原・十間酒屋と興津宿との記述の相違を見ると、この時点でも小田原は未だ「宿」とは認識されていないことがわかる。

しかし、『太平記』には、康安元（一三六一）年に畠山国清以下三百騎が「小田原ノ宿ニ著タリケル夜」に、土肥兵衛入道の子掃部助が「小田原ノ宿へ押寄セ」るという事件が記されており（小中Ⅰ172）、この頃までには小田原が多数の兵を駐屯させられるだけの「宿」として成立していた可能性が高いと見ることができる。

考古学的にも小田原城周辺で一四世紀代の中世遺構が確認されているのは、小田原城下御組長屋遺跡第Ⅱ地点検出の一四世紀代の井戸一基のみであり、古代の遺構としても小田原城三の丸藩校集成館跡第Ⅲ地点・同弁財天跡第Ⅴ地点・小田原城下本町遺跡第Ⅲ地点などで、八世紀初頭から九世紀後半の住居跡・溝などが断片的に検出されている程度である。このことから、小田原城周辺は中世前期以前の遺跡の広がりが極めて希薄であることがわかる[4]。

これにより、小田原の起源は一四世紀中葉以降に発達した「宿」にあると解釈できるであろう。

では、このような小田原は、その後どのようにして戦国大名小田原北条氏の本拠地へと発展したのであろうか。小田原が戦国都市、関東の〝拠点〟へと発展する過程を確認するとともに、戦国都市小田原の実像とそれを創った小田原北条氏の志向性を考察し、戦国期小田原の特徴を確認してみたい。

## 一　小田原の発展

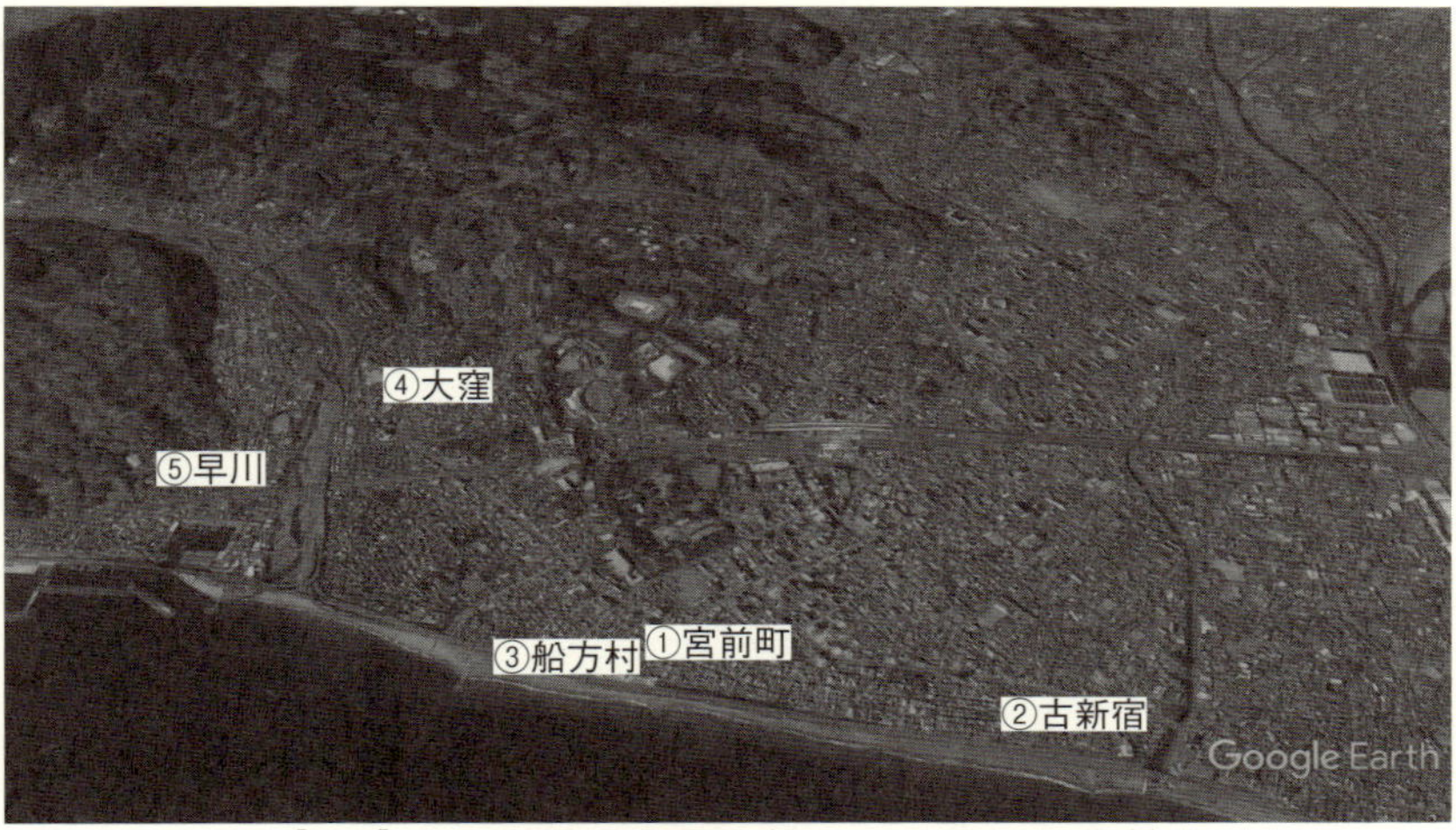


【図1】小田原城周辺鳥瞰図（Google Earth より作成）

先の「小田原ノ宿」は、宮前町の松原明神社（小田原宿鎮守）を中心とする地域【図1①】に形成されていたと考えられており〔永原一九九八〕、「門前町」としての性格を併せ持つ町場であったと理解できる。

そして、「小田原ノ宿」誕生以降、一五世紀に入ると史料上に登場する小田原の頻度も増してくる。当時の小田原は、応永二三（一四一六）年の上杉禅秀の乱の戦功により、大森氏の領するところとなっていた。大森氏は駿河国駿東郡（静岡県小山町など）を本貫地とし、伊豆府中関所を関銭一五〇貫文で請負い、箱根山水飲関所・箱根山葦河関所などの交通の要衝を押さえる実力者で、鎌倉府の奉公衆であった〔佐藤一九九八〕。

「小田原宿関所」も大森氏が押さえる関所であり、「小田原宿関所」は応永一四（一四〇七）年が初見で（小中Ｉ２７１）、古新宿付近【図1②】に位置していたと想定されている〔佐藤一九九八〕。網野善彦氏は、関自体が「都市的な場」であったと表現しており〔網野一九七六〕、小田原には関を中心とした「都市的な場」も誕生していたと考えることができるであろう[5]。

他にも、大森氏が京紺屋津田織部（忠正）を大窪（小田原市板橋【図1④】）に住まわせ、早川（小田原市早川【図1⑤】）に海蔵寺を建立している点などは、小田原に城下町としての都市空間が成立し始めていることを推測させる。これにより小田原には、「宿場町」のほか、「門前町」「関所前集落」「城下町」など、異なる要因で成立した複数の「都市的な場」が近接して共存するという状況が生じていたと想定される。

このような多元的な場が点在する小田原の様相は、永正一六（一五一九）年に伊勢宗瑞が末子菊寿丸に与えた所領注文（小中Ⅱ33）からも読み取ることができる。この所領注文を見ると、菊寿丸に受け継がれた「おたハら（小田原）」は、農村部の貫高「四百くわん文」と宿場の商人・職能民に課せられたとされる「宿のちせん（地子銭）」「六くわん文」、武士の屋敷に課せられたとされる「おの、より出やしきせん（屋敷銭）」「廿くわん文」で形成されており、伊勢宗瑞が進出した段階においても、小田原は四〇〇貫文の農村部を中心とし、宿や武家地が混在する空間構成であったことをうかがわせる。

## 二　小田原開府

この所領注文から遡ることおよそ二〇年、小田原は文亀元（一五〇一）年までに伊勢氏（小田原北条氏）の領するところとなった。しかし宗瑞は、小田原城攻略後も韮山城（静岡県伊豆の国市）を本城とし、小田原城には嫡子氏綱を置いた。そして、永正一五（一五一八）年の氏綱の家督継承とともに、小田原城は小田原北条氏の本城として位置づけられた。

小田原の本拠化については、永正三（一五〇六）年に死去した氏綱の母の菩提を弔うために伝心庵が小田原に建立されていることから、永正三年の時点ですでに準備が進められていた可能性がある。その一方で、前述の永正一六

（一五一九）年の所領注文の存在から、宗瑞から氏綱への家督の継承がこの時期まで下がる可能性も指摘されており、家督継承に伴う小田原の本拠化も永正一六年まで下げるべきとの意見もある〔黒田二〇一九〕。

いずれにしても、永正一六年六月には雲見（静岡県松崎町）の高橋氏が結肌の儀・お産を雲見と小田原のどちらで行うかを宗瑞に問い合わせている事例が確認できるため、宗瑞が亡くなる永正一六年八月以前に小田原が小田原北条氏の本拠地と認識されていることは間違いなく、氏綱を以て小田原開府の当事者と見ることができよう。

これ以降、天正一八（一五九〇）年の小田原合戦で豊臣秀吉率いる軍勢の前に城を明け渡すまで、小田原は小田原北条氏の本拠地として位置づけられた。

## 三　氏綱の志向性と小田原の都市整備

宗瑞の跡を継いだ氏綱は、本拠地小田原の整備を進めるとともに、関東統治に向けて様々な施策を進めている。主な施策の一つが有力社寺の造営事業である。大永元（一五二一）年に箱根湯本（神奈川県箱根町）に早雲寺を建立したのを手始めに、同翌二（一五二二）年には相模国一宮寒川神社宝殿（同県寒川町）、同三（一五二三）年には箱根権現宝殿（同県箱根町）、続いて六所神社（同県大磯町）・伊豆山権現（静岡県熱海市）、同六（一五二六）年からは伊豆国一宮である三嶋神社（同県三島市）の造営に着手している。そして、天文元（一五三二）年からは鶴岡八幡宮（神奈川県鎌倉市）の造営を開始し、この鶴岡八幡宮造営事業は次代の三代北条氏康の代となった天文一三（一五四四）年まで行なわれることとなる。合わせて、この事業の推進が、先進地域より優れた文化・技術が関東へともたらされる要因となった。

黒田基樹氏によると、このような造営事業は、神社仏閣の庇護者としての立場を主張することで政治的権威を確立しようと努めた方策と考えられており〔黒田二〇〇五〕、「早雲寺殿廿一箇条」の一条目として「第一、仏神を信し申へき事」として示された家訓の一端が現われているものとも言える。

後に小田原府内と位置づけられる総構（大構）の内側には、氏綱家督相続以前には一八ヶ寺が確認できるだけなのに対し、天正一八（一五九〇）年の小田原合戦時には四〇ヶ寺が存在していたことを考えると〔佐々木二〇一八〕、氏綱期以降の社寺の増加からも都市整備の契機をうかがうことができる。

また氏綱は、「相模国主」「相州太守」を名乗り、大永三（一五二三）年には姓も「伊勢」から「北条」へと改めている。この時、相模には守護職を継承する扇谷上杉氏がおり、伊豆より相模に侵攻した小田原北条氏は、「他国の逆徒」とも称される他所者であった〔黒田二〇〇五〕。そのため、「相模国主」「相州太守」の名目は、相模統治の正当性を主張したい小田原北条氏にとっては必要不可欠な肩書きであり、「豆州」として伊豆国主と認識されていた宗瑞についても「相州故太守」と表現することによって、前代からの相模との縁故を主張している。同様に、北条改姓についても前代の鎌倉幕府執権の北条氏を引き合いに出すことで、当代の関東管領山内上杉氏に対抗するための大義名分を主張することが主たる目的であったと言える。これにより当代の関東ナンバー2である関東管領山内上杉氏に対し、前代の日本のナンバー2である執権北条氏の名跡を主張することで、相模支配の正統性を示したのである〔黒田二〇〇五〕。

さらに、天文七（一五三七）年には、本来は室町幕府に任命権があり、すでに山内上杉氏が勤めていた関東管領職を古河公方足利晴氏により補任されている。そして翌八年には、氏綱の娘が足利晴氏に入嫁し、関東公方足利氏の一族としての地位をも獲得している。このように、氏綱は自らの肩書きを関東における身分秩序の中に位置づけることにより、東国武家社会における地位を獲得しようと試みたと評価することができる。

同様の施策は京・上方に向けても行われ、享禄元（一五二八）年には関白近衛家より後妻を迎え、享禄三年には左京大夫に任官されている。この頃、周辺諸国を見ると関東管領山内上杉氏が修理大夫、甲斐の武田氏が左京大夫、駿河今川氏が治部大夫であった。左京大夫は、京職の長官として本来は管領細川家の右京大夫に対して足利氏一門の侍所頭人の称号を意味するものである〔今谷二〇〇一〕。それを戦国期に入ると各地の諸侯が左京大夫を求めるようになり、永正一四（一五一七）年から永禄一一（一五六八）年までの五〇年間では、実に一六人の左京大夫が生まれている。[6] このことからも左京大夫が、戦国大名のステータス・シンボルとしての意味合いの強い官職であったことがわかり〔今谷二〇〇一〕、左京大夫獲得の必要性がうかがわれる。まさに、氏綱による左京大夫の獲得は、既に左京大夫を称していた武田信虎、修理大夫を称した上杉朝興などと比肩すべき政治的位置づけとステータスの獲得を目的としたものに他ならず、これにより小田原北条氏は朝廷内においてもその家格を位置づけることができたということになろう。さらに氏綱は、左京大夫任官と同じ頃に相伴衆にも列せられており、これにより小田原北条氏は、関東公方・朝廷・室町幕府といったそれぞれの世界の身分秩序の中に自らを位置づけることに成功したのである。

このように、氏綱は北条姓・相模国主を称し、関東管領職・左京大夫・相模守などの官職を得ることによって、鎌倉府・朝廷・室町幕府といった旧体制の中での肩書きを自らの家格に補っていったと言える。新興勢力とも評される小田原北条氏ではあるが、このような施策を行っていた痕跡をみると、実際には室町幕府・朝廷を中心とした旧体制に則った領国経営を志向していたものと見ることができる。これらを「威信」とし、氏綱は支配の正統性を主張していったと考えられよう。

## 四　戦国期小田原の景観

このような氏綱の志向性は、考古学的にも確認することができる。

まず、一六世紀第2四半期を画期とする時期に遺構の増加・変遷が確認されることから、氏綱期における都市整備の痕跡を知ることができる〔太田二〇一八〕。中でも、断片的に検出されている道路状遺構や堀・溝状遺構を抽出してみると、区画を示すと考えられるもの全てが正方位に近い軸線で構築されていることが確認できる【表1・2】。

また、絵図に描かれた道路の現地比定を行い、先の区画遺構をプロットすると、正方位を基軸とした方格地割による都市プランが存在した可能性が指摘できた【図2】〔佐々木二〇〇五〕。

現状、そのような空間構成が確認できるのは、正方位の地割りが残る東海道周辺・甲州道周辺[7]と、周知の埋蔵文化財包蔵地として発掘調査が実施されている小田原城周辺に限られている。しかし、このような小田原の景観を文字として表しているのが、南禅寺の僧東嶺智旺が天文二〇（一五五一）年に記した『明叔録』（小中Ⅰ559）の記述である。「（前略）到府中小田原、町小路数万間地無一塵、東南海也、海水遶小田原麓也、太守塁、喬木森ゝ、高館巨麗、三方有大池焉、池水湛ゝ、浅深不可量也、白鳥其外水鳥翼ゝ然也（後略）」との記述であり、府中小田原の町には、整然と塵一つ無い小路が整い、東南には町の麓まで海が広がっている。また、太守（北条氏康）の館は巨麗にして三方を大池に囲まれており、池水の深さは測りかねない、との内容である。

この『明叔録』の記述は、小田原城が三方を水堀で囲まれた要害であることを説明する際などには用いられてきたが〔田代一九九五〕、その他の部分についての検証はあまり行われていなかった。その中で、【図2】で示したように、

| No. | 遺跡名 | 遺構名 | 付属施設 | 軸方向 | 厚さ | 路盤 | 幅 | 廃絶年代 |
|---|---|---|---|---|---|---|---|---|
| 1 | 大久保雅楽介邸跡第Ⅱ地点 | 3号道路面 | - | W-3°-S | 32㎝ | 粗砂・細砂・粘土で版築 | 2.0m以上 | 17世紀初 |
| 2 | | 4号道路面 | - | W-3°-S | 28㎝ | 粗砂・粘土などで版築 | 2.0m以上 | 16世紀前 |
| 3 | 大久保雅楽介邸跡第Ⅶ地点 | 80号遺構（道路） | 側溝柱穴 | N-9°-E | 20㎝ | 粘質土と砂質土を交互に版築 | 5.6m以上 | 16世紀後 |
| 4 | 大久保雅楽介邸跡第Ⅹ地点 | 道路状遺構 | - | W-3°-S | 90㎝ | 粘質土と砂質土を交互に版築 | 2.0m以上 | 17世紀前 |
| 5 | 藩校集成館跡第Ⅲ・Ⅳ地点 | 2号溝<br>3号溝 | 側溝 | N-8°-E | - | - | 溝間は5.5m | 16世紀中 |
| 6 | | 30号溝<br>33号溝 | 側溝 | N-1°-E | - | - | 溝間は5~7.2m | 16世紀前 |
| 7 | | 28号溝<br>29号溝 | 側溝 | N-5°-E | - | - | 溝間は5.7m | 16世紀代 |
| 8 | | 35・36号溝<br>37・40号溝 | 側溝 | W-2°-S | - | - | 溝間は2.7m | 16世紀代 |
| 9 | 御長屋跡第Ⅰ地点 | 1号道路遺構第1道路面 | 側溝 | N-13°-E | 45㎝ | 玉砂利を全体に含む | 5m以上 | 16世紀後 |
| 10 | | 1号道路遺構第2道路面 | 石組側溝 | N-10°-E | 25㎝ | 砂質土と粘質土を交互に版築 | | |
| 11 | | 1号道路遺構第3道路面 | - | （南北方向） | 5㎝ | 砂質土を版築 | | 17世紀前 |
| 12 | 御長屋跡第Ⅱ地点 | 1号道路遺構第1道路面 | - | （南北方向） | 34㎝ | 円礫上に砂・シルト、粘土で版築 | 2.6m以上 | 16世紀後 |
| 13 | | 1号道路遺構第2道路面 | - | （南北方向） | 40㎝ | 砂・シルト、粘土で細かく版築 | | 17世紀前 |
| 14 | 中宿町遺跡第Ⅱ地点 | 1号水路<br>2号水路 | 石組側溝 | W-6°-S | - | - | 溝の間は6m | 16世紀後 |
| 15 | 中宿町遺跡第Ⅳ地点 | 砂利敷遺構 | 石組水路 | （コーナー部） | 10㎝ | 砂利とシルトで硬化面を形成 | 2m以上 | 16世紀中 |
| 16 | | 道路遺構 | - | 不明（南北方向?） | 60㎝ | 砂・シルト・砂利を交互に版築 | 8m以上 | 17世紀前 |
| 17 | 筋違橋町遺跡第Ⅲ地点 | 道路状遺構 | 石組側溝 | W-4°-S | 70㎝ | 砂利を叩き締め、硬く版築 | 5.6m以上 | 17世紀前 |
| 18 | 御組長屋遺跡第Ⅰ地点 | 1号砂利敷遺構 | 1号溝 | W-1°-S | 35㎝ | 玉砂利・砂質土を三回に分けて版築 | 6m以上 | 16世紀後 |
| 19 | 杉浦平太夫邸跡第Ⅳ地点・久保弥六郎邸跡第Ⅲ地点 | 1号石積側溝付き道路 | 側溝A<br>側溝B | W-0°-S | - | - | 5.6m | 16世紀 |
| 20 | | 93・100号溝<br>35・107号溝 | 側溝 | N-2°-E<br>N-1°-E | - | - | 5.9m | 16世紀 |
| 21 | | 69・73・71号溝<br>70号溝 | 側溝 | W-1°-S<br>W-0°-S | - | - | 3.7m | 16世紀 |
| 22 | | 62号溝<br>63号溝 | 側溝 | N-0°-E<br>N-0°-E | - | - | 1.9m | 16世紀 |
| 23 | | 59・66号溝<br>67号溝 | 側溝 | N-0°-E<br>N-0°-E | - | - | 3.1m | 16世紀 |
| 24 | | 60号溝<br>81・90号溝 | 側溝 | N-1°-E<br>N-1°-E | - | - | 3.2m | 16世紀 |
| 25 | 筋違橋町遺跡第Ⅴ地点 | 道路状遺構 | 側溝 | W-9°-N | 70㎝ | 砂利を叩き締め、硬く版築 | 7m以上 | 17世紀初 |

【表1】小田原城周辺検出の道路状遺構の例（佐々木2010a）

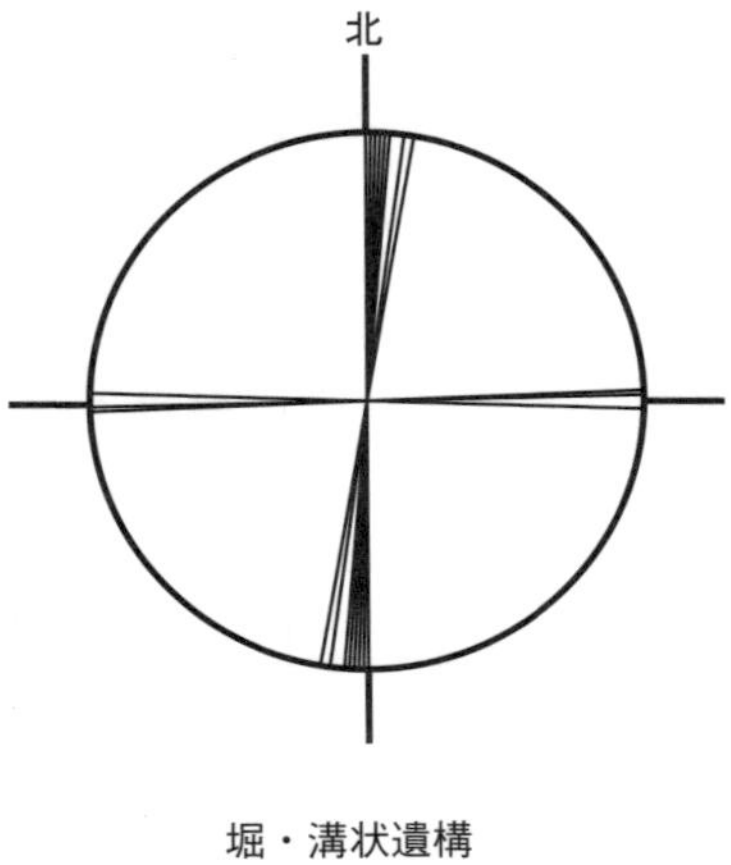

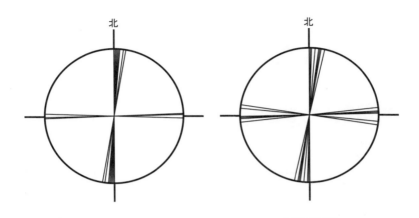


【表 2】小田原城周辺検出の堀・溝状以降、道路状遺構の軸線（佐々木 2005）

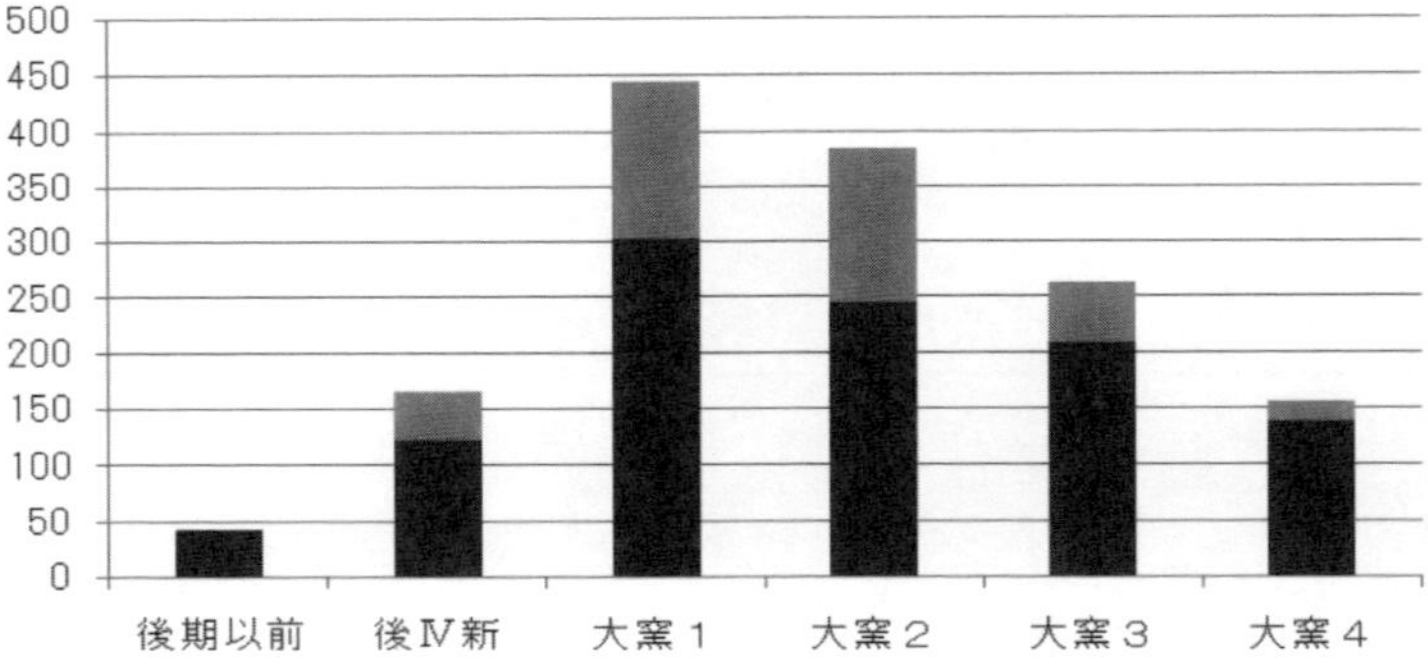


【表 3】小田原城下出土の瀬戸・美濃・初山・志戸呂窯製品集計表（佐々木 2010c）

※対象としたのは、本町遺跡（Ⅰ～Ⅲ地点）、中宿町遺跡（Ⅰ～Ⅲ地点）、欄干橋町遺跡（Ⅰ～Ⅵ地点）、新道遺跡、筋違橋町遺跡（Ⅰ～Ⅲ地点）、御組長屋遺跡（Ⅰ～Ⅳ地点）で出土した全ての遺物である。

※上記の藤澤良祐氏に実見・判別して頂いたもののみを掲載した。

※グラフ上段の薄い網掛けは、前後どちらかの時期に該当するものを案分した数値である。

※掲載以外に大窯期詳細不明の製品が 802 点存在する。

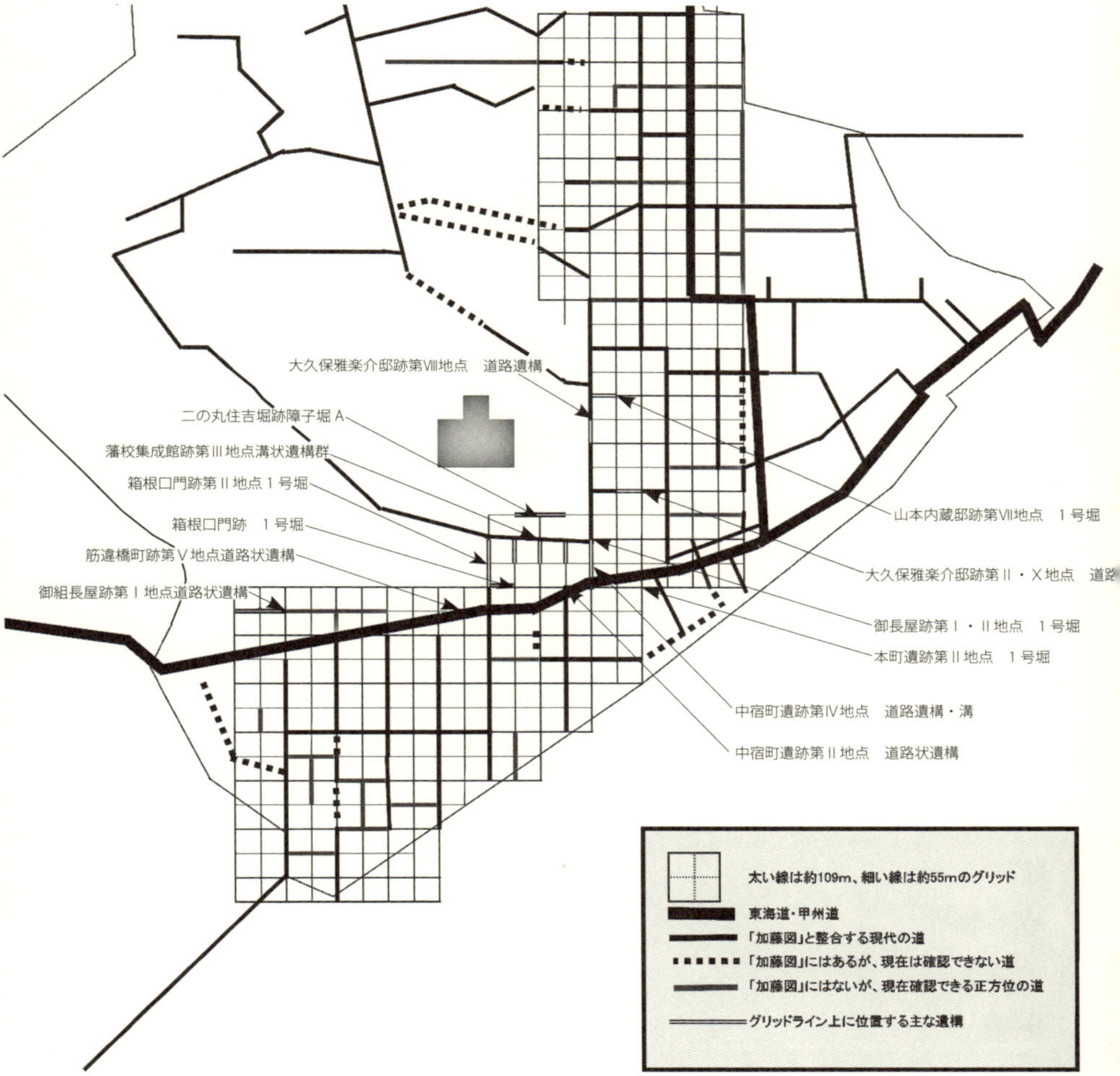


【図 2】戦国期の小田原イメージ模式図

発掘調査成果からは「町小路数万間」との記述を彷彿とさせる状況がうかがえ、一六世紀の小田原が方格地割により整えられた姿であった可能性が指摘できる。これら正方位を基軸とする遺構は、現在の道路や町境などと一致する部分も多く、寛永一〇（一六三三）年の寛永小田原大地震後と考えられる一七世紀第2四半期を画期とする遺構軸・道路軸の変遷（正方位から約二五度傾く）まで小田原の都市プランの基準となっていた（佐々木二〇〇五・二〇一〇）。

また、区画内の屋敷については、『為和集』にある冷泉為和が小田原で歌会を催した場の記載から、「氏綱亭」「伊勢備中守亭」「長綱亭」「氏康亭」などの屋敷地が近接して存在したことが想定される。そして、これら武家屋敷が「亭」と記されている点に着目すると、天文二〇（一五五一）年に瑞泉庵に売り渡した清水康英の「三島宿屋敷」には「亭・居屋・蔵屋・厩」が備えられていたことがわかる（静岡県史中世Ⅲ２０８８）。三島（静岡県三島市）の事例ではあるが、同じ小田原北条氏の領国で、「屋敷」内に「居屋」とは別「亭」が存在していることから、歌会の会場ともなる「亭」には「居屋」とは異なる「会所」としての意味合いがあったのではないかと考えられる。

さらに「鶴岡八幡宮社参記」（北区史中世２７６）の記述からは、永禄元（一五五八）年の古河公方足利義氏の「御成」を迎えた「氏康館」には、「寝殿」「会所」が備えられていたことが知られる（佐々木二〇〇八）。『為和集』「鶴岡八幡宮社参記」の記述を踏まえると、正方位の区画の中に「寝殿」「会所」を備えた居館が林立していた景観が想定でき、戦国期の小田原には「洛中洛外図」に描かれたような景観が存在した可能性が高い。

この他、瀬戸・美濃窯製品の後Ⅳ新から大窯1段階の遺物量の増加【表3】、京都系手づくね成形かわらけの登場【図3】など、出土遺物の様相からも氏綱段階における小田原都市化の一端を垣間見ることができる。

また、【表4】に示したように、氏綱は多くの優品を入手している様子が確認される。その系譜を見ると、小田原北条氏が入手する前、あるいは小田原北条氏の手を離れて以降も権力者に所持される「威信財」としての性格を持ち合

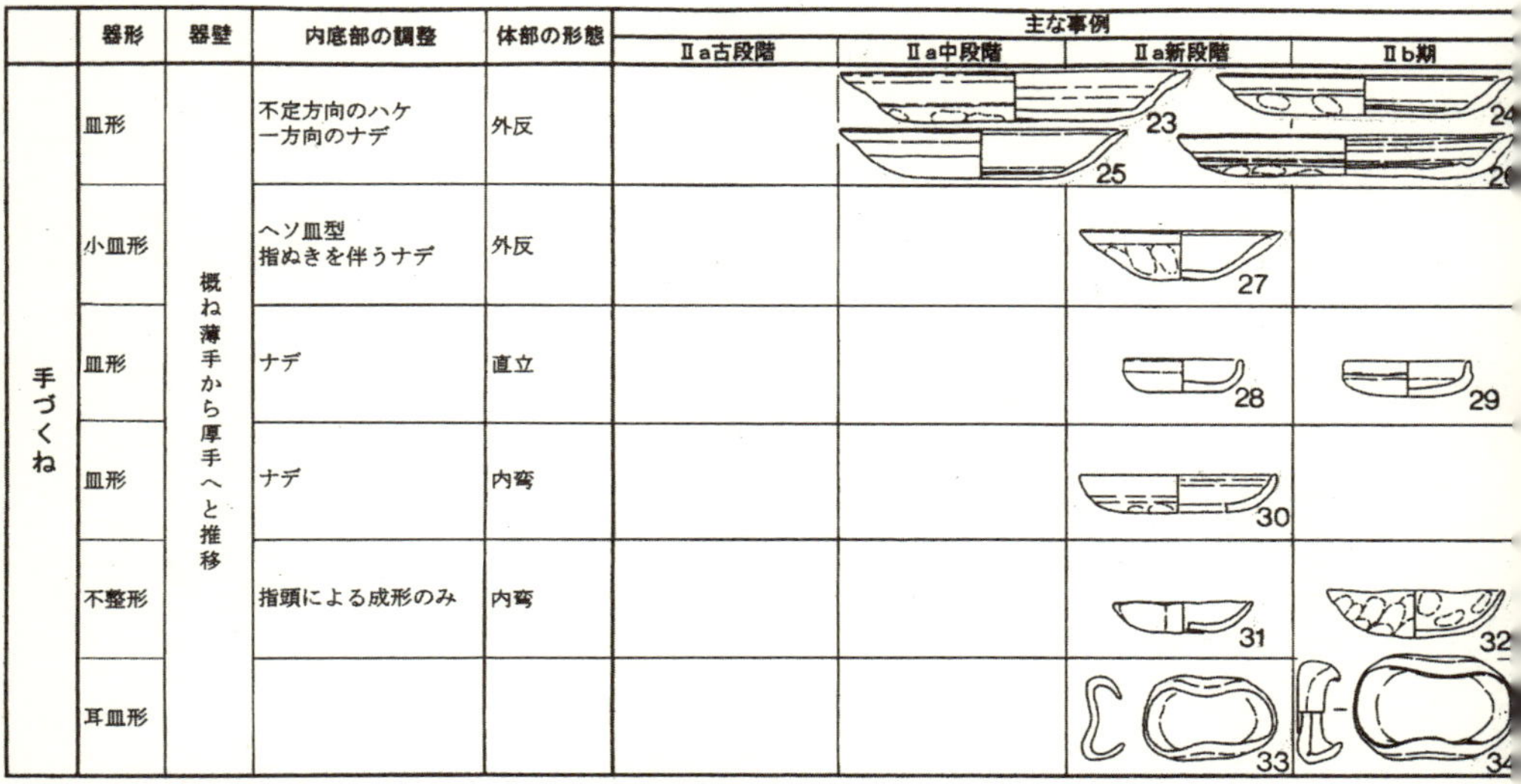


※本表は、北條ゆうこ氏の分類試案を一部加筆して表形式に作り直したもので、「小田原編年」で16世紀代に相当するⅡ期についてのみ提示した。
※本表におけるかわらけ実測図は1/5スケールである。

【図3】小田原城周辺出土の手づくねかわらけ（佐々木2010b）

| 資料名 | 作　者 | 制作年 | 現　蔵 | 履　歴 | | | |
|---|---|---|---|---|---|---|---|
| 「遠浦帰帆」 | 僧玉澗 | | 徳川美術館 | 今川義元 | 小田原北条氏 | 豊臣秀吉 | |
| 『五百羅漢図』 | 林庭硅<br>周季常 | 淳熙五年（1178） | ボストン美術館<br>大徳寺・フリーア美術館 | | | | |
| 『十王図』 | 陸信仲 | 不明 | | 寿福寺 | | | |
| 『十六羅漢図』 | 一山一寧 | 正安元年（1299）頃 | 大徳寺 | | | | 豊臣秀吉 |
| 「三祖師（運庵普厳・虚堂智愚・南浦紹明）像」 | | 嘉定11年（1218）<br>咸淳元年（1265）<br>正応元年（1288） | | 建長寺 | | 早雲寺 | |
| 『阿毘達磨大毘婆沙論』 | | 大永八年（1528） | 金沢文庫 | 極楽寺 | | | |
| 文台硯箱 | | 明代 | 早雲寺 | | | | |
| 宋版『文選』 | | | 足利学校遺跡図書館 | 金沢文庫 | | 九華瑞興 | |
| 北条氏本『吾妻鏡』 | | | 国立公文書館内閣文庫 | | | 黒田如水 | 徳川幕府 |
| 「日光一文字」 | | | 福岡市立美術館 | 日光権現 | | | 黒田家 |
| 今川本『太平記』 | | | 陽明文庫 | | | | |
| 「倶利伽藍龍図」 | | | 大長寺 | | | 大長寺 | |
| 「酒天童子絵巻」 | 狩野元信 | 大永2年 | サントリー美術館 | | | | |
| 「後三年合戦絵詞」 | 飛騨守惟久 | 貞和3年 | 東京国立博物館 | 宮中 | | 督姫 | 池田輝政 |
| 十二神像 | 法院康清 | 天正13~14年 | 薄薬師堂 | | | | |
| 『和尚絵』 | 牧渓 | | | | | | |
| 「寒山二幅一対」 | 牧渓 | | | 東山御物 | | 長尾為景 | |

【表4】小田原北条氏所蔵を伝える文物（佐々木2009a）

わせた品物であることがわかる。牧溪筆の「寒山二幅一対」などは、氏綱が力を尽くして入手して越後長尾為景への贈答品として用いた旧「東山御物」（足利義政所蔵品）であり（小中Ⅱ62・66）、京都からも多くの優品を小田原へと移入し、領国支配や外交に用いていたことがわかる。

京都系の手づくねかわらけも同様の意味を有していたと考えられ、その導入の契機は享禄元（一五二八）年に関白近衛尚通の娘を氏綱の後妻として小田原へ迎えたことなどのイベントを候補として考えることができよう。

氏綱は、京都を中心とした旧来の身分秩序や肩書き、文化・技術を小田原へと導入することにより、関東随一の新興都市小田原に周辺地域とは異なる都市景観を造り上げ、その違いを明確にしたのである。道具においてもロクロ成形のかわらけ使用が主体の関東において、京都系の手づくね成形のかわらけを用いることで、関東における小田原北条氏の存在感の違いを明確化した。このように、氏綱は京都を中心とした旧体制の権威を背景に優れた文物・技術を移入し、それを具現化することで、自らの力を示していった。考古学的に確認される遺構・遺物は、そのような氏綱の志向性とその志向性を具現化した都市の姿を現している。

## 五　その後の志向性の変質

一方で、一六世紀後葉になると、室町幕府の衰退と三好長慶・織田信長の台頭などを経て、京都を巡る政治状況や権威も転換期を迎える。三代氏康を経て家督を継いだ四代氏政は、武田信玄の駿河侵攻を経た相甲駿三国同盟の崩壊（一五六八年）、その後の相越同盟の瓦解（一五七一年）、さらには御館の乱とその経過による武田勝頼との決裂（一五七八年）などにより、甲斐武田氏・越後上杉氏などの周辺勢力との関係を悪化させていた。その結果、氏政は天正八（一五八〇）年には、台頭著しい織田信長へ従属する道を選択する。

そして小田原北条氏は、京都における政権運営者の転換を受け、京都の権威・ブランド力を背景とした施策から、独自のアイデンティティーによる新たな価値観の創出に迫られることとなった。その結果、先の社寺造営事業などによりもたらされた最新の文化・技術を持つ職能民により、小田原で新たに「小田原ブランド＝小田原物」を創出していく。現在、「小田原物」としては、湯釜の「小田原天命」、刀剣の「小田原相州」、甲冑の「小田原鉢」、絵画の「小田原狩野」、染物の「小田原藍」「小田原染」、漆器の「小田原漆器」などが知られている〔佐々木二〇〇九ａ〕。

これらの文物が、どのように領国内を流通し、用いられていたかということは不明瞭であるが、伝世品として伝わる「小田原物」の分布状況などを見る限り、「小田原物」という小田原発ブランドが小田原北条氏の「威信財」として領国内で用いられていた可能性は極めて高いと言える。そしてこの動きを明確に示しているのが、小田原で作成された京都系手づくねかわらけの出土傾向であり、領国内の主要城館の主郭などで限定的に出土する傾向が明らかとなっている〔服部一九九八ａ・一九九八ｂ・一九九九〕。このことから、京都系手づくねかわらけは、「小田原物」同様の特殊品として、限定的に領国内を移動していたと考えられるであろう。

このように、一六世紀後葉になると、小田原北条氏は自らのアイデンティティーで「小田原物」という新しいブランドの立ち上げを成功させ、「京都と小田原」との関係を「小田原とその領国」という入れ子関係に転化させていった。このことは、官職や肩書きの取得、各地からの文物・文化の移入により目指してきた権威・威信の獲得政策が実を結んだ結果と考える事もできるであろう。

## 六　御用米曲輪下層の居館跡

では、このような状況は考古学的にも確認できるのであろうか。

小田原城周辺では、明確に一六世紀前葉と後葉との画期が見える空間は少ない。しかし、遺構数の増加などにより、その相違が確認できるということは前に述べた〔太田二〇一八〕。そのような中で、氏政段階における志向性の変質は、史跡小田原城跡御用米曲輪の発掘調査で確認された遺構から確認できると考えている【図4】。

御用米曲輪では、少なくとも一六棟の礎石建物と一四棟の掘立柱建物の跡が確認されている。遺構面は大きくは七面存在し、中世面として捉えられるのは第三～七面の五面で、最終面（第三面）は地割れ・地滑り等の寛永小田原大地震（寛永一〇年：一六三三）を被災して廃絶している〔佐々木二〇一六〕。

【写真1】御用米曲輪検出の建物群

この中で、礎石建物には少なくとも三回の変遷があることが確実であり、掘立柱建物跡には礎石建物よりも古い段階のものと新しい段階のものがある。柱間の寸尺は、六尺二寸五分（一八九・三cm）を中心とし、中でも七×八間以上となる一四号礎石建物は大型であり、切石敷の庭園が付随することなどから会所の可能性が指摘されている【図5・写真1】〔小野二〇一八〕。小田原城周辺で礎石建物がこれほどの棟数検出された事例はなく、御用米曲輪の重要性が垣間見える。

また、全体の空間構成としては、複数の庭園の存在を挙げることができる。庭園

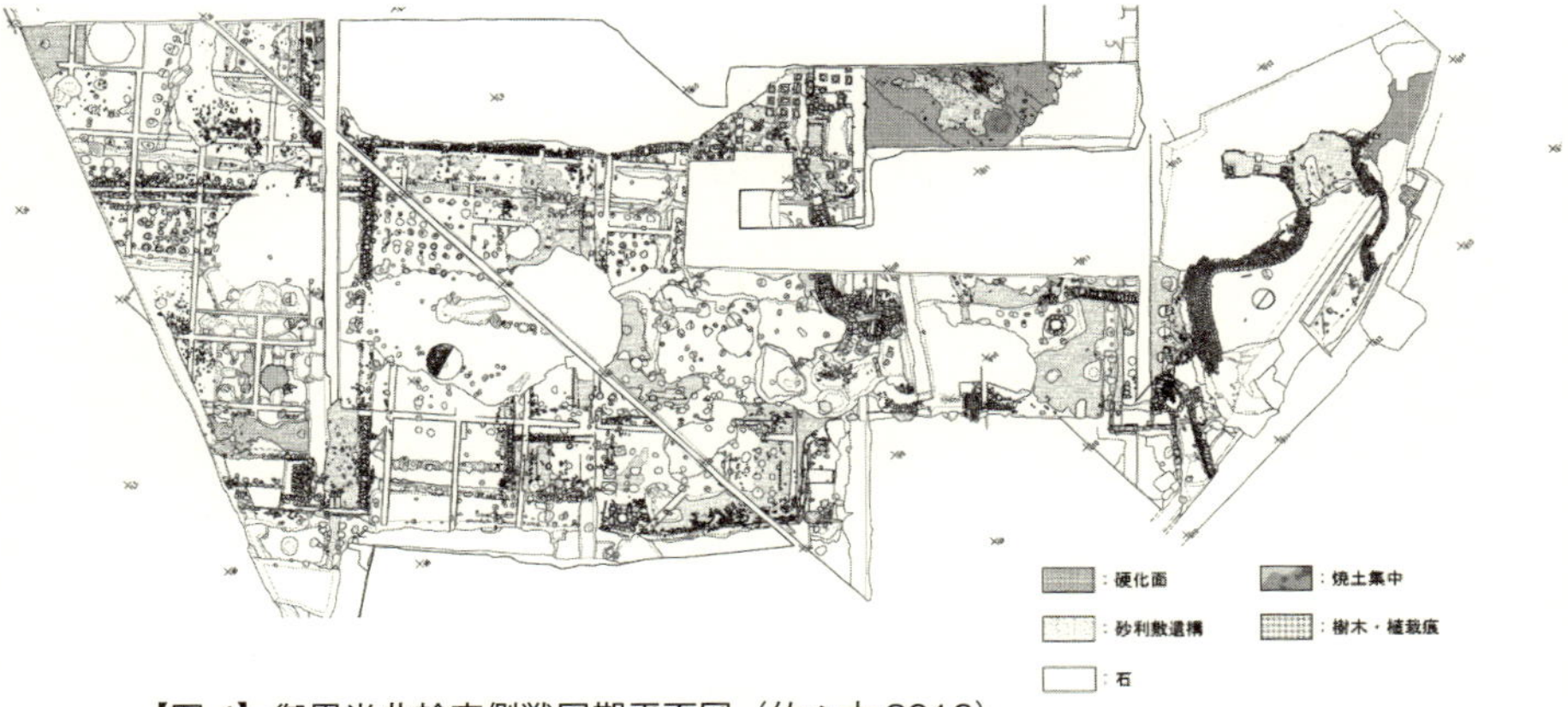


【図 4】御用米曲輪南側戦国期平面図（佐々木 2016）

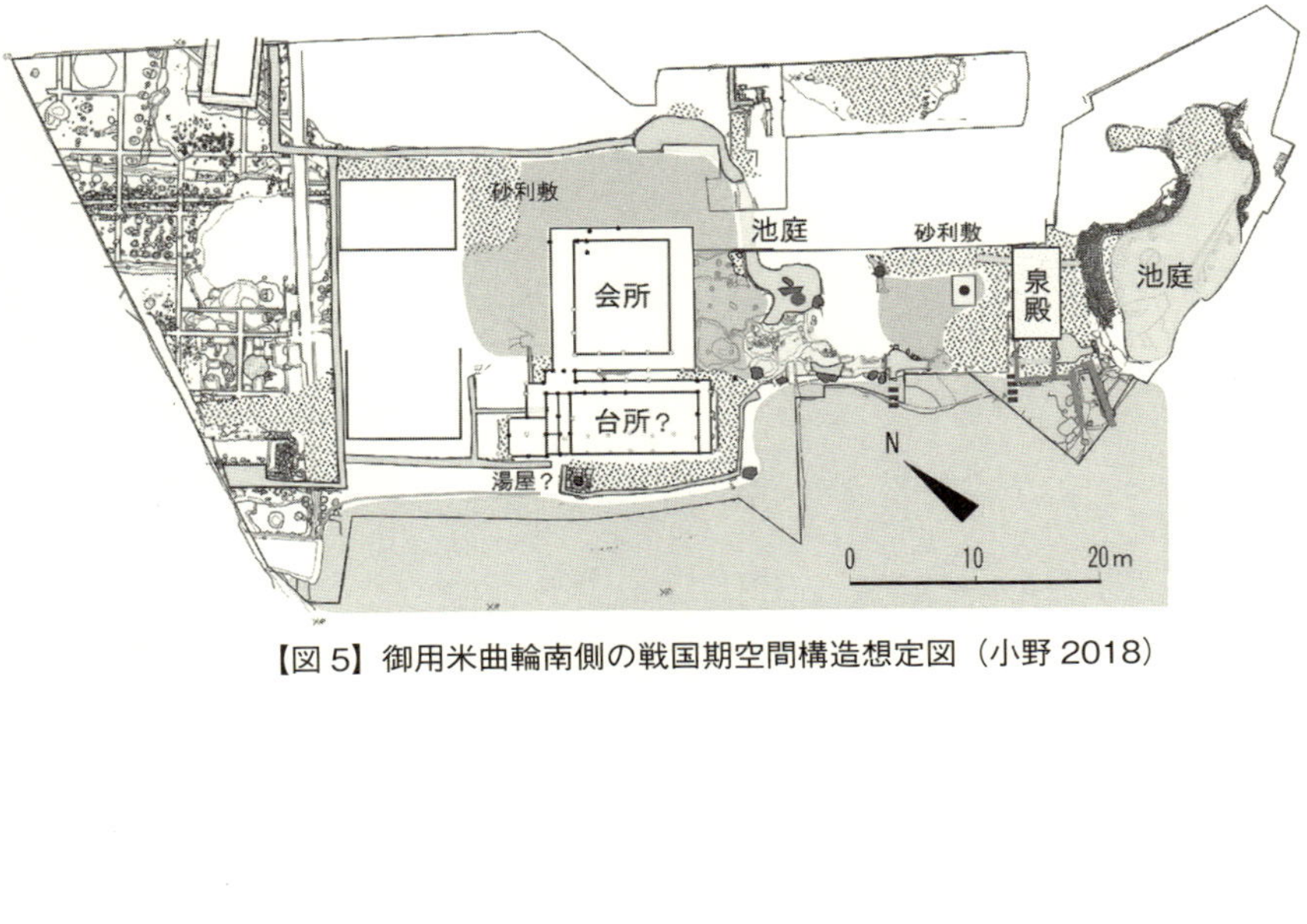


【図 5】御用米曲輪南側の戦国期空間構造想定図（小野 2018）

【写真3】切石敷遺構

【写真2】1・2号池

と位置づけ得る遺構は、二つの池を中心とした空間、砂利を敷き詰めた空間、切石を敷き詰めた空間、硬化面による空閑地の四種類で、およその全体像が確認できているのは、二つの池を伴う空間【写真2】と切石を敷き詰めた空間【写真3】である。

池は上下の位置関係で二基存在している。上段の池は八・五㎡程度の小規模なものであり（1号池）、下段の池は検出範囲だけでも約一九〇㎡を測る（2号池）。いずれも大きな改変を伴う画期が一度あり、埋没までの過程では少なくとも三回の変遷があると考えられる。上段の池は、箱根安山岩製の石塔（五輪塔・宝篋印塔・宝塔）の四角い部位や「風祭石」と呼称する箱根凝灰岩、「鎌倉石」と呼称する三浦層群の凝灰岩を用いて底面を作っており、中央は楕円形に一段下げて一〇㎝弱の円礫と砂利を敷き詰めている。側面には、「根府川石」と呼称する板状節理する箱根安山岩の板石が用いられ、要所に安山岩や「風祭石」の巨石を配置している。南側の背面には、「風祭石」の切石で擁壁が構築され、戦国期に存在した斜面の裾を抑える役割を果たしている。そして、2号池には1号池をオーバーフローした水が滝のように流れ落ちる構造となっている【写真2】。2号池は、東側が調査区外へと広がっているため、全体像は不明であるが、外周は少なくとも七〇mを超える規模となる。構築時には最大で約一七〇㎝の深さがあり、護岸には箱根安山岩製の加工石材が用いられている。近世以降に攪乱され、崩落していた石材三七二点のほぼ全てが石塔部材であったことを考えると、やはり護岸として用いられている石材のほぼ全てが石塔部材（五輪塔・宝篋印塔・宝

【写真４】かわらけ出土状況

塔）であり、その数は一二〇〇点を超える【写真２】。池の西側には、直径一〇〇㎝前後の大型のピットにより構成された一〇号掘立柱建物があり、釣殿や泉殿となる二階屋であった可能性が指摘されている【図５】〔小野二〇一八〕。この建物の裏手には石組井戸があり、砂利が敷かれた空間（広庭）が広がっている。

そして、池に面した砂利敷空間の西側には、切石を用いた空間が広がっている【写真３】。切石敷遺構は、黄色（鎌倉石）と黒色（風祭石）の凝灰岩を幾何学的に切り出し、モザイク状に組み合わせたものを敷き詰めており、安山岩の巨石を配置して景観を造り出している。１・２号池のような石塔部材の転用は少なく、切石には凝灰岩の柔らかさを利用した立体的な加工が施されている点が特徴的である。

また、御用米曲輪の調査では、出土遺物の九七％以上の比率をかわらけが占めているという点も大きな特徴である【写真４】。小田原城周辺一五地点六六七八点の出土遺物の比率では、かわらけは三三・一％に止まっており〔佐々木二〇〇九ｂ〕、御用米曲輪がかわらけを用いる武家儀礼が行われる空間であったことを示す傍証となろう。

このように、御用米曲輪で検出された庭園は、『作庭記』などにより示され、継承されていた古来の庭園作庭方法ではなく、全国的にも例を見ない切石を用いた構造となっている。庭園においては、切石は用いずに自然石を用いることが常道である中で、御用米曲輪で採用された切石は極めて個性的なものである。そのため、御用米曲輪は空間構成としては、室町将軍邸同様の旧来の空間構成を用いているものの、新たな文化・技術を導入した屋敷の景観になっていると評価でき、小田原北条氏が京都を意識した志向性から独自の価値観を創出していた一つの事例として捉えることができよう。

## おわりに

豊臣秀吉との対立構造が明確となると、小田原北条氏は天正一五（一五八六）年から小田原城に周囲九㎞におよぶ総構（大構）を堀と土塁で構築する〔佐々木二〇〇五〕。総構（大構）の大規模な構造と城下までをも囲郭して領民を守るという姿勢は、秀吉に対するだけでなく、豊富な経済力・技術力の存在と虎朱印「禄寿応穏」に現れた小田原北条氏の政治理念を領国内に示すものでもあったとも言える。

しかし、秀吉の前に小田原北条氏は敗れ、関東の地を離れることとなる。小田原北条氏のアイデンティティーを活かした独自の価値観の創出・領国支配体系は、天下を同一の尺度で統一しようとする秀吉には許容できるものではなかったと評価することもできるであろう。戦に敗れたことで後世の評価を下げた小田原北条氏ではあるが、小田原北条氏が目指したもの、領国支配の姿勢は戦による力の統治ではなく、文化と技術による個性を活かした領国支配の実現であったと言える。

京都の権威を背景とした武家儀礼の存在や領国経営の姿は、豊後大友氏・周防大内氏・越前朝倉氏をはじめ、全国の大名居館の発掘調査成果からも確認されている〔東国中世考古学研究会二〇一六〕。しかし小田原北条氏の場合は、一〇〇年に亘って複数ヶ国におよぶ領国経営を実現し得たことから、その変質が確認できるという点で重要であろう。京都志向の導入・活用から、新たな価値観の創出へと向かう志向性の変化が、考古学という立場から確認できる事例は全国的にも貴重である。数多く残る文献史料の存在から積み上げられてきた文献史学の成果を背景に、考古学の成果を中心とした多角的な視座により小田原北条氏の姿はより忠実に復元できる状況となっており、小田原北条氏から確認できる戦国大名の実像は戦国史研究においても重要な視点を提供しているものと考える。

中世の相模国では、源頼朝により鎌倉（神奈川県鎌倉市）に幕府が開かれ、鎌倉幕府滅亡後も室町幕府が鎌倉に鎌倉府を置いて東国の要とした。相模国守護所は糟屋（同県伊勢原市）・七沢（同県厚木市）・大庭（同県藤沢市）へと変遷し、一五世紀には実田城（同県平塚市）・岡崎城（同県伊勢原市）などが守護所とともに相模国守護職扇谷上杉氏の重要拠点となったと評価されている〔齋藤二〇〇四〕。小田原城も同じく扇谷上杉氏重臣大森氏が領して以降発展し、小田原北条氏により京都を志向した正方位の町割りを持ち、京都系の手づくねかわらけを用いる関東無二の〝拠点〟となったのである。周辺地域との違いを明確にすることで、小田原は地域の〝拠点〟としての個性を明確にし得たと評価できるであろう。

## 註

（1）本文中では、小田原市史史料編中世から引用したものを「小中」と略し、その巻数・文書番号を記す。

（2）ほかに文永二（一二六五）年の「相州小田原住泰晴」銘の刀剣銘があるが、追刻の可能性が指摘されている。

（3）「漁村」としては船方村という漁村の存在が確認され【第1図③】、その性格は戦国期を経て近代まで受け継がれている。

（4）古墳時代以前の遺跡については、天神山丘陵などを中心に複数地点で確認されている。

（5）中丸和伯氏も「小田原は関所前の宿場とも農村ともつかぬ集落」と表現している〔中丸一九五九〕。

（6）伊達稙宗・武田信虎・北条氏綱・大内義隆・六角義賢・赤松政村・岩城重隆・大宝寺晴時・結城晴広・大崎義直・大内義長・伊達晴宗・北条氏康・斎藤義竜・三好義継・徳川家康の一六人。

（7）ただし、東海道自体は寛永一〇（一六三三）年の寛永小田原大地震後に付け替えられているため、正方位とは軸線が異なっている（後述）。また、甲州道も同じ時期に三の丸東側の拡張に伴って位置が変更されていると考えられるため〔川名二〇一一〕、クランクより南側では正方位とは異なる軸線となっている。

## 引用文献

網野善彦　一九七六　「中世都市論」『岩波講座日本歴史7　中世3』、岩波書店
太田雅晃　二〇一八　「戦国時代小田原城の景観―北側空間」『戦国都市小田原の風景』小田原城天守閣特別展関連シンポジウム、小田原城天守閣
小野正敏　二〇一八　「戦国大名と京都―小田原北条氏にみる権威の演出」『小田原北条氏の絆』シンポジウム小田原市・八王子市・寄居町姉妹都市盟約記念シンポジウム資料、小田原城総合管理事務所
今谷　明　二〇〇一　『戦国大名と天皇―室町幕府の解体と王権の逆襲―』講談社学術文庫、講談社
川名　禎　二〇一一　「小田原城下の地名と空間」『一六一七会小田原大会発表要旨』、一六一七会
黒田基樹　二〇〇五　『戦国北条一族』新人物往来社
黒田基樹　二〇一八　『今川氏塚と伊勢宗瑞　戦国大名誕生の条件』、平凡社
齋藤慎一　二〇〇四　「南関東の都市と街道」『中世東国の世界2南関東』、高志書院
佐々木健策　二〇〇五　「中世小田原の町割と景観」藤原良章編『中世のみちと橋』、高志書院
佐々木健策　二〇〇八　「相模府中小田原の構造―小田原城にみる本拠地と大名権力」浅野晴樹ほか編『中世東国の世界3　戦国大名北条氏』、高志書院
佐々木健策　二〇〇九ａ「小田原北条氏の威信―文化の移入と創造―」『東国の中世遺跡―遺跡と遺物の様相―』、随想舎
佐々木健策　二〇〇九ｂ「城館遺跡出土の貿易陶磁器―一六世紀の後北条領国を例に」『貿易陶磁研究』No.29、日本貿易陶磁研究会
佐々木健策　二〇一〇ａ「城下町の区画―相模国小田原を例に―」中世都市研究会編『都市を区切る』中世都市研究15、山川出版社
佐々木健策　二〇一〇ｂ「小田原のかわらけと漆器」葛飾区郷土と天文の博物館編『葛西城と古河公方足利義氏』、雄山閣
佐々木健策　二〇一〇ｃ「小田原北条氏の本拠地小田原」『多摩のあゆみ』第一三九号、たましん地域文化財団

佐々木健策　二〇一六　『史跡小田原城跡　御用米曲輪発掘調査概要報告書』小田原市文化財調査報告書第179集、小田原市教育委員会
佐々木健策　二〇一八　「戦国都市小田原の風景」『戦国都市の風景』第12回東国中世考古学研究会発表要旨、東国中世考古学研究会
佐藤博信　一九九八　「大森氏の時代」『小田原市史』通史編　原始古代中世、小田原市
田代道彌　一九九五　「小田原城―その変遷と遺構の展開―」『小田原市史』城郭編、小田原市
東国中世考古学研究会　二〇一六『発掘調査成果でみる16世紀大名居館の諸相―シンポジウム報告―』東国中世考古学研究会
永原慶二　一九九八　「戦国都市小田原」『小田原市史』通史編　原始 古代 中世　小田原市
中丸和伯　一九五九　「後北条時代の町〈相模の場合〉」『封建都市の諸問題・日本の町Ⅱ』雄山閣
服部実喜　一九九八ａ「土器・陶磁器の流通と消費」『小田原市史』通史編　原始古代中世、小田原市
服部実喜　一九九八ｂ「南武蔵・相模における中世の食器様相（5）―中世後期の様相Ⅲ」『神奈川考古』第34号、神奈川考古同人会
服部実喜　一九九九　「戦国都市小田原と北条領国の土師質土器」『中近世土器の基礎研究ⅩⅣ』日本中世土器研究会

# 近世後期小田原藩領における炭の生産と流通——足柄上郡谷ケ村を事例に——

桐生海正

## はじめに

武蔵や相模、下総・上総等の関東諸国では近世初頭には徐々に炭の生産が始まり、炭が周辺の城下町や宿場町などへと販売された。近世中後期に至ると巨大消費都市江戸の拡大に伴い、広範な地域で江戸に向けて炭の出荷が行われるようになった。都市生活を行う上で不可欠であった薪炭は、近年江戸と周辺地域を繋ぐ資源としてにわかに注目を集め、都市への流通構造の一端や産地での生産のあり方が解明されつつある。特に房総地域における研究は特筆される。土屋雅人氏は佐倉藩及びその周辺地域を事例に、佐倉藩における炭の専売制の変遷過程と佐倉炭の生産・流通構造の解明を行った(1)。土屋氏は佐倉藩では支配領域にとどまらず、周辺の旗本知行所などで生産された炭をも取り込み、銘柄炭（佐倉炭）として江戸へ販売していたことも明らかにした(2)。吉田伸之氏は佐倉炭の集荷地点である千葉町及びその周辺と江戸の炭薪問屋との関係構造を明らかにした(3)。また、岩槻藩房総分領（勝浦領）に関しては、尾崎晃氏や後藤雅知氏が明和期から行われた藩主導による「御手竈」での炭の生産実態と藩の管理体制を解明している(4)。この他にも、川越藩上総分領を事例に炭薪専売制を論じた池田宏樹氏の研究(5)や、川越藩が江戸城御用炭納入を担う過程を詳述した武部愛子氏の研究(6)がある。

他方、江戸近郊で行われた炭の生産と流通に深く関わるものに幕府炭会所の動向がある。大友一雄氏は文化二（一八〇五）年からはじまる幕府炭会所の概要と機能を解明し、特に丹沢山御林では、約三二万俵もの炭が焼き出され、それに伴う赤字の累積化に反発して起こった農民闘争の実態を明らかにした(7)。また、長野ひろ子氏は特に文化一二（一八一五）年から文政三（一八二〇）年までの間に、幕府炭会所の主導により猪鼻山（現在の金時山）で推定一七万俵もの大規模な炭の生産が行われたことを解明した(8)。

このような諸研究に対して、江戸近郊であるという共通性を持ち、関東譜代藩領でもあった小田原藩領ではどのように炭の生産が行われ、市場へと流通したのか。大友氏が分析した丹沢山御林と地続きで、長野氏が分析した猪鼻山御林とも隣接する小田原藩領の山間部では、どのような同時代的特質が見いだせるのか、という問題意識を筆者は持っている。

そもそも小田原藩領内における炭の生産や流通の実態は、未解明な部分が多い。当地域を総合的に分析した『小田原市史』の記述には、「小田原藩の場合、もともと産業基盤が弱い上に、資金繰りの問題もあり、見るべき特産品がなかったので全国市場への進出も難しかった。ただ国産方（筆者註―後述）そのものは幕末まで活動を続けている。それも真木（材木）・薪や炭値段の統制や漆の植樹といった面での活動が断片的に知られる程度である(9)」と過少な評価がなされている。また、本稿で扱う谷ケ村が存在した『山北町史』の記述には、「当地域の炭焼きは、農間稼ぎとしての色合いが強く、隣の小山町（静岡県）のように幕府の炭会所主導の大規模な事業には発展しなかった。その理由として考えられるのが、関所の存在である。広範囲の要害山を指定し、そこでの村人の生業活動を規制する関所が二か所（筆者註―谷ケ関所と川村関所）あったことは、やはり小規模な炭焼きにならざるをえなかったと考えられる(10)」とある。関所と炭焼きとの関係に言及した点は一定の評価ができるが、関所と炭焼きに関する総体的な把握や関所があってもなお生産され続けた炭の流通の具体相は明らかでない[11]。

そこで、本稿では、以下、二点を中心に小田原藩領における炭焼きの実態の解明を行いたい。一つは、周知の通り小田原藩には関所が六つ（箱根、仙石原：現箱根町／根府川：現小田原市／矢倉沢：現南足柄市／谷ケ、川村：現山北町）存在し、関東の「御要害」としての軍事的役割を担っていた[12]。そのことと領内で行われた炭焼きにはどのような関係があったのか、という問題である。

二つ目は、小田原藩領内で生産された炭の流通の実態についてである。殊に領内の炭の販売に関わり、次第に力をつけた在村炭仲買が、どのように小田原や江戸の商人らと関わり、炭の流通を担っていたのか、について迫りたい。

## 一　谷ケ村における炭焼きの再開と「御要害」

### 1　谷ケ村の概況

本稿で扱う谷ケ村[13]の概要を元文三（一七三八）年二月の「村鑑[14]」よりみたい。谷ケ村は、石高一〇五石三斗四合（田方四町七反一九歩、畑方一五町三反四畝七歩）、家数四三軒、人数二三六人、馬数二二匹の村で相模国西部に位置する山附きの村であった。村の生業は、（枝郷では）「銘々所持之内林等焼炭ニ仕、渡世送申候」とあり、各村民が内林（百姓林）で炭焼きを行い、渡世を送っていた。炭焼きは重要な生活基盤であったようで、「先規ゟ田畑少々」の谷ケ村では、炭や薪を小田原へ出して、生活を営んでいたようである。他の史料には「山稼専之村方ニ御座候ニ付[15]」とあり、炭焼きは村民にとって重要な生業であった。近世段階の村内産物の生産額の比率を提示できないことは残念だが、明治八（一八七五）

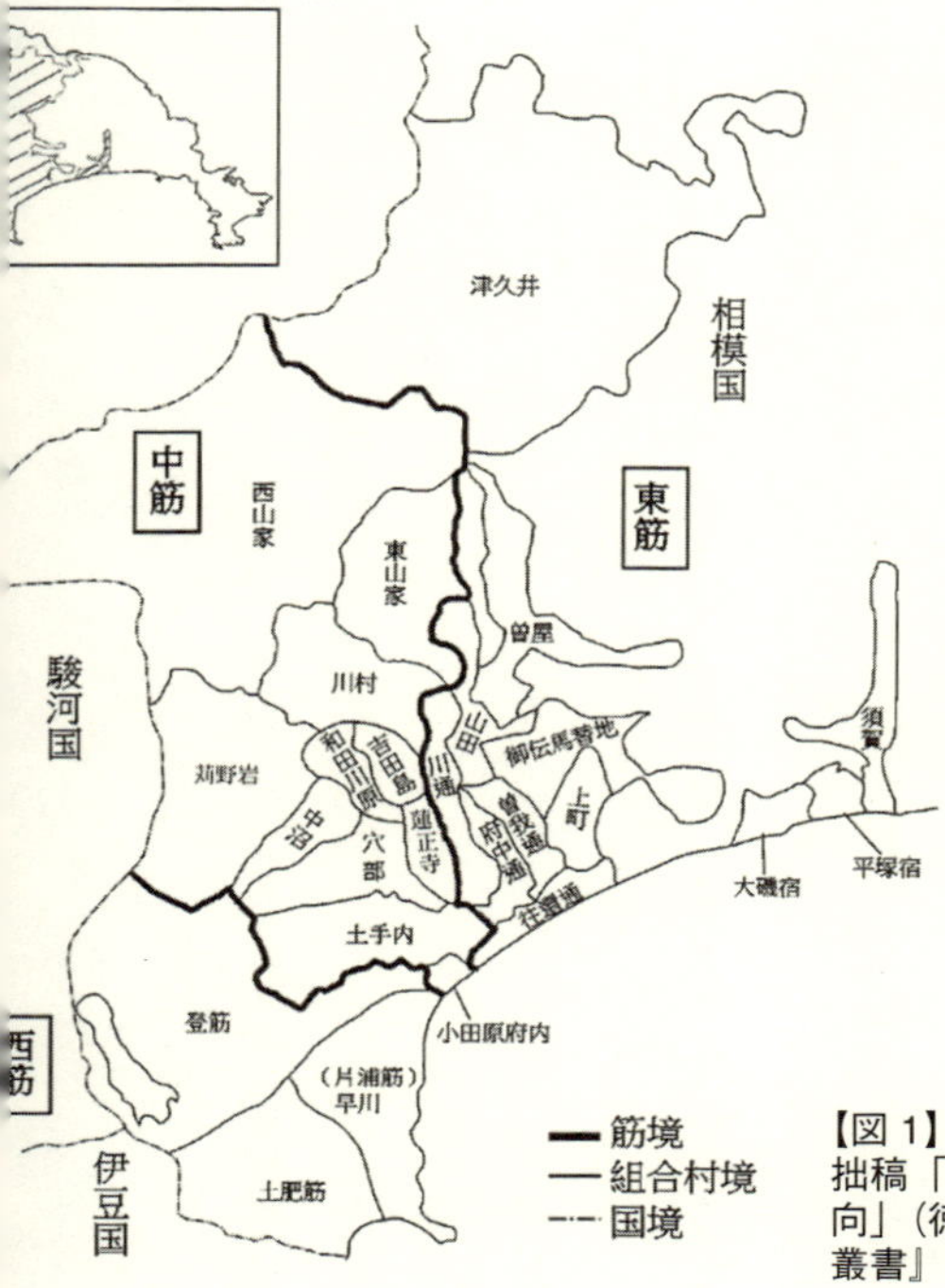

【図1】相模国における小田原藩領組合村
拙稿「小田原藩生産方役所による炭の流通統制と地域社会の動向」（徳川林政史研究所『研究紀要』第五一号、2017年『金鯱叢書』第四四輯に所収）より転載、一部修正。

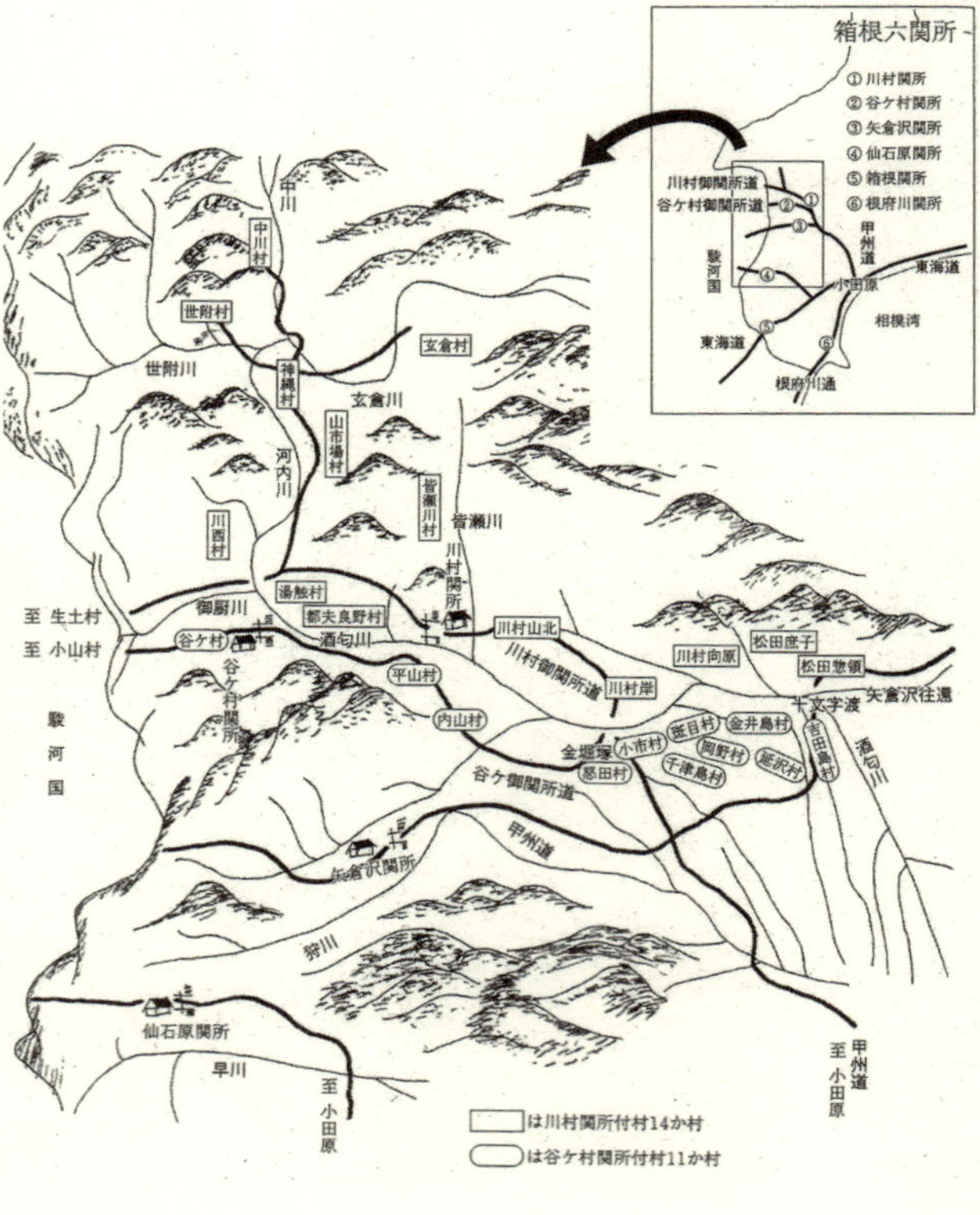


【図2】川村・谷ケ村関所と関所付村々
（『山北町史　通史編』山北町、二〇〇六年、四〇五頁より転載）

年段階の村内生産物の生産額の比率を【表1】（一九〇頁参照）から示そう。表からは米穀生産に次いで、炭の生産額は村内の産物生産額の一五%弱を占め、村内で重要な現金収入源となっていたことが窺える。

こうした谷ケ村において、もう一つの特色を成していたのが、村内に関所が設置されていたことである。関所の設置は、下野真岡藩主だった稲葉正勝が小田原へ転封した寛永九（一六三二）年から同一一（一六三四）年まで遡ることができる。従来谷ケ村関所は、川村関所の裏番所として、百姓が番をするなどして機能していたが、宝永元（一七〇四）年に独立した関所となった。以降、関所役人は侍一人、定番人一人が常駐し、小田原藩領内では「六関所体制」が完成した(16)。なお、支配についても簡単に触れておきたい。【表2】（一九一頁参照）は谷ケ村の支配領主をまとめたものである。基本的には、寛永年間に藩主となってから元禄年間に転封するまで稲葉氏の支配が続き、その後、大久保氏支配へと戻る。しかし、宝永四（一七〇七）年の富士山噴火による大量の降砂やそれに伴う河川の氾濫により小田原藩領が罹災したことで、一時幕領に上知された。その後、ある程度の復興の目途が立った延享四（一七四七）年に再び大久保氏の支配となる。以降、大久保氏が明治初（一八六八）年まで小田原藩領の領主を務めた。

また、谷ケ村で近世後期に在村炭仲買として活躍したのが、名主（武尾）梅吉である。彼は万延二（一八六一）年一月の文書では、「農間稼炭買主」として名を連ねており(17)、村内外の百姓から炭を買い上げる一方で、それを手広く販売した。この点に関しては第二節で詳しく検討したい。

## 2　谷ケ村における炭焼きの再開

谷ケ村では、ある史料に「百姓内林ニ而先規稲葉〔（虫損）　〕領知之節ハ焼炭仕出シ(18)」、また別の史料には「此所（筆者注—谷ケ村の枝郷畑・三ツ屋・柏木）之内林先規稲葉丹後守様御代迄焼炭出シ申候得共、其後山伐尽シ出シ不申候[19]」とある。これらの史料から、稲葉丹後守支配の時期（寛永九年以降）から既に村内の枝郷などで炭焼きが行われていたようだが、薪炭用の材木を伐り尽してしまったため、一旦中断したことがわかる。その後、谷ケ村は、宝永四（一七〇七）年の富士山噴火に伴い、一時的に幕領に編入された。当時の谷ケ村は、村全体が「野土」及び「砂地」となり、享保六（一七二一）年になっても田方の生産力は回復せず、畑地は「砂地」となり困窮を極めたという[20]。こうして生産基盤を奪われた谷ケ村では、噴火から四年後の正徳元（一七一一）年には名主から「酒匂御会所様」（この時は幕領となっていたため、代官伊奈半左衛門の出張役所を指す[21]）へ宛てて「谷ケ村内林ニ而炭焼出シ村之者共渡世ニ仕度候[22]」と従来一時的に停止されていた炭焼きを願い出た。この他にも享保二（一七一七）年に代官役所に対し、谷ケ村の内の「ぬけ沢」（退ケ沢《のけざわ》）、「たつか沢」（辰ケ沢《たつがさわ》）、「大川原」（大河原《おおかわら》）における炭焼きを願い出で許可された[23]。

享保一八（一七三三）年一一月には、名主らが炭焼き再開の経緯を「当村之義山附村ニ而御座候ニ付、御関所御要害之外百姓内林焼炭ニ仕、小田原へ指出シ露命相助申度段、御支配方御代官所へ御願申上、則被仰付候ニ付、炭焼初申候[24]」と「要害」外における百姓の炭焼きは、先述の通り支配代官へ申し出て許可された、と川村関所に対して説明している。

なお、宝永の噴火を契機に、炭焼きが再開された谷ケ村では、基本的に「百姓内林」（百姓の個人所持林）で炭焼きが行われていた。しかし、この「百姓内林」は、「蓑笠之助様御支配之節、百姓内林之儀十一年（元文二年）以前ゟ新山畑与名目付御年貢上納仕[25]」とあり、幕府代官蓑笠之助支配の元文二（一七三七）年からは、新山畑と名付けられ、年貢上納が命じられたようである。

### 3　炭焼きと「御要害」

このように谷ケ村では宝永の噴火を契機にして、村内で炭焼きが再開された。しかし、谷ケ村は関所附の村でもあったため、周辺の関所との折衝が頻繁に行われた。基本的には、「谷ケ村御関所下御要害之外」[26]で炭焼きが行われていた。しかし、関所と村方との双方の認識の違いを端的に示す一件が、谷ケ村が小田原藩領に復領した翌年の寛延元（一七四八）年に起こった。この一件では、周辺の川村関所が谷ケ村に対し、小田原藩領への復領に際して、炭焼きの停止を求めたことに端を発する。関所が炭焼きの停止を指示した背景には、炭を焼く場所は「御要害続」であるため、「木立茂薄罷成、万一山抜等茂可有之哉」という認識があった[27]。ここでは何とか小田原藩庁からの申し達しで、「炭焼仕候而、木立等茂薄罷成候而茂、山抜等無之様ニ村中申合、常々心懸ケ候様ニ被仰付」[28]たことで関所側も折れ、事態は円満に解決した。これ以降（従来からもそのような手続きは踏んでいたが）は「御関所御要害御場所」であるため、炭焼きを行う場所は「御関所様江奉願上候而御見分之上」で決定し、「御要害ニ不相障場所者焼炭仕」と要害の障らぬ範囲内で炭を焼くよう厳重に言い渡された[29]。さらにこの時、炭竈数は三六口と定められ、勝手に増加させないことが取り決められた[30]。

こうして延享四（一七四七）年以降、七ヶ年ごとの願い継ぎで「御要害」に障りがない範囲で「山畑・新山畑（百姓内林を含む）」において炭を焼き出す体制へと改められた[31]。炭焼きを行う場所を追加する場合は、実際に関所役人の見分が行われ、場所を指定したことが次の【史料二】からわかる。

【史料二】

乍恐以書付奉願上候御事

一壱畝弐拾五分　木陰きり　字かつざ原　持主　源右衛門
一山畑壱反七畝廿八分　炭山　上の上　持主　重左衛門
一同　壱反壱畝拾五分　炭山　峰山　同　治兵衛
一同　壱反分　炭山　宮沢　同　金三郎
一同　壱反弐畝分　炭山刈畑　入ノ坂　同　銀兵衛
一同　七畝廿九分　炭山　後口沢　同　惣右衛門
一同　壱反八畝分　炭山　駒沢　同　富蔵
〆

右之者共、所持山前書之反別焼炭・焼畑仕度奉願上候間　御見分之上焼炭・焼畑被　仰付被下置候様奉願上候、右奉願上候通被仰付被下置候ハヽ、難有仕合ニ奉存候、以上

嘉永二乙酉年十月

谷ケ村
名主　梅吉
組頭　忠八
同　丹次郎
百姓代　伴右衛門

定御番人
岡部儀十郎様(32)

この【史料一】は、谷ケ村の名主らが谷ケ村関所定番人《じょうばんにん》岡部儀十郎に対し、百姓所持地の「焼炭・焼畑」を願い出た史料である。山畑が「炭山」や「刈畑」（焼畑地）の名目で把握され、関所の役人が見分を行った上で、実際に炭焼きや焼畑を行うよう指示されていたことが窺える。

この他にも、炭焼きと「御要害」を巡る問題は、領内各地で起こっている。

例えば、近隣の東山家《ひがしやまが》組合に属する宇津茂《うづも》村における御林炭生産と「御要害」との関係を【史料二】からみたい。

【史料二】

一札

一今般御要害之内鍋割山御林炭焼出度趣先年願上通被仰付当暮ゟ焼出居り候所、此度御要害之内新道御差障ニ
茂相成り候間川村御関所ゟ配府被下置候処、等閑とも不相心得行違出来仕御糺ニ相成候所、無念廉も御座候
間、猶又御貴殿被下御立入　御上様江歎願被成下御聞済ニ相成私共一同難有奉存候、後向申談事、右様心得違
為致申間敷候、為後日一札依而如件

慶應元年丑十月廿三日

大磯宿　宗兵衛㊞
土佐原村　久五郎㊞
大寺村　松五郎㊞
同　忠三郎㊞

萱沼村

御取締

弥源次様[33]

この史料は、慶應元（一八六五）年一〇月、大磯宿宗兵衛一同が東山家組合取締役であった萱沼村の弥源次に宛てた証文である。「御要害之内」の鍋割山御林で炭焼きを行ったところ、「御要害之内新道」がところの障りになるという理由で、近隣の川村関所から通達があり、対立が生じた。ここではなんとか弥源次が藩へ嘆願し、事なきを得ている。

次に、【史料三】から近隣の西山家《にしやまが》組合に属する皆瀬川村における御林炭生産と「御要害」の問題をみたい。

【史料三】

乍恐以書付奉願上候御事

一玄倉村御林之内字毛房・一ノ沢ニ而炭焼出し背負越之義、嘉永六丑年ゟ去戌年迄拾ヶ年之間奉願上候処年限ニ相成候処、前書之御場所未焼残多分御座候間、猶又来子年ゟ酉年迄拾ヶ年之間是迄之通奉願上候、右奉願上候通被仰付被下置候ハヽ、難有仕合奉存候、右ニ付御要害之義者先規之通り岑筋者相残、且又焼子・伐子等ニ至迄他領・他村之者差入［（虫損）］御締［（虫損）］候通り大切ニ仕村役人ニ而折々相廻り可仕候、年限立払候ハヽ、道筋ハ〆切仕、道路無御座候様可仕候、為後日仍而如件（後欠[34]）

【史料三】は、年欠史料ではあるが、内容から推察するに、嘉永六（一八五三）年に玄倉山御林の内の毛房沢・一ノ沢における炭焼きに際して作成された史料である。

この史料からは、「御要害」での炭焼きの規定が垣間見える。

①炭焼きにできる木とはいえど、峰筋は残すこと

②虫損のため正確には分かり兼ねるが、前後の文脈から、焼子・伐子の者に至るまで他領・他村の者は入れないこと

③許可された年限りで新たに造った道は締め切り、なくすこと

この三点である。以上をまとめると、谷ケ村を含む小田原藩領の村々は、小田原藩が六ヶ所の関所を有する関東の「御要害」であるという特質（小田原藩領それ自体が拠点として機能したこと）に規定されていた。村々は、そうした特質に規定されながらも、関所や藩側との折衝を重ねて、「御要害」に障らぬ範囲で炭焼きを行っていたことが明らかとなった。

## 4　国産方役所と炭焼きとのかかわり

こうした小田原藩の特質は、領内政策にどのような影響を及ぼしていたのだろうか。例えば、同じく関東の譜代藩である佐倉藩では、文政八（一八二五）年に炭の専売制を開始し、藩財政の補填を目論んでいる[35]。炭は、近世後期にいたると都市の拡大化に伴う需要の急増により、商品価格が高騰した。小田原藩が販売を企図すれば、十分に利益をあげることのできる商品であったが、なぜ藩は近世後期に炭の流通統制を行わなかったのだろうか。

もちろん、小田原藩でも「専売制」自体を計画しなかったわけではなく、文化八（一八一一）年一二月から「国産国益」政策（国産物統制及び特産物の生産）に取り組んだ。国産方役所が設置され、漆液の流通統制を行った事例などが確認できる[36]。

炭に関しても、「国産国益」政策施行当初の文化一一（一八一四）年四月、懸り代官の伊東栄助・永田藤蔵により、炭焼きに関する聞き取り調査が行われ、谷ケ村では、先述のような「御要害」境での炭焼きの現状を報告している。(37)施行当初の段階では、懸り代官と国産方役人との機能が未分化な一面もみられるため、この調査も代官からの調査であるが「国産国益」政策の一環と考えられよう。

しかし、聞き取りはこの一回のみで、以降国産方役所は、販売する炭値段の統制や御林での炭焼きに資金提供をするなど、部分的な関与は見られるものの、領内一帯で炭の生産奨励策や流通統制までは行わない。

転じて、明治二（一八六九）年一月に領内の関所が廃止されると、同年六月に小田原藩は、国産方役所を生産方役所に改編し、近世とは一転して「小田原産物」としての炭の流通統制に乗り出した。(38)こうした藩の政策転換の事情は現段階では明らかでない。ただ、先の文化一一年の調査で谷ケ村は、「御関所御要害御場所」であるため、「猥ニ不相成様ニ被仰付置候ニ付」と回答している。このような例も鑑みれば、可能性の一つとして、近世後期の段階で「御要害」を守ることを最優先に考えた藩側は、そうした問題と折り合いをつけるため、過剰な炭の生産を引き起こしかねない生産奨励策や流通統制を行わなかったのではないか、とここでは考えておきたい。

## 二　近世中後期における炭の流通

前節で明らかにしたように、谷ケ村では、小田原藩領自体が「御要害」であるという特質に規定されながらも、それに障らぬ範囲で、関所との折衝を重ねながら炭焼きを行った。そうして焼き出された炭は、どのように販売され、流通していたのだろうか。本節では小田原・江戸の商人との関わりを軸に流通構造の一端を解明したい。

## 1　近世中後期の炭の流通

近世中期、谷ケ村で焼き出された炭は、先述のとおり、基本的には小田原へ販売された(39)。この時期の炭焼きは、農間稼ぎ的な側面が強かったと考えられる。一方で、近世後期に至ると、炭は小田原以外に江戸へも販売されていた事例が見いだせる。例えば天保五(一八三四)年の史料には、「農間稼方　此儀薪取・焼炭仕、小田原持出し渡世仕候、尤江戸表へも差出申候(40)」と記される。また、万延二(一八六一)年の史料では「私共農間稼ニ炭仕入、江戸送り仕来り候処(41)」と、この時期には村の有力者が在村炭仲買を務め、炭を仕入れ、それを江戸へと販売していたことが知れる。なお、この史料では、山方から運び出される炭が運送過程で、荷主の馬士らに荷抜きをされてしまい、中継地点である小田原の「浜納家(42)」に着く頃には「目軽」になってしまうことも訴えている。こうした炭の流通量の増大は新たな問題を生み、輸送業者との間で軋轢も生じていたことがわかる。

このような軋轢に対して、万延二(一八六一)年二月、国産方役所は、炭の搬出に対して、近年炭を運ぶ駄賃稼ぎの馬士たちが不埓であるため、藩から鑑札を下すことを通達した(43)。この史料には、「新山御林御手山焼炭其外、山附村々ニ而焼出候売炭」が「川村辺ゟ矢倉沢村辺り、并ニ東山家辺処之村方ゟ小田原浦迄差下り候」と川村山北や矢倉沢村周辺、東山家の村々で焼き出された炭が小田原浦(44)へ搬出されていたことも記されている。

以上をまとめると、近世後期の小田原藩領内では、山方の産地から焼き出された炭が、「浜納家」のある小田原浦へと運ばれ、その後、海路で江戸へと運ばれるという流通ルートが存在していたことが指摘できる。

## 2　近世後期における炭の販売実態

本項では、谷ケ村を例にとりながら、実際にどの程度の量の炭が江戸へと販売されたのか、武尾家に残る仕切状などの史料を基に明らかにしたい。【表3】（一九三頁参照）は、天保一〇（一八三九）年から嘉永三（一八五〇）年における江戸の炭薪問屋桐屋源蔵から谷ケ村名主梅吉宛の炭の仕切状をまとめたものである。(45) この表では一年毎の梅吉から源蔵へ販売された炭俵数とその代金、運搬にかかった費用等を知ることができる。また、天神丸や北辰丸、小天神丸などの廻船で小田原浦から炭の津出しを行っており、年間五〇〇俵から三二七〇俵あまりの炭を毎年桐屋源蔵と取り引きしていることがわかる。収支は運賃・駄賃・前金・内金などを差し引くと「過上貸」（赤字）となる場合もあり、その場合は翌年の収入から天引きされる場合もあった。

また、飯沢五右衛門(46)、樋口屋弥兵衛(47)らの商人が津出しを担っていたことも指摘できる。この内、飯沢については、武尾家史料の中に炭荷物の取り違えにつき飯沢五右衛門から梅吉へ宛てられた書簡がある。(48) この書簡の最後には「飯澤五右衛門」の記名とともに「相州　小田原　千度小路」と押印され、小田原千度小路の商人であったことが判明する。また、他家の史料には年未詳ではあるが、千度小路の飯沢五右衛門による府川村名主七兵衛に対しての小麦運賃受取の際の「覚」も残されており、炭以外の輸送も担った商人であることが知れる。(49) 加えて、時期は戻るが寛政四（一七九二）年の史料には「千度小路　船主　五右衛門」と名前があり、内容にも「廻船送リ来候」とあることから、飯沢は小田原千度小路で船持ちの廻船問屋であったと想定できる。(50) この他にも文久四（一八六四）年二月、飯沢は、小田原宿船持惣代として、台場建設のために用いる相模や伊豆の石材の運送も請け負っており(51)、この時期の小田原の廻船流通を考える上で、キーパーソンであった。

【表4】（一九一頁参照）は、万延元（一八六〇）年から慶応元（一八六五）年までに梅吉が「(長)納屋[52]」を通して行った炭の販売記録である。この史料の最後には「(長)納屋」の記名とともに「小田原　湊屋　宮前町」と押印されている。このように飯沢五右衛門や樋口屋弥兵衛、(長)納屋らは小田原の廻船問屋と考えられ、彼ら城下商人[53]を介して小田原藩領の炭が江戸の炭薪問屋へ販売されていた実態が明らかとなる。他にも、小田原の城下商人である米屋三右衛門[54]や曽比屋甚助[55]・清助[56]なども炭の輸送に関わっている。なお、江戸の炭薪問屋桐屋源三郎[57]からの書簡には、仕切り後の代金の送金を「小田原宿積問屋方へ」すべきかどうかとあり、小田原の城下商人は支払代金の送金にも関わっていた[58]。

このように谷ケ村の梅吉は、自村内及び周辺地域から集荷した炭を、小田原浦まで送り、小田原の廻船問屋を通して江戸の炭薪問屋へと販売していたのである。

### 3　在村炭仲買と江戸の炭薪問屋との関係

次に武尾家に残された書簡類から、在村炭仲買として活動した武尾家が、江戸の炭薪問屋[59]とどのようなやり取りを行っていたのか、その動向を把握したい。はじめに、慶応期に取引のあった遠州屋品吉[60]・忠七から梅吉に宛てられた書簡の内容を紹介したい。史料には「一炭成行之義（中略）昨秋頃ゟ追々炭不足ニ而、当節未タ品払底ニ而、誠困入申候、下店方ニ而も持合頓与無之、困入申候間、何卒不相替多少共御送被下度奉願上候[61]」とあり、秋頃から炭不足に陥った江戸では冬になっても炭不足が続き、遠州屋でも在庫が払底する状況であった。そこで品吉・忠七は梅吉に対して炭を変わらず送ってくれるよう懇願している。

安政五（一八五八）年の書簡と推定される丸屋源兵衛から梅吉へ送られた書簡では、「当時相場気配之義、御尋御座候所、当時之姿ニ而ハ夏直段同様ニ而、少しも気配相直り不申候、右之御含ニ而、萬事御仕入方可仕与奉存候、引立候気配見込相付候ハヽ、前々以早速御案内可申上候」[62]と、梅吉は江戸の炭薪問屋に相場情報を尋ねている。それに対して炭薪問屋は、当節は夏の値段と同様に安値で、相場が引き立つ様子もないとする。また、相場が引き立つようであれば早々に連絡をするとも伝えている。ここからは梅吉が江戸の炭薪問屋を通して、相場の状況を把握した上で、炭の販売を行っていた実態が浮かび上がる。また、文久三（一八六三）年と推定される書簡では、「熊野荷物多分之入船故、近国炭格別ニ引立無之、九月頃直段ゟ壱俵上り位之義御座候、右直段ニ而少し之間居位与奉存候、乍併春ニ相成、雪ニ而も御座候而、引直り候様ニも相成可申候哉難計奉存、相成丈出精売付可致候間」[63]と江戸近国の炭は、「熊野荷物」（熊野炭）が多く江戸に入津したため、値段が高騰することもなく、九月頃の値段より幾ばくか上がったくらいだという。加えて、この先もこのような値段での推移が予想されると伝えている。しかし、春になり、季節外れの雪でも降れば、値段は引き立つだろうと予測する。梅吉は、このように炭薪問屋とのやり取りを通じて、江戸の炭相場を把握し、少しでも値段の引き立った時期に炭を売ろうと画策している。

さらに、年未詳ではあるが幕末期に同じく丸屋源兵衛から梅吉に宛てられた書簡には、「（炭の買入値段について）若又御気ニ入不申、相場違之義ニ而も御座候ハヽ、無御遠慮被仰聞可被下候、何れニも相改直シ方可仕候、（中略）扨此程諸色直段引下ヶ方厳重之御沙汰ニ而、町（欠字）御奉行・御勘定奉行御立合ニ而、御調御座候所、何品も壱割ゟ弐割方之引方被仰付、同渡世之者一日心配仕候間、追而御地江も惣代之者罷越候而夫々御相談ニ可仕候間」[64]と、丸屋源兵衛は、もし梅吉の気に入るものでなく、相場と違う値段であったら、それを適正な価格へ直すと言明する。一方、諸品の値段については、町奉行所の指示のもとで引き下げが実施され、いずれの品も一割から二割ほど値段が引き下げられてしまうため、追って谷ケ村へも商品の卸値段について、相談へ行くことが記される。この書簡からは、江戸市中での物価統制と在村炭仲買との間で購入価格の調整に苦心する炭薪問屋の様子が窺える。

このように武尾家が取引を行った江戸の炭薪問屋は、先述した桐屋源蔵、遠州屋品吉、丸屋源兵衛のほか、山路屋仁兵衛(65)、相模屋茂兵衛(66)、峯田屋又兵衛(67)らが挙げられる(68)。こうした背景には、武尾家が書簡のやり取りを通じて、江戸の炭相場を把握し、一つの問屋に販売するのではなく、販売先をある程度多極化することで、輸送リスクの分散、問屋による買いたたき防止等を狙ったものと思われる。ここからは江戸の炭薪問屋に従属を強いられていた一地方の在村炭仲買という立ち位置ではなかった、武尾家のしたたかな側面も垣間見える。

## おわりに

本稿では、小田原藩領の山間部に位置する谷ケ村を事例に、小田原藩領における炭の生産と流通のあり方を検討した。以下、本稿の内容を端的にまとめ、先行研究と比較し、小田原藩領の特色を抽出したい。

近世初頭から炭焼きを行っていた谷ケ村では、山々を伐り尽してしまったため、一旦炭焼きを中断した。しかし、宝永の富士山噴火に伴う砂降りにより、田畑は壊滅的なダメージを受け、日々の生活は困難を極めた。こうしたことから谷ケ村では、代官所へ願い出て、再び炭焼きを開始した。炭焼きをする上で問題となったのは、小田原藩が軍事的な拠点として配置され、関東の「御要害」としての性格を有していたことである。炭焼きを行えば行うほど、木立も薄くなり、山抜けをされるリスクは高まった。谷ケ村では、こうした問題に対して、関所と折衝を重ね、七ヶ年ごとに許可を受けることで、「御要害」に障らぬ範囲での炭焼きを継続した。「御要害」という特質に規定される小田原藩領での炭焼きに対して、上総や下総ではそれが「牧場」という環境に規定されていた点は、地域間の特質を考える上で興味深い(69)。また、小田原藩では、文化八（一八一一）年以降「国産国益」政策が展開されるが、炭は近世後期の段階で流通統制等の対象とはならなかったことも再度言及しておきたい。

こうした「御要害」の問題とも折り合いをつけつつ、生産された炭は、主に近世中期には小田原、近世後期には江戸へも出荷された。流通の主体を担ったのは、自村や周辺地域から炭を買い集め、江戸の炭薪問屋とも取引を行った在村炭仲買であった。彼らは小田原の城下商人の廻船を利用し、江戸市場へ炭を販売した。中継地となった小田原は商品の集散地、物流の地域的拠点としても機能していたことが浮き彫りとなった。さらに、本稿では、在村炭仲買が、江戸の炭薪問屋と書簡のやり取りを通して、江戸の炭相場の状況を把握し、複数の江戸の炭薪問屋と取引を行うことで、相対的に売買・輸送のリスクを軽減していること等も指摘した。

佐倉藩では、藩直営の炭の専売を行い、弘化三（一八四六）年に冥加金上納と引き換えに、炭の商業権を譲渡して以降は、炭仲買人が中心となって「御国産炭」の専売を強化した[70]。また、岩槻藩の房総分領では、明和三（一七六六）年以降、御林で焼き出す炭を藩直営とし、生産されたすべての炭は、岩槻藩江戸藩邸に納品される専売制が導入された。しかも、御林以外での炭の「私焼」は禁止され、百姓の生業は著しく制約されたという[71]。こうした諸藩の政策に比べれば、比較的近世後期の小田原藩領では炭焼きに対する統制度は低かったことに気付く。こうした環境下では江戸の炭薪問屋も介在しやすく、本稿で明らかにしたような炭薪問屋と在村炭仲買との直接的な関係性も形成されやすかったと考えられる。

本稿で残された課題は多いが、その一つとして、明治四（一八七一）年の谷ケ村の村明細帳に「一生産　此儀農間稼炭焼仕東京・横浜江も出し申候[72]」と、従来史料上見えなかった横浜も取引先として名前が挙がっている。このような新たな市場の台頭は、在村炭仲買と小田原・江戸の商人との関係性にどのような変化をもたらしたのか。今後領内の他村の事例も紐解きながら研究を進めていきたい。

## 註

（1）①土屋雅人「佐倉炭の流通と市域四町村―千葉村・登戸村―」（『千葉いまむかし』第一九号、二〇〇六年）、②同「佐倉藩の御用炭と佐倉城下町―平井家文書の佐倉炭関連史料―」（『佐倉市史研究』第三〇号、二〇一七年）。
（2）③土屋雅人「近世後期における佐倉炭の生産と流通―旗本戸田氏知行所の御林を事例に―」（『千葉史学』第七三号、二〇一八年）。
（3）吉田伸之「佐倉炭荷主と江戸問屋」（近藤和彦・伊藤毅編『別冊都市史研究　江戸とロンドン』山川出版社、二〇〇七年）。
（4）尾﨑晃「近世後期勝浦領における炭生産の実態」（『勝浦市史研究』第八号、二〇〇三年）、同「岩槻藩勝浦領における炭生産の管理とその推移」（『白山史学』第四〇号、二〇〇四年）、①後藤雅知「十八世紀中期岩槻藩房総分領における堅炭生産の構造」（後藤雅知・吉田伸之編『山里の社会史』山川出版社、二〇一〇年）、②同「近世後期岩槻藩房総分領における真木生産と炭焼立」（『歴史学研究』第八九三号、二〇一二年）、③同「近世房総の山間村落における林産物生産―一九世紀の岩槻藩房総分領を例に―」（『メトロポリタン史学』第一二号、二〇一六年）。
（5）池田宏樹「上総山村と村落―川越藩上総分領について―」（千葉歴史学会編『近世房総の社会と文化』高科書店、一九九四年）。
（6）武部愛子「川越藩の江戸城御用炭納入システム」（後藤雅知・吉田伸之編『山里の社会史』山川出版社、二〇一〇年）。
（7）大友一雄「江戸市場における薪炭流通と幕府の炭会所政策」（徳川林政史研究所『研究紀要』昭和五八年度、一九八三年）、同「近世後期幕府炭会所の御林経営と農民闘争」（徳川林政史研究所『研究紀要』昭和六〇年度、一九八五年）。
（8）長野ひろ子「化政期～幕末期の御林炭生産について」（『小山町の歴史』第九号、一九九六年）。
（9）「改革の前提と大久保忠真の襲封」（『小田原市史　通史編　近世』、小田原市、一九九九年、六五九～六六一頁）馬場弘臣氏執筆部分。
（10）「村むらの稼ぎ」（『山北町史　通史編』山北町、二〇〇六年、三六二頁）芹沢嘉博氏執筆部分。
（11）遠藤孝徳氏は小田原藩領内における関所と要害山との関係について、「絵図」を用いながらその変容の過程に迫っている（遠藤孝徳「『矢倉沢御関所御要害繪圖面』にみる関所要害山」（『相洋中高等学校紀要』第五号、二〇〇〇年）、同

「仙石原関所と関所居村仙石原村について」（『同』第六号、二〇〇一年）、同「『（仮称）箱根御関所御要害山繪圖面之寫』について―関所要害山研究史料の研究ノート―」『同』第八号、二〇〇三年）。

(12) 下重清氏は、大御所秀忠・将軍家光の二元政治下で、寛永八（一六三一）年「関東御要害」構想が幕府の政策として展開した、とし、小田原藩稲葉氏入部を幕閣譜代大名の再配置、江戸一極集中の基本構想の中で捉えている（下重清『幕閣譜代藩の政治構造』岩田書院、二〇〇六年）。また中西崇氏は小田原藩領内に配置された村足軽が、最幕末にいたるまで関所の防備機能の一環として参加していたことを明らかにし、「関東御要害」構想が近世を通じて軍役として賦課されたことを指摘した（中西崇「鉄砲を持つ百姓と地域防衛」、小田原近世史研究会編『近世南関東地域史論』岩田書院、二〇一二年）。

(13) 本稿で主に扱う資料群は、旧谷ケ村（現山北町）武尾家文書である。目録点数は一二九〇三点で、武尾家は旧谷ケ村の名主職を世襲した家柄である。以下、武尾家文書で使用する文書番号及び史料の表題は、『神奈川県立公文書館寄託資料目録　第一集　武尾家文書一』（神奈川県立公文書館、一九九九年）、『神奈川県立公文書館寄託資料目録　第二集　武尾家文書二』（神奈川県立公文書館、二〇〇一年）による。なお、書簡類などは目録に採録されていないため、実際に封筒に記されている表題・番号及び資料ＩＤを適宜示した。谷ケ村及び谷ケ関所の位置に関しては【図1】・【図2】を参照。なお、【図1】は安政二（一八五五）年段階の組合村を示した概念図である。

(14) 『山北町史　史料編　近世』（山北町、二〇〇三年、二八四～二八七頁、No.二四）。

(15) 天保六年四月「乍恐以書付奉願上候御事（大河原他三所焼炭免許延長願）」（谷ケ　武尾家文書、状諸産業一七、神奈川県立公文書館寄託）。以下、武尾家文書については、文書群名、所蔵先を略す。

(16) 以上、『山北町史　通史編』（山北町、二〇〇六年）四〇六～四〇七頁。この時、「御関所御要害」として、川西村の嵐から生土村、藤曲村、小山村、谷ケ村、平山村が「川通り川村御要害境迄、其外山々不残、向山尾筋水こほれ通内山村境迄御要害地、如此御関所御在番早川半平様御見分ニ而御定被遊候」となった（宝永元年「定」（前掲註(14)、五五四～五五五頁、No.一八六））。

(17) 万延二年一月「乍恐以書付御伺奉申上候御事（炭稼ニ付）」（皆瀬川　井上家文書、状林野五七、神奈川県立公文書館

寄託）、前掲註(14)No.四五六に所収。以下、井上家文書については、所蔵先を略す。
(18)享保三年一〇月「乍恐以書附奉願候御事（上、下欠）」（状諸産業三）。
(19)享保六年三月「相模国足柄上郡谷ケ村鑑　下書」（前掲註(14)、二八一～二八四頁、No.一二三）。
(20)前掲註(19)。
(21)伊奈半左衛門忠順は、永田茂右衛門をはじめとする家臣団を派遣・駐在させ、酒匂村に現地出張所である会所を設置した（『山北町史　通史編』山北町、二〇〇六年、三一二頁）。
(22)正徳元年九月「乍恐書付を以奉願上候御事（炭出につき谷ケ関所通行許可願）」（状諸産業一）。
(23)享保七年一〇月「乍恐以書付奉願上候御事（焼炭につき）」（状諸産業四）。この時は炭竈三口が許可され、一口につき一日あたり八貫目入り一俵の炭を焼き出し三口分の運上を上納することを引き換えに許可が出されている。享保七年には五ヶ月間の継続が願い出された。また、この場所は、享保二〇年に、七ヶ年季での炭焼き継続が許可されたようである（文久元年「乍恐以書付奉願上候御事（焼炭経過）」（状諸産業二四））。
(24)享保一八年一一月「乍恐口上書を以申上候御事（代官所の許可による炭焼相勤）」（状諸産業五）。
(25)寛延元年八月「指（差）上申証文之事（炭焼許可に当たり差出した請証文）」（状諸産業七）。
(26)前掲註(18)(23)。
(27)前掲註(25)。
(28)前掲註(25)。
(29)文化一一年四月「御尋ニ付乍恐以書付奉申上候（村方焼炭の経緯につき）」（状諸産業一一）。
(30)前掲註(25)。
(31)この願い継ぎに関しては、寛延元（一七四八）年以降、明和五（一七六八）年（明和五年一二月）「乍恐以書付奉願上候（炭焼稼七年間の延長につき）」（状諸産業九）／寛政五（一七九三）年の下書き（寛政五年～文化一一年）「乍恐以書付奉願上候御事（焼炭免訂）」（状諸産業一〇）／寛政一二（一八〇〇）年（寛政一二年～文政四年）「差上申御請証文之事（炭焼きにつき御関所に差し障りなきよう誓約）」（状諸産業一四）／文化四（一八〇七）年の下書き（同（状

諸産業一〇）／同（状諸産業一四））／文化一一（一八一四）年の下書き（同（状諸産業一〇））／文政四（一八二一）年の下書き（同（状諸産業一四））／天保六（一八三五）年（天保六年三月「乍恐以書付奉願上候御事（焼炭継続願）」（状諸産業一九―二））／天保一三（一八四二）年（天保一三年一月「差上申御請証文之事（炭焼継続に当たり請証文一札）」（状諸産業二〇））がある。

(32) 嘉永二年一〇月「乍恐以書付奉願上候御事」（諸産業状二二）。

(33) 慶應元年一〇月「一札」（萱沼　安藤家文書、状林野一七、神奈川県立公文書館寄託）。以下、安藤家文書については、所蔵先を略す。

(34) 年未詳「乍恐以書付奉願上候御事（後欠）」（皆瀬川　井上家文書、状林野六〇）。

(35) 前掲註(1)土屋論文①。

(36) 拙稿「小田原藩領の村々と漆液の流通統制」（徳川林政史研究所『研究紀要』第五二号、『金鯱叢書』第四五輯に所収、二〇一七年）。

(37) 前掲註(29)。

(38) 拙稿「小田原藩生産方役所による炭の流通統制と地域社会の動向」（徳川林政史研究所『研究紀要』第五一号、『金鯱叢書』第四四輯に所収、二〇一八年）。

(39) この時点で小田原から江戸へ出荷されていたことも考えられなくないが、史料上見いだすことができない。現段階では、恒常的な流通は考えにくいと考える。

(40) 天保五年三月「（谷ケ村村明細帳）（表紙欠）」（冊村況一九）。

(41) 前掲註(17)。

(42) 「浜納家」とは、小田原の浜辺に設置された炭置き場（納屋）のことと考えられる。例えば、近隣の小山町域の文書の中には、幕府炭会所の政策で御林炭生産が行われた際の諸施設の中に「小田原浜炭置場納家」というものがある（前掲註(8)八頁）。

(43) 万延二年「御配府写控之帳」（萱沼　安藤家文書、冊交通五―一）。

(44) 小田原浦とは一般的に、小田原の脇町のうち漁師が多く住んでいる千度小路と古新宿町の二町を指した（前掲註(9)二三五頁）。

(45) 桐屋源蔵は、江戸城へ熊野似寄炭の納入、近国買入炭（伊豆・相模・駿河・甲斐）の納入、女中向けの欅雑木（薪）の納入をつとめ、年間七〇〇〇～八〇〇〇両の取引があったと言われる江戸の炭薪問屋であった。彼は、文化一四（一八一七）年に二十六番組炭薪問屋株を坂本町一丁目喜兵衛店豊治郎に譲渡しており、また同じ年に川辺丸弐番組問屋に加入している（前掲註(6)）。この他にも武尾家文書の中には、年末祥の仕切状が多数残されている。これは武尾家と桐屋源蔵が継続的に取引を行っていたことを物語っている。

(46) 史料には「飯沢」と「飯澤」両方の表記がみられるが、史料文言以外は「飯沢五右衛門」に統一する。

(47) 宝暦三（一七五三）年の史料に青物町樋口屋藤兵衛の名前がみえ（『小田原市史　別編　年表』小田原市、二〇〇三年、一四四頁）、樋口屋弥兵衛についても飯沢と同様の役割を担っていることから小田原の城下商人であると推定する。

(48) 年未詳（江戸期）一二月「書簡（荷物入れ違いにつき詫び及び依頼）」（仮箱一二号入文書四―二／二二〇〇二〇一三八七）。

(49) （年未詳）午一月「覚（小麦二〇〇俵の運賃一〇分一銭受取）」（『小田原の近世文書目録一―稲子家文書―』小田原市立図書館、一九七八年、四〇頁）。この他、小西家文書の中にも嘉永二（一八四九）年一月、本堂再建手宛金に関して「千度小路借主五右衛門」と記載のある史料がある（『小田原の近世文書目録二』小田原市立図書館、一九八〇年、六〇頁）。

(50) 『明治小田原町誌（翻刻版）中』（小田原市立図書館、一九七五年）八一～八二頁。

(51) 神谷大介「幕末の台場建設と石材請負人」（小田原近世史研究会編『近世南関東地域史論』岩田書院、二〇一二年）一六四～一六五頁。

(52) 「㊮」とは、例えば丸屋長左衛門など、屋号と人名を省略した名称であると考えられる。

(53) 小田原藩領及び地域経済の中心であった小田原町は、城下・宿駅・浦といった多機能が集約された都市であった（前掲註(9)二三五頁）。

(54)（年未詳／江戸期）四月「覚（炭積入れ覚）」（仮箱一二号入文書五／二二〇〇二〇一一三八八）。この史料では、米屋三右衛門が丸屋源兵衛及び「御上様御手船」へ炭俵の積み入れを行っている。

(55)（年未詳／江戸期）一月「覚（炭積送り明細書か）」（仮箱一二号入文書八―一／二二〇〇二〇一一三九一）。この史料では、曽比屋甚助が丸屋源兵衛、峯田屋又兵衛、宝田屋太郎右衛門、桐屋源蔵、相模屋茂兵衛へ炭俵を送っている。

(56)（年未詳／江戸期）二月「覚（炭積入れ覚）」（仮箱一二号入文書八―二／二二〇〇二〇一一三九二）。この史料では、曽比屋清助が宝田屋太郎右衛門、峯田屋又兵衛、山路屋仁兵衛、丸屋源兵衛へ炭俵を送っている。

(57) 源三郎は桐屋源蔵の次男で、安政四（一八五七）年に家督を相続した（前掲註(6)）。

(58)（年未詳／江戸期）八月「書簡（是迄入津ニ相成り候分仕切相調べ別紙目録書之通り御渡シ金の件外）」（仮箱一二号入文書七／二二〇〇二〇一一三九〇）。

(59) 以下で、江戸の炭薪問屋として扱っている者は、すべて「諸問屋名前帳」（国立国会図書館編『旧幕引継書目録　諸問屋名前帳』湖北社、一九七四年）もしくは、『江戸商家・商人名データ総覧』第一～七巻（柊風舎、二〇一〇年）にて名前を確認できた者であることを断っておく。確認できない者や炭薪問屋以外の商人は適宜名前の後ろに示すこととする。

(60) 慶応三（一八六七）年三月、遠州屋品吉から梅吉に送られた「仕切勘定帳」（慶応三年三月「仕切覚　炭」（横帳諸産業二一二））には「小田原炭三百俵」などとあり、一種のブランド炭として「小田原炭」が販売されていたことが窺える。

(61)（年未詳／江戸期）一月「書簡（仕切目録発送の件及び炭払底につき出荷依頼の件）」（仮箱一二号入文書二／二二〇〇二〇一一三七九）。

(62)（安政五年カ／江戸期）九月「書簡（当春以来着船分の炭の値段及び炭相場、その他につき）」（仮箱一二号入文書三―三／二二〇〇二〇一一三八二）。

(63)（文久三年カ／江戸期）一二月「書簡（炭代金御渡しの件及び炭相場の気配につき報告）」（仮箱一二号入文書三―五／二二〇〇二〇一一三八四）。

(64)（年未詳／江戸期）六月「書簡（昨年より御積入れの荷物相調べ仕切金支払いの旨ほか）」（仮箱一二号入文書三―二／二二〇〇二〇一一三八一）。

(65)（弘化二年八月〜）「（炭日記）」（冊林野三）には、元治二（一八六五）年に山路仁兵衛との取引が見られる。この史料の性格については後掲註(68)を参照。
(66)慶応元年五月「六ヶ年炭出入差引勘定帳」（横帳諸産業一八）などに取引が見られる。
(67)前掲註(65)などに取引が見られる。なお、（年未詳）一二月「書簡（炭取引にあたり船元への金子支払いにつき入帳依頼）」（仮箱二二号入文書九／二二〇〇二〇一三九三）の封筒には差出人が「幸田屋」とあるが、「峯田屋」の誤りである。
(68)武尾家文書の中には、「（炭日記）」（冊林野三）という史料が存在する。横半帳で大部の史料であり、武尾家が炭の取引を行った商人や俵数が記されている。しかし、取引人毎にほとんどがこよりと蝋で閉じられており開封できない。一部を垣間見るに江戸の炭薪問屋の宝田屋太郎右衛門・竹屋八兵衛（江戸の炭薪問屋「竹屋八三兵衛」のことカ）・万屋七兵衛・平柴屋孝七（江戸の炭薪仲買「平柴屋幸七」のことカ）などの名前が見られる。
(69)牧場の林産資源に言及した研究として、白井豊「下総台地西部の牧とその周辺における薪炭林化―寛政期以降の変容―」（『歴史地理学』第二三三号、二〇〇七年）、髙木謙一「近世佐倉牧周辺村々における林産資源の管理と利用」（徳川林政史研究所『研究紀要』第四九号、『金鯱叢書』第四二輯に所収、二〇一五年）等がある。
(70)前掲註(1)土屋論文①。なお、専売制は順調に進まず、抜荷・抜売に悩まされたという。
(71)前掲註(4)後藤論文①。なお、前掲後藤論文③では、一九世紀以降は、百姓による炭焼立の要望が高まったことや、御林の炭生産も藩直営と江戸の炭薪問屋などの請負が適宜選択されたことも指摘されている。
(72)明治四年一二月「相模国足柄上郡谷ケ村明細帳　下書」（冊村況三九）。

| 大分類 | 品目 | 生産量 | 生産額 | 生産額／総生産額（%） |
|---|---|---|---|---|
| 穀類 | 現米上 | 208 石 | 1238 円 9 銭 5 厘 | 31.80 |
| 穀類 | 大麦中 | 82 石 | 205 円 | 5.27 |
| 穀類 | 小麦下 | 16 石 8 斗 | 64 円 61 銭 5 厘 | 1.66 |
| 穀類 | 裸麦下 | 17 石 6 斗 | 58 円 66 銭 6 厘 | 1.51 |
| 穀類 | 大豆下 | 7 石 | 38 円 88 銭 8 厘 | 1.00 |
| 穀類 | 小豆下 | 2 石 1 斗 5 升 | 12 円 64 銭 7 厘 | 0.32 |
| 穀類 | 粟 | 40 石 8 斗 | 107 円 36 銭 8 厘 | 2.76 |
| 穀類 | 稗 | 21 石 | 35 円 | 0.90 |
| 穀類 | 蜀黍（もろこし） | 5 石 8 斗 2 升 | 14 円 55 銭 | 0.37 |
| 穀類 | 蕎麦 | 43 石 8 斗 | 99 円 33 銭 3 厘 | 2.55 |
| 米穀質并澱粉類 | 隠元豆 | 1 石 3 斗 | 10 円 83 銭 3 厘 | 0.28 |
| 米穀質并澱粉類 | 大角豆（ささげ） | 5 升 | 35 銭 | 0.01 |
| 米穀質并澱粉類 | 豌豆（えんどう豆） | 3 石 9 斗 | 15 円 66 銭 | 0.40 |
| 醸造物類 | 清酒中 | 27 石 8 斗 | 166 円 80 銭 | 4.28 |
| 醸造物類 | 酢 | 5 石 | 12 円 50 銭 | 0.32 |
| 園蔬類 | 菜 | 45 貫目 | 9 円 | 0.23 |
| 園蔬類 | 蘿蔔（だいこん） | 1 万 8500 本（370 貫目） | 37 円 | 0.95 |
| 園蔬類 | 葱 | 21 貫目 | 6 円 30 銭 | 0.16 |
| 園蔬類 | 款冬（ふき） | 45 貫目 | 9 円 | 0.23 |
| 園蔬類 | 茄子 | 3 万 150 | 37 円 56 銭 | 0.96 |
| 園蔬類 | 牛蒡 | 5000 本（100 貫目） | 14 円 | 0.36 |
| 園蔬類 | 葫瓜 | 3700 本（74 貫目） | 119 円 97 銭 | 3.08 |
| 園蔬類 | 越瓜（しろうり） | 345 本（6 貫 900 目） | 40 円 | 1.03 |
| 園蔬類 | 里芋 | 1720 俵（1 万 7200 貫目） | 103 円 20 銭 | 2.65 |
| 園蔬類 | 薩摩芋 | 1355 貫目 | 27 円 | 0.69 |
| 園蔬類 | 薯蕷 | 56 貫 800 目 | 68 円 16 銭 | 1.75 |
| 種々并果実類 | 胡麻 | 2 斗 8 升 | 1 円 75 銭 | 0.04 |
| 種々并果実類 | 生柿 | 4 駄（144 貫目） | 1 円 60 銭 | 0.04 |
| 種々并果実類 | 桃子 | 3 駄（108 貫目） | 2 円 40 銭 | 0.06 |
| 種々并果実類 | 生梅 | 3 俵（36 貫目） | 1 円 80 銭 | 0.00 |
| 種々并果実類 | 生栗 | 3 俵（12 貫目） | 90 銭 | 0.02 |
| 種々并果実類 | 榧子（かやの実） | 1 石 6 斗 | 3 円 20 銭 | 0.08 |
| 種々并果実類 | 菜子 | 23 石 | 95 円 83 銭 3 厘 | 2.46 |
| 種々并果実類 | 犬柏 | 10 石 1 斗 2 升 | 25 円 30 銭 | 0.65 |
| 禽獣類 | 兎 | 8 羽 | 1 円 44 銭 | 0.04 |
| 禽獣類 | 野猪 | 5 疋 | 17 円 50 銭 | 0.45 |
| 禽獣類 | 鶏 | 135 羽 | 8 円 40 銭 7 厘 | 0.22 |
| 禽獣類 | 鶏卵 | 3075 | 15 円 | 0.39 |
| 蟲魚甲貝類 | 鮎 | 8560 尾 | 51 円 36 銭 | 1.32 |
| 菌蕈類 | 椎茸 | 38 升（1 貫 440 目） | 3 円 80 銭 | 0.10 |
| 飲料及食物類 | 生茶 | 152 斤 | 7 円 60 銭 | 0.20 |
| 煙草類 | 葉煙草 | 250 斤 | 2 円 50 銭 | 0.06 |
| 繰綿麻類 | 繭 | 2 石 8 斗 | 3 円 50 銭 | 0.09 |
| 縫織物類 | 木綿 | 115 反 | 186 円 25 銭 | 4.78 |
| 縫織物類 | 藤布 | 41 反 | 24 円 60 銭 | 0.63 |
| 氈席類 | 菊莚 | 176 枚 | 4 円 18 銭 8 厘 | 0.11 |
| 諸機械及農具工具族調具類 | 鎌 | 95 枚（4 貫 750 目） | 11 円 40 銭 | 0.29 |
| 諸機械及農具工具族調具類 | 釘 | 1 万 4000 本（5 貫 320 目） | 10 円 50 銭 | 0.27 |
| 染具塗具及絵具類 | 漆 | 12 貫 500 目 | 27 円 77 銭 7 厘 | 0.71 |
| 藤竹葮器類 | 蓑 | 95 | 11 円 87 銭 5 厘 | 0.30 |
| 藤竹葮器類 | 萱 | 250 駄（6150 貫目） | 41 円 | 1.05 |
| 竹木類 | 小竹 | 270 本 | 16 円 87 銭 | 0.43 |
| 竹木類 | 竹皮 | 21 貫目 | 84 銭 | 0.02 |
| 竹木類 | 桑 | 10 駄（300 貫目） | 3 円 50 銭 | 0.09 |
| 竹木類 | 下駄 | 430 足 | 6 円 45 銭 | 0.17 |
| 綱縄類 | 菊縄 | 3830 房 | 7 円 66 銭 | 0.20 |
| 綱縄類 | 沓 | 50 足 | 30 円 60 銭 | 0.79 |
| 綱縄類 | 草鞋 | 2050 足 | 15 円 37 銭 5 厘 | 0.39 |
| 肥料及飼料 | 干草 | 100 駄（3600 貫目） | 15 円 | 0.39 |
| 薪炭類 | 薪 | 1 万 8370 束 | 91 円 85 銭 | 2.36 |
| 薪炭類 | 炭 | 9020 俵 | 575 円 | 14.77 |
| 薪炭類 | 炭俵 | 4750 枚 | 19 円 | 0.49 |
| 合計 | | | 3893 円 50 銭 | 100.0 |

＊明治 8 年「明治八年物産取調書上」（谷ケ武尾家文書、諸産業冊 16、神奈川県立公文書館寄託）より作成。

【表 1】明治 8 年の谷ケ村における生産品目

| 年代 | 支配領主 | 支配区分 |
|---|---|---|
| 〜天正 18（1590）年 | 北条氏直 | |
| 天正 18（1590）年〜文禄 3（1594）年 | 大久保七郎右衛門忠世 | 藩領 |
| 文禄 3（1594）年〜慶長 19（1614）年 | 大久保相模守忠隣 | |
| 元和元（1614）年〜元和 5（1619）年 | 中川勘助 | 幕領 |
| 御番城之節 | 近藤石見守 | 番城 |
| 元和 6（1620）年〜寛永元（1624）年 | 阿部備中守正次 | |
| 寛永 2（1625）年〜寛永 3（1626）年 | 森屋佐太夫 | 幕領 |
| 寛永 4（1627）年〜寛永 9（1632）年 | 八木治郎右衛門 | |
| 寛永 9（1632）年〜寛永 11（1634）年 | 稲葉丹後守正勝 | 藩領 |
| 寛永 11（1634）年〜天和 3（1683）年 | 稲葉丹後守正則 | |
| 天和 3（1683）年〜貞享 2（1685）年 | 稲葉丹後守正住 | |
| 貞享 3（1686）年〜元禄 11（1698）年 | 大久保加賀守忠朝 | 藩領 |
| 元禄 11（1698）年〜宝永 5（1708）年 | 大久保加賀守忠増 | |
| 宝永 5（1708）年〜享保 7（1722）年 | 伊奈半左衛門 | 幕領 |
| 享保 7（1722）年〜享保 12（1727）年 | 小田原預り所 | |
| 享保 12（1727）年〜享保 13（1728）年 | 小野小左衛門 | |
| 享保 13（1728）年〜享保 17（1732）年 | 岩手藤左衛門 | |
| 享保 17（1732）年〜延享 4（1747）年 | 蓑笠之助 | |
| 延享 4（1747）年〜明治 2（1869）年 | 大久保加賀守 | 藩領 |

＊天保５年３月「（谷ケ村村明細帳）（表紙欠）」（谷ケ　武尾家文書、冊村況 19、神奈川県立公文書館寄託）を基に作成。

【表 2】支配領主の変遷

| 年代 | 売炭（俵） | 俵番号他 | 俵数（俵） | 販売先・残り | 販売先商人名他 |
|---|---|---|---|---|---|
| 万延元年（1860） | 1689 | 1番ゟ238迄 | 1800 | 丸源行 | 丸屋源兵衛 |
| | 222 | 番無 | 100 | 宝田行 | 宝田屋太郎右衛門 |
| | | | 11 | 残り | |
| 文久元年（1861） | 1652 | 1番ゟ234迄 | 1170 | 丸源行 | 丸屋源兵衛 |
| | 251 | 番無 | 600 | 相茂行 | 相模屋茂兵衛 |
| | | | 5 | 乱俵込 | |
| | | | 138 | 残り | |
| 文久2年（1862） | 1321 | 1番ゟ94番迄 | 960 | 峯又行 | 峯田屋又兵衛 |
| | 143 | 番無 | 300 | 丸源行 | 丸屋源兵衛 |
| | | | 2 | 乱俵込 | |
| | | | 202 | 残り | |
| 文久3年（1863） | 1925 | 1番ゟ243番迄 | 500 | 峯又行 | 峯田屋又兵衛 |
| | 202 | 戌年分 | 1270 | 丸源行 | 丸屋源兵衛 |
| | | | 180 | 相茂行 | 相模屋茂兵衛 |
| | | | 100 | 浜売 | |
| | | | 3 | 乱俵込 | |
| | | | 74 | 残り | |
| 元治元年（1864） | 2550 | 1番ゟ330番迄 | 1370 | 相茂 | 相模屋茂兵衛 |
| | 74 | 亥年分 | 520 | 丸源 | 丸屋源兵衛 |
| | | | 100 | 大勘 | 大坂屋勘兵衛 |
| | | | 3 | 乱俵込 | |
| | | | 631 | 残り | |
| 慶応元年（1865） | 1953 | 1番ゟ261番迄 | 300 | 山路行 | 山路屋仁兵衛 |
| | 631 | 子年分 | 1350 | 丸源行 | 丸屋源兵衛 |
| | | | 590 | 相茂行 | 相模屋茂兵衛 |
| | | | 200 | 大勘行 | 大坂屋勘兵衛 |
| | | | 5 | 乱俵込 | |
| | | | 48 | 田中様外御屋敷様行 | 内24俵御屋敷様行 |
| | | | 87 | 残り | |

＊慶応元年５月「６ヶ年炭出入差引勘定帳」（谷ケ　武尾家文書、横帳諸産業 18、神奈川県立公文書館寄託）より作成。「諸問屋名前帳」（国立国会図書館編『旧幕引継書目録　諸問屋名前帳』湖北社、1974年）および『江戸商家・商人名データ総覧』第１〜７巻（柊風舎、2010年）より商人名を補訂。

【表 4】(長)納屋を通した万延元年〜慶応元年における炭の販売

| | | | | | | | | | | | |
|---|---|---|---|---|---|---|---|---|---|---|---|
| | | | | へ印 | 104 | 4両1分ト5匁 | | | | | |
| | | | | 赤㊤印 | 6 | 1分ト6分5厘 | | | | | |
| | 飯沢五右衛門殿出し | 天神丸 | 12月12～18日 | 武印 | 53 | 2両3分ト2匁3分7厘 | | | | | |
| | | | | 方印 | 1 | 3匁9分2厘 | | | | | |
| | | | | 吉印 | 31 | 1両1分ト9匁5分4厘 | | | | | |
| | | | | 赤㊤印 | 23 | 1両 | | | | | |
| | | | | 焼武印 | 32 | 4両ト3匁 | 大ばね | | | | |
| | | | | 黒同印 | 49 | | | | | | |
| | | | | 焼谷印 | 34 | 5両1分ト2匁1分4厘 | | | | | |
| | | | | 黒同印 | 77 | | | | | | |
| 合計 | | | | | 800 | 37両2分ト6匁9分 | | | 51両ト4匁2分7厘 | 差引13両1分ト12両3分7厘過上貸 | |
| 弘化元年(1844) | 飯沢五右衛門出し | 天神丸 | 3月14～24日 | 武印 | 1 | 3匁1分6厘 | | 3月24日 | 1両 | 運賃 | |
| | | | | 黒武印 | 1 | 2匁7分2厘 | | | 1両 | 駄賃 | |
| | | | | 吉印 | 34 | 1両2分ト6分6厘 | | 4月4日 | 1両 | 運賃 | |
| | | | | 黒谷印 | 14 | 2分ト8匁1分8厘 | | | 1両ト1分 | 駄賃 | |
| | 飯沢五右衛門出し | 天神丸 | 4月1～4日 | 武改印 | 43 | 2両1分ト7分9厘 | | 5月5日 | 1両 | 運賃 | |
| | | | | 吉印 | 138 | 6両ト8匁 | | | 1両 | 駄賃 | |
| | | | | 焼谷印 | 13 | 3分ト6匁8分2厘 | | 5月6日 | 2分 | 運賃 | |
| | | | | 黒同印 | 6 | | | | 2分 | 駄賃 | |
| | 飯沢五右衛門出し | 天神丸 | 4月9日～5月5日 | 武極上印 | 14 | 2分ト14匁2分1厘 | | 6月29日 | 10両 | 内金 | 右者京屋便ニ而為登相登候 |
| | | | | 武印 | 1 | 2匁7分2厘 | | 7月4日 | 1両2分 | 運賃 | |
| | | | | 吉印 | 153 | 6両3分ト3匁 | | | 2両 | 駄賃 | |
| | | | | 谷印 | 32 | 1両1分ト12匁2分7厘 | | | 8両2分ト7匁1厘 | 卯年仕切運上賃 | |
| | 飯沢五右衛門出し | 天神丸 | 5月15～16日 | 武印 | 23 | 1両ト12匁6分3厘 | | | 3両3分ト7匁7分 | 売徳 | |
| | | | | 方印 | 1 | 2匁8分5厘 | | | | | |
| | | | | 吉印 | 75 | 3匁1分ト5匁 | | | | | |
| | | | | 谷印 | 1 | 2匁7分2厘 | | | | | |
| | 飯沢五右衛門出し | 天神丸 | 7月2～4日 | 武極上印 | 32 | 1両2分ト11匁5分 | | | | | |
| | | | | 黒武印 | 4 | 19分1厘 | | | | | |
| | | | | 吉印 | 254 | 11両2分ト2匁6分6厘 | | | | | |
| | | | | 谷印 | 5 | 13匁6分3厘 | | | | | |
| 合計 | | | | | 850 | 38両3分ト1匁9分8厘 | | | 31両2分ト14匁7分1厘 | 差引7両ト2匁2分7厘 | |
| 弘化元年(1844) | 飯沢五右衛門殿出し | 天神丸 | 11月10～22日 | 武極上印 | 50 | 2両3分ト6匁4分3厘 | | | 4両1分ト4匁2分 | 先分仕切運上分 | |
| | 飯沢五右衛門殿出し | 天神丸小船 | 12月16～23日 | 武極上印 | 75 | 4両1分ト2匁1分4厘 | | 1月22日 | 15両 | 前金 | 右者御主人江相渡ス |
| | | | | 武印 | 10 | 1両1分 | | | 1分 | 運賃 | |
| | | | | 谷印 | 15 | | | | 1分 | 駄賃 | |
| | | | | | | | | 1月23日 | 2分 | 運賃 | |
| | | | | | | | | | 2分ト7匁 | 駄賃 | |
| | | | | | | | | | 3分ト5匁3分6厘 | 売徳 | |
| 合計 | | | | | 150 | 8両1分8匁5分7厘 | | | 21両1分ト2匁6厘 | 差引13両1分ト8匁4分9厘　過上貸 | |

## 【表3】天保10年～嘉永3年における桐屋源蔵への炭の販売

| 年代 | 津出しを担った者 | 廻船 | 月日 | 改め印 | 俵数 | 代金 | 備考 | 月日 | 代金 | 内容 | 備考 |
|---|---|---|---|---|---|---|---|---|---|---|---|
| 天保10年(1839) | 飯沢五右衛門出し | 天神丸 | 10月17日出 | 武印 | 46 | 2両2分ト7匁7分1厘 | | 11月3日 | 5両 | 内金 | 11日御主人江相渡ス |
| | | | | 萬印 | 14 | 3分ト4分 | | 10月25日 | 3両 | 運賃 | |
| | | | | 宝印 | 3 | 3両13分ト8匁7厘 | | | 3両 | 駄賃 | |
| | | | | 吉印 | 63 | | | 11月20日 | 3両 | 運賃 | |
| | | | | 赤㊤印 | 24 | 1両ト10匁2分4厘 | | | 3両 | 駄賃 | |
| | 飯沢五右衛門出し | 天神丸 | 11月16日出 | 武印 | 28 | 1両2分ト6匁 | | 12月16日 | 1両2分 | 運賃 | |
| | | | | 萬印 | 55 | 2両3分ト13匁3分2厘 | | | 2両 | 駄賃 | |
| | | | | 宝印 | 9 | 2両2分ト10匁 | | 12月21日 | 25両 | 内金・前金 | 右者御主人江相渡ス |
| | | | | 吉印 | 43 | | | | 2両1分ト6匁8分 | 口銭懸り | |
| | | | | 赤㊤印 | 15 | 2分ト13匁9分 | | | | | |
| | 飯沢五右衛門出し | 天神丸 | | 武印 | 62 | 3両1分ト11匁6分6厘 | | | | | |
| | | | | 萬印 | 58 | 3両ト3匁1分5厘 | | | | | |
| | | | | | 6 | 1分ト1匁3分6厘 | 松交り | | | | |
| | | | | 宝印 | 25 | 7両ト1匁5分4厘 | | | | | |
| | | | | 吉印 | 112 | | | | | | |
| | | | | 赤㊤印 | 37 | 1両3分ト3匁2分9厘 | | | | | |
| 合計 | | | | | 600 | 31両5匁7分1厘 | | | 38両3分ト6匁8分 | 差引7両1分ト6匁9厘　過上貸 | |
| 天保12年(1842) | 飯沢五右衛門殿出し | 北辰丸 | 1月21～28日 | 武印 | 45 | 3両 | | 1月22日 | 1両 | 運賃 | |
| | | | | 分印 | 47 | 2両3分ト11匁2分5厘 | | | 1両 | 駄賃 | |
| | | | | 宝印 | 6 | 1分ト6匁2厘 | | 3月26日 | 10両 | 前金 | 右者京屋便ニ飯沢五右衛門殿迄為相登申候 |
| | | | | 吉印 | 87 | 5両ト7匁6厘 | | 4月14日 | 1両2分 | 運賃 | |
| | | | | 赤㊤印 | 15 | 3分ト5匁 | | | 1両2分 | 駄賃 | |
| | 飯沢五右衛門殿出し | 天神丸 | 4月8～14日 | 武印 | 72 | 4両1分ト6匁2分2厘 | | | 2両ト9匁6分 | 口銭諸掛り | |
| | | | | 分印 | 47 | 2両2分ト11匁1分4厘 | | | 3両2分ト4匁4分1厘 | 子年仕切運上賃 | |
| | | | | 宝印 | 5 | 1分ト1匁2分1厘 | | | | | |
| | | | | 吉印 | 169 | 8両3分ト8匁6分8厘 | | | | | |
| | | | | 赤㊤印 | 7 | 1分ト6匁 | | | | | |
| 合計 | | | | | 500 | 28両3分ト3匁9分8厘 | | | 20両2分ト14匁8厘 | 差引8両ト4匁9厘 | |
| 天保13年(1843) | 飯沢五右衛門殿出し | 天神丸 | 7月10～17日 | 武印 | 19 | 1両 | | 7月17日 | 2分 | 運賃 | |
| | | | | 吉印 | 29 | 1両1分ト4匁9分4厘 | | | 2分 | 駄賃 | |
| | | | | 萬印 | 39 | 1両3分ト9匁1分4厘 | | | 15両 | 為替 | 右者京屋便ニて為相登 |
| | | | | 谷印 | 5 | 4匁2厘 | | 8月29日 | 2両 | 運賃 | |
| | | | | 赤㊤印 | 8 | 1分ト5匁8分7厘 | | | 2両 | 駄賃 | |
| | 飯沢五右衛門殿出し | 天神丸 | 8月29日 | 武印 | 8 | 1分ト10匁2分6厘 | | 11月6日 | 10両 | 為替 | 右者京屋便ニて為相登 |
| | | | | 分印 | 9 | 1分ト11匁3分4厘 | | 12月9日 | 15両 | 為替 | 右者御主人江相渡ス |
| | | | | 吉印 | 17 | 3分ト1匁3分6厘 | | 12月18日 | 1両2分 | 運賃 | |
| | | | | ㊥印 | 20 | 1両ト3匁1分6厘 | | | 1両3分 | 駄賃 | |
| | | | | 谷印 | 187 | 8両3分ト9匁2分8厘 | | | 2匁3分ト4匁2分7厘 | 売徳・諸懸り | |

| | | | | | | | | | | | |
|---|---|---|---|---|---|---|---|---|---|---|---|
| | | 小天神丸 | 2月2日 | 吉印 | 50 | 2両1分ト7匁8分6厘 | | 1月2日 | 3分 | 駄賃 | |
| | | 大天神丸 | | 武印 | 82 | 4匁ト12匁3分1厘 | | | 1両2分 | 運賃・駄賃 | |
| | | | | 吉印 | 68 | 3両ト14匁2分8厘 | | 2月10日 | 3両 | 運賃・駄賃 | |
| 嘉永元年(1848) | 飯沢五右衛門殿出し | 小天神丸 | 2月3～10日 | 武印 | 213 | 10両3分ト10分3分8厘 | | | 2両 | 運賃・駄賃 | |
| | | | | 吉印 | 75 | 3両2分ト4匁2分8厘 | | 5月12日 | 15両 | 内金 | 右者京屋便りニて飯沢五右衛門殿方迄相登候 |
| | | | | ㊤印 | 12 | 2両ト1匁3分 | | 5月2日 | 1両 | 運賃・駄賃 | |
| | | 小天神丸 | 2月17日 | 武印 | 146 | 7両1分ト14匁2分5厘 | | | 17両3分ト5匁5分1厘 | 未年仕切過上かし | |
| | | | | 吉印 | 54 | 2両2分ト4匁2分8厘 | | | 4両1分ト14匁9分6厘 | 売徳 | |
| | | 小天神丸 | 5月10日 | 武印 | 56 | 2両3分ト7匁3分1厘 | | | | | |
| | | | | 吉印 | 44 | 2両ト5匁7分1厘 | | | | | |
| 合計 | | | | | 900 | 44両3分ト14匁6分5厘 | | | 46両1分ト5匁4分7厘 | 差引1両1分ト5匁8分2厘過上貸 | |
| 嘉永3年(1851) | 樋口屋弥兵衛殿出し | 神刀丸 | 1月13日 | 武印 | 64 | | | 1月19日 | 2分 | 運賃 | |
| | | | | 吉印 | 36 | | | | 2分 | 太賃 | |
| | 樋口屋弥兵衛殿出し | 海刀丸 | 1月17日 | 武印 | 85 | | | | 3分 | 運賃 | |
| | | | | 吉印 | 65 | | | | 3分ト7匁5分 | 太賃 | |
| | 樋口屋弥兵衛殿出し | 神刀丸 | 1月[redacted] | 武印 | 56 | | | 2月1日 | 2分ト3匁 | 運賃 | |
| | | | | 吉印 | 54 | | | | 2分ト8匁5分 | 太賃 | |
| | 樋口屋弥兵衛殿出し | 神刀丸 | 2月15日 | 武印 | 92 | | | 2月24日 | 3分 | 運賃 | |
| | | | | 吉印 | 58 | | | | 3分ト7匁5分 | 太賃 | |
| | 樋口屋弥兵衛殿出し | 小天神丸 | 3月9日 | 武印 | 56 | | | 3月15日 | 25両 | 内金・前金 | 右者書面古瀬善六殿江渡ス |
| | | | | 吉印 | 44 | | | 3月18日 | 2分 | 運賃 | |
| | 樋口屋弥兵衛殿出し | 神刀丸 | 4月5日 | 武印 | 108 | | | | 2分ト5匁 | 太賃 | |
| | | | | 吉印 | 92 | | | 4月6日 | 1両 | 運賃 | |
| | 樋口屋弥兵衛殿出し | 神徳丸 | 4月6日 | 武印 | 52 | | | | 1両ト10匁 | 太賃 | |
| | | | | 吉印 | 48 | | | 4月10日 | 2両 | 運賃 | |
| | 樋口屋弥兵衛殿出し | 神刀丸 | 4月12日 | 武印 | 304 | | | | 2分ト5匁 | 太賃 | |
| | | | | 吉印 | 196 | | | | 8両3分ト11匁7分6厘 | 酉年し切過上かし | |
| | 樋口屋弥兵衛殿出し | 神刀丸 | 5月6日 | 吉印 | 20 | | | 4月15日 | 2両2分 | 運賃 | |
| | | | | | | | | | 2両3分ト10匁 | 太賃 | |
| | | | | | | | | 6月12日 | 6匁 | 運賃 | |
| | | | | | | | | | 7匁 | 太賃 | |
| | | | | | | | | | 7両3分ト5分1厘 | 売徳 | |
| 合計 | | | | | 1430 | 77両2分ト9匁1分2厘 | 内武印817俵御金45両1分ト8匁3分3厘、吉印613俵御金32両1分ト7分9厘 | 合計 | 57両ト9匁6分7厘 | 差引20両1分ト14匁4分5厘 | |

※天保11年3月「亥冬炭仕切」(谷ケ　武尾家文書、横帳諸産業3 - 1、神奈川県立公文書館寄託、以下文書群名・所蔵先を略す)、天保12年6月「丑仕入書」(横帳諸産業3 - 2)、天保14年4月「辰年炭仕切書」(横帳諸産業3 - 3)、弘化2年4月「炭仕切書」(横帳諸産業3 - 4)、嘉永元年8月「申年炭仕切書」(横帳諸産業3 - 5)、嘉永3年7月「戌年炭し切」(横帳諸産業3 - 6)、天保14年4月「寅年炭仕切書」(横帳諸産業4)、天保14年12月「炭仕切書」(横帳諸産業5)、弘化3年7月～弘化4年2月「午年炭仕切書」(横帳諸産業7)より作成。

| | | | | | | | | | | | |
|---|---|---|---|---|---|---|---|---|---|---|---|
| 弘化3年(1846) | 飯沢五右衛門殿出し | 小天神丸 | 1月6～11日 | 谷極上印 | 146 | 4両ト10匁2分2厘 | | 1月11日 | 1両 | 運賃 | |
| | | | | 吉印 | 54 | 1両1分ト12匁5分7厘 | | | 1両1分 | 駄賃 | |
| | | | 1月19～25日 | 武印 | 266 | 16匁1分 | | 1月25日 | 1両2分ト9匁 | 運賃 | |
| | | | | 吉印 | 62 | 3匁2分ト2匁8分2厘 | | | 1両2分ト9匁 | 駄賃 | |
| | | | | ㊤印 | 2 | 6匁6分6厘 | | 2月14日 | 1分ト12匁 | 運賃 | |
| | | 大天神丸 | 2月4～14日 | 武印 | 64 | 3匁3分ト7匁7分2厘 | | | 1分ト12匁 | 駄賃 | |
| | | | | 吉印 | 25 | 1両1分ト10匁7分1厘 | | 3月2日 | 15両 | 内金 | 右者京屋便ニて飯沢五右衛門迄為相登 |
| | | | | ㊤印 | 1 | 3匁2分4厘 | | 3月29日 | 3分ト9匁 | 運賃 | |
| | | 小天神丸 | 3月13日 | 武印 | 108 | 6両ト10匁2分8厘 | | | 1両 | 駄賃 | |
| | | | | 吉印 | 68 | 3匁2分ト10匁5分4厘 | | 4月1日 | 1両1分 | 運賃 | |
| | | | | ㊤印 | 4 | 12匁 | | | 1両2分 | 駄賃 | |
| 弘化3年(1846) | 飯沢五右衛門殿出し | 大天神丸 | 3月23日～4月1日 | かし武印 | 21 | 1匁1分ト9匁 | | 4月22日 | 35両 | 前金 | 右者細谷伊左衛門殿相渡ス |
| | | | | 武印 | 176 | 10両ト3匁4分3厘 | | 閏5月22日 | 20両 | 内金 | 右者京屋便りニて為相登 |
| | | | | 吉印 | 46 | 2両1分ト14匁1分9厘 | | 6月1日 | 1分 | 運賃 | |
| | | | | ㊤印 | 7 | 1分ト6匁 | | | 1分2朱 | 駄賃 | |
| | | 大天神丸 | 4月9～14日 | 武印 | 173 | 9両3分ト2匁1分4厘 | | 6月9日 | 4匁2分 | 運賃・駄賃 | |
| | | | | 吉印 | 77 | 4両ト9匁7分3厘 | | | 10両ト12匁8分7厘 | 売徳 | |
| | | 大天神丸 | 4月21～26日 | 武印 | 44 | 2両2分ト8分5厘 | | | | | |
| | | | | 吉印 | 206 | 11両ト2匁1分1厘 | | | | | |
| | 飯沢五右衛門殿出し | 天神丸 | 5月3～9日 | 武印 | 116 | 6両2分ト7匁1分1厘 | | | | | |
| | | | | 吉印 | 284 | 15両1分ト6匁8厘 | | | | | |
| | | 大天神丸 | 閏5月22日～6月1日 | 武印 | 18 | 1両ト1匁7分1厘 | | | | | |
| | | | | 吉印 | 32 | 1両2分ト13匁7分8厘 | | | | | |
| 合計 | | | | | 2000 | 107両3分ト1匁5分6厘 | | | 91両3分ト11匁3分7厘 | 差引15両3分ト5匁1分8厘 | |
| 弘化3年(1846) | 飯沢五右衛門殿出し | 大天神丸 | 8月24日～9月7日 | 武極上印 | 24 | 1両1分ト12匁2分7厘 | | 9月7日 | 2分 | 運賃 | |
| | | | | 吉印 | 76 | 4両1分ト5匁5分7厘 | | | 2分7匁5分 | 駄賃 | |
| | | 小天神丸 | 9月8～25日 | 武極上印 | 41 | 2両1分ト14匁9分 | | 9月25日 | 1両1分 | 運賃・駄賃 | |
| | | | | 吉印 | 59 | 1両1分ト7匁2分8厘 | | 10月9日 | 3分ト6匁 | 運賃 | |
| | | 天神丸 | 10月1～9日 | 武極上印 | 94 | 5両3分ト7匁5分 | | | 1両 | 駄賃 | |
| | | | | 吉印 | 76 | 4両1分ト13匁2分3厘 | | 10月29日 | 1両 | 運賃 | |
| | | 大天神丸 | 10月22日 | 武極上印 | 161 | 10両ト3匁7分5厘 | | | 1両1分 | 駄賃 | |
| | | | | 吉印 | 38 | 2両ト14匁1分1厘 | | 11月9日 | 25両 | 内金・前金 | 右者京屋便り |
| | | | | ㊤印 | 1 | 3匁2分4厘 | | 11月11日 | 2両1分 | 運賃・駄賃 | |
| | | 大天神丸 | 11月6～11日 | 武極上印 | 159 | 9両3分ト11匁2分5厘 | | | 1両1分 | 運賃 | |
| | | | | 吉印 | 39 | 2両1分ト2匁6分5厘 | | | 2両2分 | 駄賃 | |
| | | | | ㊤印 | 2 | 6匁4分8厘 | | 12月20日 | 40両 | 内金・前金 | |
| | | 大天神丸 | 12月7～12日 | 武極上印 | 218 | 13両ト12匁7分2厘 | | 12月22日 | 3分 | 運賃 | |
| | | | | 吉印 | 131 | 7両1分ト14匁1分4厘 | | | 1両7匁5分 | 駄賃 | |
| | | | | ㊤印 | 1 | 3匁1分6厘 | | | 7両2分ト6匁7分2厘 | 売徳 | |
| | | 大天神丸 | 12月16～22日 | 武印 | 106 | 6両ト14匁1分1厘 | | | | | |
| | | | | 吉印 | 44 | 2両1分ト11匁6分6厘 | | | | | |
| 合計 | | | | | 1270 | 76両ト7匁2分1厘 | | | 87両1分ト12匁7分2厘 | 差引11両1分ト5匁5分1厘過トかし | |

# Ⅲ　近代・現代の拠点「横浜」

# 幕末期三浦半島における軍事拠点の形成――浦賀・大津を中心に――

神谷　大介

## はじめに

幕末期における江戸周辺地域の海防については、外圧・対外的危機への対応といった視角から分析がなされてきた。江戸近海防備の要衝である三浦半島に預所を有した会津藩・川越藩・長州藩・熊本藩の支配(1)、異国船取扱法と浦賀奉行所の対応方法に焦点を当てた研究(2)が積み重ねられ、一九七〇年代後半になると、「内憂外患」への幕府の対応について天保改革を中心に検討した藤田覚氏の研究成果(3)によって、対外的危機とその国内的影響を統一的に分析するための検討課題として海防研究が注目されるようになっていった。

全国的な海防政策の展開を網羅した原剛氏の『幕末海防史の研究』（名著出版、一九八八年）が出版されたほか、海防動員をめぐる幕藩領主層の対応に着目した研究(4)、海防役をめぐる民衆や地域社会の動向に着目した研究(5)が同時並行で進展していった。一九九〇年の関東近世史研究会大会は、針谷武志氏の基調報告、浅倉有子氏・筑紫敏夫氏の二報告を通じて、海防を契機とする幕藩領主からの新たな役負担が地域秩序の変容に及ぼした影響を明らかにするものであった(6)。ただし、外圧の地域への現れ方を「第一義的には領主からの海防役」と規定したため、役論的観点からの議論に集約されてしまった。「社会的権力」を考察するという主旨においては有効性を持つ議論であったが、役負担に収斂されない、地域における海防問題の多様性については検討の余地を残したといえる。

一九世紀以降、江戸近海に異国船が頻繁に来航するようになると、海上交通の拠点であった三浦半島には浦賀奉行所や会津藩・川越藩などの海防担当諸藩によって陣屋・台場が建設されていった(7)。

相模国三浦郡公郷村名主永嶋家の台場建設請負事業を考察した松田隆行氏は、「海防には、海防の遂行にともなう諸負担が村方を疲弊させるという側面があるとともに、その一方で、海防の遂行によって、利益や需要が生じてくるという側面があった」とし、「『御国恩』に報いるために海防に尽力するということよりも、むしろ『私的利益』の追求の方が意識されている」と海防を機に利益を求める百姓の対応を捉えた(8)。また、台場建設の公共事業としての側面に注目した研究には、樋口政則氏(9)や西川武臣氏(10)の成果がある。このような先行研究の成果を踏まえれば、海防と地域の関係を実態的に解明するために役論以外の観点が必要になってくることは明らかである。

ただし、先行研究において、建設後の台場と地域との日常的な関わり、台場を警衛する軍隊の駐留拠点である陣屋については、十分な検討がなされてこなかった。異国船が来航しない間も地域に存在し続ける陣屋・台場は、そもそもどのような施設であり、どのように運営されていたのだろうか。近年では椿田有希子氏(11)・冨川武史氏(12)・上田長生氏(13)によって社会史的観点からの研究が進展しているが、三浦半島に関しては停滞している。

以上の点を踏まえ、本論では、幕末期における相武地域の拠点形成の一類型を軍事の観点から示すため、三浦半島の陣屋・台場を包摂した軍事拠点（御備場）に着目する。まず浦賀奉行管轄の平根山御備場を取り上げ、地誌や絵図から陣屋・台場の構造や御備場の空間的特質を明らかにする。次に砲術稽古や役人の逗留、百姓地との住み分け、船蔵火事一件などの分析を通じて御備場の運営と西浦賀村・東浦賀村との関わりについて明らかにする(14)。さらに川越藩管轄の大津陣屋を取り上げ、その周辺地域への影響についても考察する。最後に兵学者の山鹿素水・宮部鼎蔵、薩摩藩士たちの三浦半島における探索活動を検討し、御備場を軍事情報の結節点として位置付ける。

## 一　平根山御備場の構造

江戸近海の海防体制は時期により目まぐるしく変化している。文化七（一八一〇）年、会津藩が江戸近海の海防を命じられ、相模国三浦郡に預所を置くようになる。これによって三浦半島における大名駐屯体制が始まり、文政三（一八二〇）年には浦賀奉行を中心として川越藩・小田原藩が浦賀に援兵する体制が整備される。異国船取扱法が打払令から薪水給与令に切り替わる天保一三（一八四二）年には浦賀奉行・川越藩の体制となり、アメリカのビッドル艦隊が来航した翌年、弘化四（一八四七）年には浦賀奉行が異国船との応接（交渉）、川越藩・彦根藩が海防を担当する体制がとられる。その後、ペリー艦隊が来航した嘉永六（一八五三）年には川越藩・彦根藩に代わって熊本藩・長州藩という外様藩が海防を担当する体制となる。安政六（一八五九）年には浦賀奉行と熊本藩、文久三（一八六三）年には浦賀奉行・佐倉藩・松本藩、慶応三（一八六七）年には浦賀奉行・韮山代官の体制に移行し、慶応四（一八六八）年に神奈川裁判所の管轄下に編入されていった。

この間、三浦半島では異国船来航という非常事態に備えて様々な陣屋・台場が設置され、地域の日常的風景の中に溶け込んでいった。文化九（一八一二）年に初稿が成立した地誌「三浦古尋録」には、すでに台場建設や砲術稽古の様子が記されている。それによると、文化八（一八一一）年三月一〇日に三浦郡中が上知となり、「同年六月朔日会津家領地トナル、異国船漂着非常御要害トシテ鴨居・浦賀・城ケ島三ケ所エ大筒台場建、但七間、二十五間、毎月大筒稽古定日十五日[15]」とある。

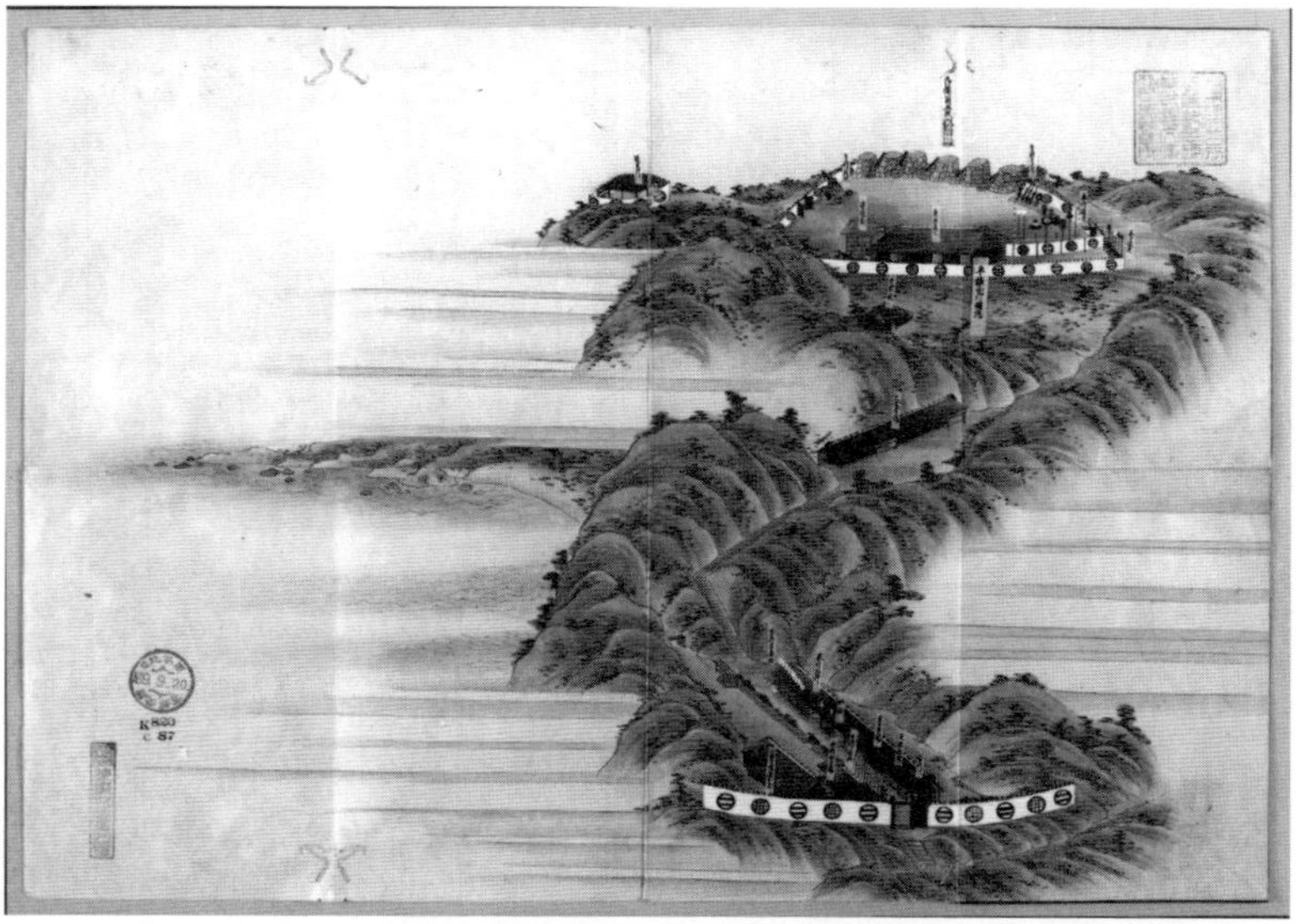

【図１】「平根山御備場繪圖」（東京都立中央図書館特別文庫室所蔵）

このうち浦賀に置かれた「大筒台場」が平根山の台場である。平根山の台場は、文化八（一八一一）年、三浦半島において最初に設置された台場で、文政四（一八二一）年に会津藩から浦賀奉行に管轄が切り替わり、嘉永元（一八四八）年に平根山下に千代ヶ崎台場が建設されたことで廃止となった。

昌平黌の林述斎を中心に徳川幕府が編纂した「新編相模国風土記稿」（天保一二年完成）の西浦賀村の部分には、「大筒台場」の項目があり、以下のように記述されている。[16]

> 小名平根山にあり、頂上船見番所あり、大銃六挺を備置、又陣屋及び塩焇蔵あり、文化八年新に建らる、領主松平肥後守容衆に命ぜられ其家人をして守らしむ、文政四年より浦賀奉行の持となり、与力二人、同心十人、足軽十人、浦賀番所より交代し、鉄炮方井上左太夫組同人(心)二人、江戸より在勤して警衛す

台場は地域的特質を現す一要素として地誌に記述されていったのである。

当時の台場の状況を知る手がかりは地誌だけではない。【図1】は東京都立中央図書館特別文庫室所蔵の絵図（近九四）である。「平根山御備場」と記された絵図全体を示す大きめの付箋と、各種の施設名を記した付箋が貼られており、作者や制作年代は不明であるが、台場の詳しい構造を確認できる。まず山下の表門を入ると右手に門番所・足軽部屋・武器置場・奉行控所、左手には砲術稽古場・与力同心部屋があり、陣屋を形成している。奉行・与力・同心とあることから、この絵図は浦賀奉行管轄となった文政四（一八二一）年から、台場が廃止された嘉永元（一八四八）年までの間の様子を描いていることになる。柵で囲まれた山頂部分には「御備筒五挺」などが配備され、見張番所や遠見所が置かれた。中腹には人足寄場や火薬蔵がある。砲撃用の火薬や人足を中間地点に置くことで陣屋と砲台の連携を円滑に機能させるねらいがあったと考えられる。

異国船を砲撃する施設である台場は、単体で機能するわけではなく、陣屋・砲術稽古場・火薬蔵などと複合することで初めてその機能を発揮することができたのである。だからこそ、諸施設が一体のものとして認識され、「御備場」として絵図の中に収まっているのである。

## 二　平根山御備場の運営

平根山のある西浦賀村、その隣村の東浦賀村では、日常生活の場に御備場が形成されたことによって、様々な問題が発生するようになった。

文化八（一八一一）年、三浦半島の海防を担当していた会津藩は、西浦賀村の平根山に台場を建設し、翌年には房総半島側の海防を担当していた白河藩とともに、「陣屋元は勿論、領分海辺等ニ而炮術稽古為致申度、尤大筒船等之儀も為致申度、右は御備場第一之儀ニ付、四季共為打申度奉存候」(17)と年間を通じた砲術稽古の実施を申し出ている。これを受けて浦賀奉行は東西浦賀村に諮問している。次に掲げる史料は、諮問に対する東西浦賀村のそれぞれの請書である。(18)

差上申御請書之事

一此度房総并相州御台場為御備御陣屋御取建、炮術為御稽古四季共大筒御打被成候趣、御両家様より御伺有之候ニ付、差支之儀は無之哉之旨被遊（御尋脱カ）難有仕合奉存候、右御備之儀ニ御座候へは、鯱漁等ニ差障り候迚も是非も無御座候御儀ニ御座候へ共、東浦賀鯱漁之儀は御運上金上納仕、小前一同冬分之渡世ニ仕候間、年々三（八）月下旬より八（三）月上旬迄は前々より申合候而寺々撞鐘ニ而も撞不申候様ニ仕候、依之船見山（平根山）辺ニ而は御用捨被成下候様偏ニ奉願上候、観音崎・久比里辺ニ而御打被成候義は先差支之儀も有之間敷と奉存候、右之趣ニ付書付差上申候、以上

東浦賀

三　人

文化八年未七月

浦賀

御奉行所

差上申御請書之事

一此度房総并相州御台場為御備御陣屋御取建、炮術為御稽古四季共ニ大筒御打被成候趣、御両家様より御伺有之候ニ付、差支之筋無之哉之旨被遊御尋難有仕合奉存候、此義西浦賀ニ而は船方之外差支は無之候へ共、分郷久比里ニ而は御運上金上納仕磯漁仕来渡世仕候、然所船見山ニ而は大筒御打被成候而も漁事ニ差障りニ相成不申哉、

又は不苦義も有之哉、是迄右体之義無御座候へは聢と様子相分り兼申候、尤大筒御打被成候後、漁事ニ相障り候義も有之、小前一同難義之筋も御座候ハヽ、其節私共御願可申上候、右之趣御尋ニ付御受書差上申候、以上

西浦賀
四　人

文化八年未七月

浦賀

御奉行所

東浦賀村では鯥（ボラの稚魚）漁の運上金を浦賀奉行所に上納しており、小前層にとって鯥漁は「冬分之渡世」であったため、東浦賀村では鯥が逃げないように八月下旬から三月上旬まで寺の鐘も撞かないようにしていた。しかし、年間を通じた砲術稽古が実施されると、鯥が湊内から逃げてしまう。そのため、東浦賀村は、湊口に位置する平根山周辺ではなく、近郊の観音崎・久比里周辺での稽古実施を願い出ている。一方、西浦賀村は、稽古開始後に漁業に支障があり、小前一同が難儀した場合はその時に願い出るとしているが、基本的に「船方」以外は支障がないとしている。

東西浦賀村では、小前層の生業に違いがあり[19]、それが御備場での砲術稽古計画への対応の違いになっている。西浦賀村では、浦賀番所で行われる船改め（江戸内海に出入りする船の積荷・乗員の検閲）に伴う作業が小前層の稼ぎのひとつになっていたことから、東浦賀村ほど直接的に小前層の生業に影響を及ぼす問題として捉えられていなかったのだろう。なお、この請書提出の翌年、文化九（一八一二）年に成立した先述の「三浦古尋録」には、毎月一五日が砲術稽古日になっているとの記述があるので、会津藩の申出は実現したと考えられる。

　また、文政四（一八二一）年一二月二〇日、東西浦賀村役人は、平根山・観音崎・城ヶ嶋での台場・組屋敷添地の普請に際して、幕府役人が逗留した時の諸入用金三〇〇両余および人足を東西浦賀村が賄ったことで小前が難儀していると浦賀奉行に訴え、同奉行の預所・役知村々への負担の広域化を願い出ている(20)。その後の経緯は不明だが、天保一〇（一八三九）年段階で浦賀奉行預所の須軽谷村が「御台場御見分」の「御賄」「守随賄」として銀二六貫一三九匁を負担しているので(21)、東西浦賀村の願いは聞き届けられたものと考えられる。

　次の史料は天保一五（一八四四）年五月、浦賀奉行土岐頼旨が老中阿部正弘に宛てた平根山御備場修復に関する伺書である(22)。

相州平根山御備場塀・重門・囲柵矢来・大筒上家・遠鏡台其外御修復省略仕猶又奉伺候書付

土岐丹波守（浦賀奉行　頼旨）

私持場相州平根山御備場向御修復之儀、先役遠山安芸守（浦賀奉行　景高）より取調申上候処、私江御下被成候ニ付、彼地江罷越見分仕為取調、朽損之箇所可相成丈古木品相用省略減申付候、且又同所御囲所手狭ニ付、添地御買上之儀最初安芸守より申上候処、右は従来相済来候御場所ニ付、添地御買上御模様替等は見合、有形之儘御修復相伺候様被仰渡候得共、右御場所御囲内百姓持山入会取締不宜、纔ニ御建物道敷等は御用地ニ而、左右芝間・雑木等生立候所百姓地ニ而、炮術稽古等之節も心配仕、御囲内ニ百姓持山有之候段不相当ニも相見、且右山御買上代も聊之義御座候間、添地御買上之義は義被仰付候方可然哉奉存候、御修復御入用元積高金百弐拾三両弐分余御座候処、内金三拾六両弐分余此度猶又省略相減、高金八拾六両三分余全御入用辻相成、外金弐拾壱両壱分余添地并立樹共御買上代金御座候間、元引此度猶拾五両壱分余相成候ニ付、右御入用を以御修復・添地御買上被仰付候様仕度仕様帳御

勘定奉行江相達申候
依之御入用金高帳・添地御買上代金取調帳相添此段奉伺候、以上
五月　土岐丹波守

これによると、平根山御備場の「御囲内」に百姓の持山が入会になっており、それが取締上の問題となっている。御備場内の建物や道敷などは御用地であるが、左右の芝間や雑木などは百姓地であるため、砲術稽古時には危険が伴うと指摘している。こうしたことから浦賀奉行は御備場内に百姓の持山があるのは不相当であり、添地を買い上げるべきだと主張し、平根山御備場の「御用地」としての性格を明確にしようとしている。

地域住民の視点に立てば、大規模な反対運動に発展しても不思議ではない問題だろう。しかし、反対運動の形跡は管見の限り確認できない。それでは、御備場の存在を地域住民が受容し得た理由をどのように考えればよいのだろうか。その課題に迫るため、以下では船蔵火事一件に注目したい。

## 三　船蔵火事一件

船蔵火事一件の経緯は次の通りである。[23] 嘉永三（一八五〇）年七月一日八つ時（午後二時頃）、平根山下の屋形浦（館浦とも）の船蔵から出火した。人家や蔵が密集する浦賀湊内において、屋形浦は比較的打ち開けた海岸となっていたため、警衛用の船を留め置く船蔵や玉薬（銃砲用の火薬）製造所などが設置されていた。出火当時も火薬を製造中で、日雇が出入りして作業にあたっていた。東西浦賀村の火消が駆け付けた時にはすでに防ぎようがなく、色々な砲弾

もあったため、暴発を恐れて近寄り難く、船蔵脇にあった浦賀奉行所の警衛船下田丸が焼け、八つ半時（午後三時頃）になり漸く鎮火した。

その後、出火原因などに関する吟味が行われ、嘉永四（一八五一）年三月一一日、関係者への処罰が言い渡された。浦賀奉行組同心を務めた臼井家に伝来した文書群には「牧野備前守殿御差図書」(24)と題する横半帳があり、処罰の詳細を確認することができる。それによると、西浦賀村浜町吉五郎には「玉薬製造所江罷出、休息之節煙草給候而已不成、出過候性質より使走日雇い人足に罷出候身分ニ而、合薬之強柔を様候迚、合薬搗堅メ之台木ニ翻居候粉薬江火玉をはたき、火移り不申、合薬出来損と心得、七蔵差留候をも不聞入、又候様候積りニ而、落飜之粉薬□（虫損）振り懸候より一時ニ燃上リ、御船屋、船々焼失ニ相成候段不届ニ付、遠嶋申付ル」と軽率な行動で出火の原因を作ったとして遠島が命じられた。また、西浦賀村字川間七右衛門忰七蔵には「其侭迯帰候ハヽ、早速掛之もの江申立へく処、右始末他言致呉間敷旨吉五郎より頼受候迚、掛リ之者より糺有之候迄相包罷在候段不束ニ付、手鎖申付ル」と出火の現場に居合わせながら事実を秘匿したとして手鎖が命じられた。西浦賀村の浜町・川間といった屋形浦近隣の住民が火薬の製造に関わっており、彼らの不注意が大事故に繋がり、海防に必要な警衛船や火薬が燃えてしまったのである。

ここで注目したいのは、浦賀奉行組与力・同心も処罰の対象になっているということである。「御用筋重立」の与力合原操蔵、同中島三郎助、玉薬製造所見廻り担当の与力朝夷揵次郎・同心横溝小一郎、吉五郎を紹介した与力細倉虎五郎は押込、火薬製造稽古手伝の同心小原勇次郎・福西啓蔵・岩田平作・山崎大三郎・中村市之丞、日雇人足の人選に同意した与力佐々倉桐太郎・松村源八郎は急度叱、同じく同心岩田源十郎は叱となった。このうち与力細倉虎五郎への申渡しには、「吉五郎義は兼而出入候者ニ而困窮之有様見兼候とは乍申、右御場所人足ニ差遣候義ニ有之候は、得と人物、気性も相糺可申処、無其儀、製造掛江申込」とあり、細倉が火薬の製造掛に吉五郎を日雇人足として紹介していたことがわかる。そして、与力合原・中島の申渡しには、「兼而細倉虎五郎より申込候吉五郎義、仔細も無之人物と心得、一ト通相掛江申合候而已ニ而手限ニ而定日雇人足ニ申付」とあり、細倉からの紹介であったため、製造掛へも十分に相談しないで吉五郎を日雇人足に加えてしまったとある。

火薬製造という御備場運営に関わる事業が西浦賀村住民の稼ぎの機会になっていたわけであり、ここに地域住民が御備場を受容し得た理由の一端を窺い知ることができよう。また、特徴的なのは与力の私的な人間関係に基づいて日雇が選ばれていることである。それだけ、浦賀奉行所役人と地域住民との関係性が、日常的かつ緊密なものであったということである。ゆえに人選を誤ると、それは与力・同心の過失となったのである。

船蔵火事一件では日雇の迂闊な行動が警衛船や火薬を焼くことになり、浦賀奉行所の海防遂行能力を低下させることに繋がったが、そのことは幕府の海防体制が地域に依存した体制であったことを端的に示したものといえる。

## 四　大津陣屋の設置

続いて、天保一四(一八四三)年に川越藩が設置した大津陣屋を事例として、御備場の形成が地域に及ぼす影響について検討していく。江戸近郊に一五万石を領有する親藩、川越藩は文政三(一八二〇)年一二月に異国船来航時の浦賀出兵を幕府に命じられ、翌年、相模国三浦郡浦郷陣屋を整備した。藩内では物頭・目付、相州居付きの家臣、異国船来航時差出一番手の武者奉行以下一三六人の警衛方、また地方支配にあたる在方組として町在奉行寒河江拾兵衛率いる元締・目付・代官・郷廻りなど一八人の派遣が決定する。[25] この段階では必要に応じて援兵するという体制に止まっていたが、天保一三(一八四二)年八月になると三浦郡に預所を有し、本格的に相州警衛に関わるようになっていく。

そのため、天保一四（一八四三）年、川越藩は相州警衛の拠点として藩士が駐屯する陣屋を相模国三浦郡大津村に建設する。陣屋が置かれた大津村は村高七五九石余、家数二六一軒、漁船三一艘を有した(26)。

嘉永元（一八四八）年の三浦半島・房総半島の見分記「相州御固図記」(27)には、大津陣屋に関して次のような記述がある(28)。

一大津村ハ漁師百姓にて。己が世業の手寄に任たる家作なれども。此度川越家陣屋元となりてハ。食類調度迄商ふ家。或は旅宿等俄に出来。爰の山陰彼所の畑中。何某か家は間数多けれは旅籠屋。彼人ハ知ル業なれは料理屋なぞと。（後略）

一陣屋ハ方百四五十間斗りと見ゆ。内ハ惣長屋作にて。士分以上重職の人住居といへり。尤家内引越のよしなり。見渡し三百竈もあらんか。陣屋外に足軽組長屋多くあり。

一当所に鉄炮方弐人弐流あり。是人ハ外記流にて　公務炮術方井上家の門人なり。壱人ハ武衛流の由。外記流最多しと」猿島・旗山・十国、此三ヶ所御台場外記流の持也、武衛ハ観音崎斗りなり陣屋より五六町西北の方山の間に角場あり。両流の小屋弐ヶ所有て未明より黄昏に至迄。中筒小筒の音絶間なし。

一外記流大筒場ハ。山の半服《（腹）》草木伐払玉落に致し。角場より五町ありといふ。未年《（弘化四）》迄ハ月々稽古有之所。当申年《（嘉永元）》よりハ年々両度《（ツヽ）》もに相定るよし。

これによると、川越家陣屋元となって以降、大津村には食類・調度などを扱う商家や旅宿などが俄に置かれ、陣屋は長さ一四〇～一五〇間（約二五四～二七三m）ほどで、陣屋内は惣長屋造り、陣屋外には足軽組長屋が多数存在

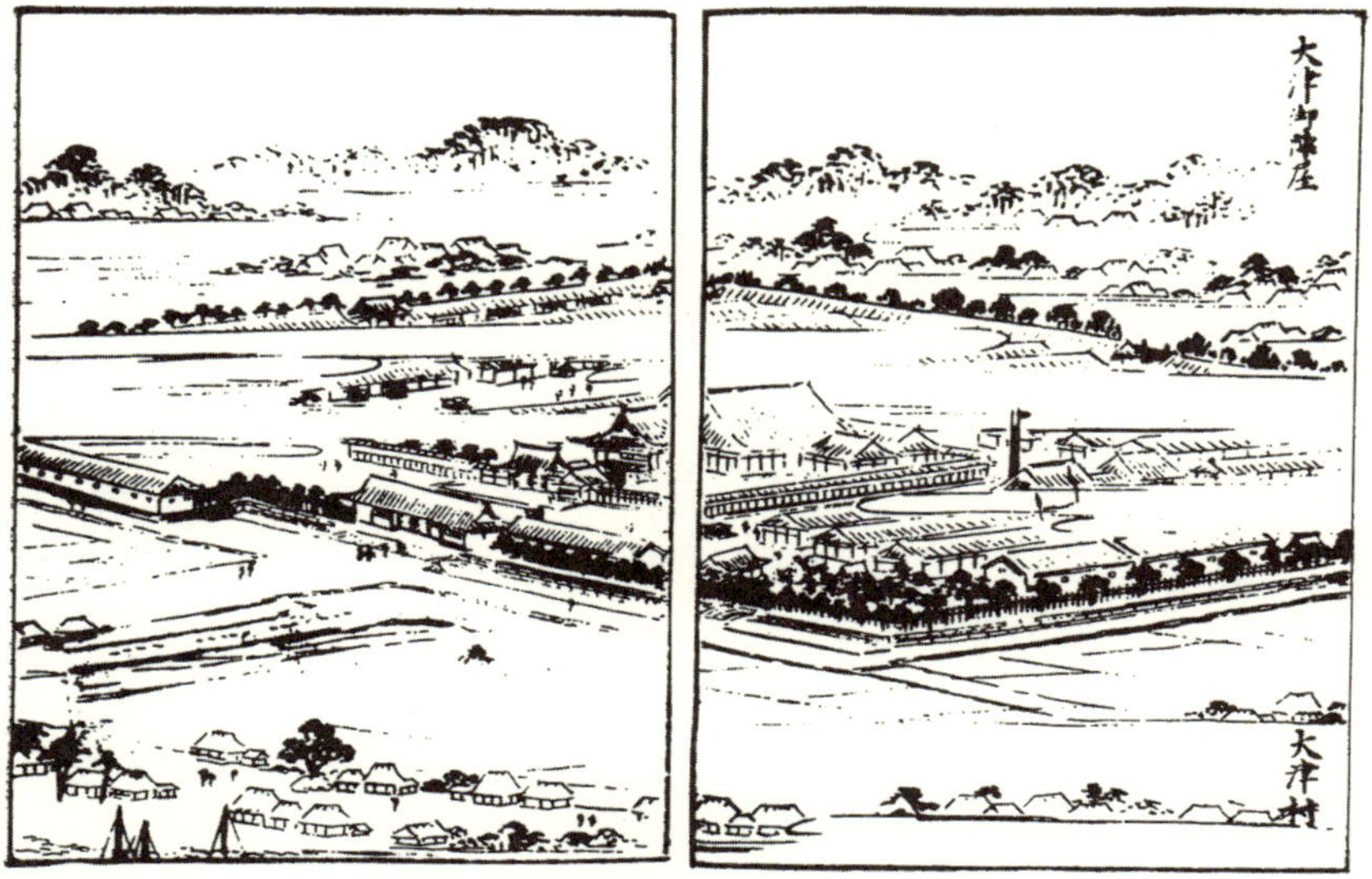


【図2】「相中留恩記略」に描かれた大津陣屋（独立行政法人国立公文書館所蔵内閣文庫）

していたとある。さらに川越藩の鉄砲方二人（外記流［井上流］と武衛流）が駐在し、大津陣屋から五～六町（約五四五～六五四m）西北に角場（近距離射撃場）があり、外記流・武衛流の小屋が二か所置かれ、未明より黄昏まで、中筒・小筒の音が絶間ない。また、角場から五町（約五四五m）隔たった場所に外記流の大筒稽古場（遠距離射撃場）があり、山の草木を伐採して玉落（砲弾の着弾地点）としており、弘化四（一八四七）年まで毎月一回稽古、嘉永元（一八四八）年から毎月二回稽古が行われていたとある。

なお、相模国鎌倉郡渡内村名主福原高峰が記した民間地誌「相中留恩記略」[29]（附録）には、大津陣屋を描いた絵図が掲載されており【図2】、やはり陣屋内には長屋が描かれている。

それでは、この大津陣屋にはどの程度の藩士や付属の者たちが駐屯したのであろうか。弘化三（一八四六）年のビッドル来航時の大津陣屋詰の警衛人数を示したものが【表1】である。実際には入れ替えもあっただろうが、概数は把握できるだろう。同表によれば、藩士以外にも足軽や従者・中間など多くの武家奉公人が駐屯している。また、相州預所の地域住民からの登用も目立つ。例えば、川越藩は文政四（一八二一）年、公郷村名主永嶋庄兵衛（庄司）を郡中取締役（御家中番外席、高一〇〇石下付）とし、[30]天保一四（一八四三）年には【表2】のように地域住民を水主差配役・同添役・船手組・旗差などに登用している。水主差配役・同添役・旗差は【表1】の船差配役・船差配添役・旗之者に相当すると考えられる。

| 役職 | 人数 |
|---|---|
| 【騎馬以上】 | |
| 家　老 | 1 |
| 武者奉行 | 2 |
| 番　頭 | 2 |
| 寄　合 | 4 |
| 大目付 | 1 |
| 郡奉行 | 1 |
| 物　頭 | 4 |
| 軍事方 | 1 |
| 船奉行旗支配兼 | 2 |
| 組　頭 | 2 |
| 使　番 | 2 |
| 目　附 | 2 |
| 組使役 | 2 |
| 組目附 | 2 |
| 組騎士 | 80 |
| 大筒方 | 55 |
| 右　筆 | 3 |
| 筆談之者 | 1 |
| 医　師 | 3 |
| 小　　計 | 170 |

| 役職 | 人数 |
|---|---|
| 【騎馬以下】 | |
| 徒目附 | 3 |
| 医　師 | 2 |
| 貝　役 | 2 |
| 太鼓役 | 2 |
| 鐘　役 | 2 |
| 旗警固役 | 1 |
| 船手役 | 2 |
| 足軽警固役 | 4 |
| 足軽小頭 | 4 |
| 足　軽 | 80 |
| 浮手足軽 | 40 |
| 旗差配役 | 2 |
| 旗之者 | 12 |
| 船差配役 | 25 |
| 船差配添役 | 19 |
| 船手組 | 50 |
| 賄　方 | 20 |
| 武具方 | 10 |
| 作事方 | 10 |
| 従　者 | 208 |
| 中　間 | 921 |
| 小　　計 | 1419 |
| 合　　計 | 1589 |

※前橋市立図書館所蔵前橋藩松平家記録「記録相州四番」
弘化３年９月10日条より作成。

【表1】大津陣屋の警衛人数

| 役職 | 村 | 名前 | 扶持 | 苗字 | 帯刀 | 備考 |
|---|---|---|---|---|---|---|
| 水主差配役 | 小菅谷村 | 梅沢与次右衛門 | ５人扶持 | | | 直支配 |
| | 芦名村 | 吉田源右衛門 | ２人扶持 | 一代苗字 | 地廻り帯刀<br>他所出帯刀 | |
| 水主差配添役 | 堀之内村 | 葉山豊之助 | ２人扶持 | 勤中苗字 | 地廻り帯刀 | 葉山市郎右衛門悴 |
| | 堀之内村<br>三ヶ浦 | 鈴木七左衛門 | 勤中２人扶持 | 苗字 | 他所出帯刀 | |
| | 浦之郷村 | 田中源右衛門 | 勤中２人扶持 | 苗字 | 他所出帯刀 | 名主 |
| | | 蒲谷庄兵衛 | ２人扶持 | 勤中苗字 | 地廻り帯刀 | 組頭 |
| | 横須賀村 | 今井市郎兵衛 | ２人扶持 | 一代苗字 | 地廻り帯刀 | 組頭 |
| | 久野谷村 | 松岡六郎兵衛 | 勤中２人扶持 | 苗字 | 他所出帯刀 | 名主 |
| | 大津村 | 藤原勘右衛門 | | 勤中苗字 | 地廻り帯刀 | |
| | | 斎藤市右衛門 | | 勤中苗字 | 地廻り帯刀 | |
| | 公郷村 | 石井三郎右衛門 | | 勤中苗字 | 地廻り帯刀 | |
| 船手組 | 大津村 | 新賀新四郎 | １人扶持 | 苗字 | 勤中地廻り帯刀 | |
| | | 藤原源四郎 | １人扶持 | 苗字 | 勤中地廻り帯刀 | |
| | | 小川三郎左衛門 | １人扶持 | 苗字 | 勤中地廻り帯刀 | |
| | | 菊地八右衛門 | １人扶持 | 苗字 | 勤中地廻り帯刀 | |
| | | 鈴木治兵衛 | １人扶持 | 苗字 | 勤中地廻り帯刀 | |
| | 公郷村 | 石渡次郎右衛門 | １人扶持 | 苗字 | 勤中地廻り帯刀 | |
| | | 永島庄右衛門 | １人扶持 | 苗字 | 勤中地廻り帯刀 | |
| | | 原曽右衛門 | １人扶持 | 苗字 | 勤中地廻り帯刀 | |
| | | 渡辺伝五郎 | １人扶持 | 苗字 | 勤中地廻り帯刀 | 武平を改名 |
| | | 宇野久兵衛 | １人扶持 | 苗字 | 勤中地廻り帯刀 | 六左衛門を改名 |
| | 横須賀村 | 小林与兵衛 | １人扶持 | 苗字 | 勤中地廻り帯刀 | 文兵衛を改名 |
| | | 小林粂八 | １人扶持 | 苗字 | 勤中地廻り帯刀 | 忠助を改名 |
| | | 永島孫左衛門 | １人扶持 | 苗字 | 勤中地廻り帯刀 | |
| | 浦之郷村 | 蒲谷又左衛門 | １人扶持 | 苗字 | 勤中地廻り帯刀 | |
| | | 池田権右衛門 | １人扶持 | 苗字 | 勤中地廻り帯刀 | |
| 旗差 | 大津村 | 瀧崎九郎左衛門 | １人扶持 | 苗字 | 勤中地廻り帯刀 | |
| | | 菊地新三郎 | １人扶持 | 苗字 | 勤中地廻り帯刀 | |
| | | 新賀弥兵衛 | １人扶持 | 苗字 | 勤中地廻り帯刀 | 清兵衛を改名 |
| | 下平作村 | 瀧口清七 | １人扶持 | 苗字 | 勤中地廻り帯刀 | 清左衛門を改名 |
| | 佐野村 | 角井源太郎 | １人扶持 | 苗字 | 勤中地廻り帯刀 | 治右衛門を改名 |
| | 森崎村 | 長瀬茂左衛門 | １人扶持 | 苗字 | 勤中地廻り帯刀 | 次左衛門を改名 |

※前橋市立図書館所蔵前橋藩松平家記録「相州記録一番」天保 14 年 4 月 7 日条より作成。

【表 2】水主差配役・船手組などの任命

郡中取締役に任命された永嶋家に伝わった文書群[31]には、永嶋庄兵衛悴の峯吉[32]が嘉永二（一八四九）年八月に川越藩の大筒方で外記流砲術世話役の森川志津馬から得た「外記流矢倉書」[33]が残されている。また、峯吉は嘉永五（一八五二）年四月一五日に川越藩の砲術家喜多武平より荻野流砲術免許を受けている。[34]

このように大津村には陣屋や足軽長屋が設置され、川越藩士らが常駐することになり、居住人口が一気に膨張した。陣屋の設置は地域住民にとっては新たな稼ぎ、「身上り」の契機となった。陣屋周辺には砲術稽古場も設置され、砲術家によって毎月稽古が行われた。砲術家は秘伝書を授けたり、免状を発給するなど、砲術を介して地域住民とも交流を図っていた。

## 五　情報拠点としての御備場

陣屋・台場には貴重な軍事情報が備わっていたため、砲術や兵学などのネットワークを通じて多くの武士たちが三浦半島で情報収集活動を行い、その成果を記録に残した。陣屋・台場を内包する御備場周辺の地域住民は海防に深く関与していたため、貴重な情報源ともなった。

山鹿流兵学者山鹿素水は弘化四（一八四七）年五月一三日から二四日にかけて浦賀周辺の陣屋・台場などを視察し、その情報を「相州浦賀巡覧記」[35]にまとめている。この記録によると、素水は五月一六日に弟子たちを引き連れ、公郷村名主永嶋庄兵衛の後園に寓居していた喜多武平を訪問している。武平の甥深井太平が素水の塾生であったことから、素水と武平は旧知の間柄であった。その日、武平は留守で、翌日、素水は武平と面会し、その案内で台場建設予定地であった猿島を視察している。また、素水は一八日夜に永嶋家を訪問し、庄兵衛から台場建設の様子を聞き取っている。

山鹿流兵学者の熊本藩士宮部鼎蔵は嘉永四（一八五一）年六月一三日から二二日にかけて長州の吉田松陰とともに相模・安房を巡遊し、その情報を「房相漫遊日記[36]」にまとめている。この記録によると、鼎蔵と松陰は六月一四日に大津陣屋を視察し、その後、公郷村の永嶋庄兵衛家に投宿し、晩に武平を訪ねて砲術談義に及んでいる。翌日には川越藩の警衛地を避けながら東浦賀に至り、鶴崎から漁船に便船して千駄崎を視察しているが、「少シ上ニ遠候（見カ）番アリ、裏ヨリ柵ヲ越テ入ラントス、番人居タル故ニ不果」とある。一六日には大浦山に行き、「番人ナシ、故ニ柵中ニ入リ点検スルコトヲ得タリ」と視察できた。三浦半島南端の城ヶ島渡海時には「アハサキ台場見物、番人アリ不得」という具合で、御備場が軍事機密であり、番人の存在が視察の可否に関わっていたことが窺える。六月二一日には永嶋庄兵衛・喜多武平を訪ねて三浦半島の視察を終えている。永嶋家を訪問するなど、宮部の巡見路は素水とほぼ同様で、山鹿流兵学のネットワークを通じて情報や人間関係が共有されていたものと考えられる。

嘉永六（一八五三）年六月三日、ペリー率いるアメリカ東インド艦隊四隻が浦賀沖に来航すると、情報収集のため諸藩士が三浦半島を訪れている。薩摩藩では徒目付竹下清左衛門、中小姓杉田与右衛門、兵具方田中万右衛門・久富賀右衛門らが浦賀に向かい、情報収集活動を行った。作成の経緯は不明であるが、「浦賀見聞注進手控・薩州某浦賀見聞手控[37]」によると、六月四日、竹下以下薩摩藩士は西浦賀村蛇畠町薩州廻船問屋艪屋宗右衛門宅に到着している。五日、平根山の遠見番所脇に登り、ペリー艦隊の様子を探り、浦賀奉行組同心直井彦助からペリー艦隊乗留の様子を内密に聞いている。六日、旅宿の主人宗兵衛の先導により東浦賀に渡り、鴨居村にて見物しようとしたが、すでに蒸気船は引き返しており、元の場所に停泊していることを確認した。その後、観音崎へ行こうとするが、川越藩が「御張番」を置き、用事のない者を取り締まっていた。仕方なく引き返す途中、髪結屋に立ち寄り風聞を聞いている。八日には同心直井が訪ねて来て応接の次第を伝え聞いた。さらに「今日旅宿主人宗兵衛を召連、至極ニ姿をやつし燈明堂より彦根持之台場千代ヶ崎へ忍入、炮数并組一見之事、千代ヶ崎台場砲数十五挺、玉目不分」とまたも旅宿主人宗兵衛の先導で変装して千代ヶ崎に忍び込んで情報を収集している。九日には「同心今西完十郎より見せ候書付之写」、一一日にも今西から別の書付を得ている。一二日は山に登りペリー艦隊の様子を視察し、今西から異人の贈物を海岸で焼き捨てたとの情報を得ている。

以上のように、御備場を視察するため、兵学者・諸藩士らが三浦半島を訪れていた。軍事機密である陣屋・台場などに部外者は原則立ち入りできなかったため、彼らは郡中取締役永嶋庄兵衛や砲術家喜多武平、浦賀の旅宿主人、浦賀奉行組同心らの協力を得て情報を収集していた。御備場は警衛担当の武士、地域住民、情報収集にあたる武士の結節点、情報収集活動の拠点でもあった。

浦賀奉行戸田氏栄が同僚の井戸弘道に宛てた嘉永六（一八五三）年七月一八日付書簡には「当表同心今西宏蔵と申もの、異船渡来中之筆記いたし、右を追々人手ニ相渡し、夫江又々附延いたし、一冊弐匁五分定価ニて買々いたし候段相聞へ、早速召捕夫々吟味中ニ御座候[38]」とある。今西宏蔵と今西完十郎との関係は判然としないが、海防担当の浦賀奉行組同心が私的利益追求のために自発的に情報を外部に提供し、それが問題化していたのである。浦賀周辺では情報自体が価値をもつようになっていたのである。

## おわりに

陣屋・台場は焚出場所・火薬蔵・砲術稽古場など様々な施設と複合することで軍事拠点として機能するものであり、これら諸施設は「御備場」として空間的に一体のものとして認識された。相模国三浦郡西浦賀村・東浦賀村にとって御備場の形成は、鮭漁や船稼ぎといった生業に支障が出るのではないかという懸念、役人逗留に伴う入用金・人足の負担を生み、百姓地の軍用地化を進めるものであったが、一方で火薬製造など日雇稼ぎの機会を地域住民に提供した。先行研究では地域における海防負担の増大という側面と利益や需要が生じてくる側面に焦点が当てられてきたが、そうした両側面が全体的に均衡を保つことによって地域の秩序が維持されていたと考えられる。

いずれにせよ幕府の海防体制は、地域との緊密な関係を基盤としてはじめて成り立つものであった。そのことは西浦賀村の日雇の不注意によって警衛船や火薬が焼失し、浦賀奉行所の海防遂行能力を低下させるに至った船蔵火事一件からも読み取ることができる。この一件では、出火させた日雇だけではなく、浦賀奉行所役人も処罰の対象となった。御備場は浦賀奉行所役人と地域住民との連帯責任によって運営されていたのである。

天保一四（一八四三）年に川越藩が相模国三浦郡大津村に建設した大津陣屋には多くの藩士が駐屯したため、同村の人口は急速に膨張し、陣屋周辺には新たに足軽長屋・商家・旅宿が置かれたことから消費が拡大したと考えられる。また、川越藩は大津周辺村々の住民を郡中取締役・水主差配役・同添役・船手組・旗差などに登用して海防を担当させた。陣屋周辺には砲術稽古場も設置され、砲術家と地域住民との間で砲術を介した交流が展開していた。

御備場はそれ自体が貴重な軍事情報源であった。警衛担当の武士たちは陣屋・台場への出入りを取り締まったため、部外者による情報収集は困難であった。そこで軍事情報を求める武士たちは海防に深く関与していた地域住民、あるいは私的利益のために自発的に情報を提供する警衛担当武士たちの協力を得ながら活動にあたった。御備場は警衛担当の武士、御備場御用を負担する地域住民、さらには情報収集活動にあたる武士たちを引き付ける結節点となり、幕末期の三浦半島の地域性を特徴付けるものとなった。

三浦半島の御備場は慶応四（一八六八）年に新政府へと引き継がれていく。大津陣屋は明治元（一八六八）年一〇月二一日に銃兵の寄場となり、平根山には明治二八（一八九五）年に千代ヶ崎砲台が設置された。また、文化九（一八一二）年に会津藩が台場を設置した観音崎、弘化四（一八四七）年に川越藩が台場を設置した猿島にもそれぞれ明治一七（一八八四）年に新たな砲台が建設された。こうした明治期における砲台の新設は、幕末期の御備場を基盤としたものであり、三浦半島の軍事拠点は地域住民の生活を規定し続けることになった。(39)

## 註

（1）高橋令治「川越藩の相州に於ける江戸湾防備―特に文政五年、天保八年の場合に就いて―」（『法政史学』一二号、一九五九年）、岩崎鉄志「長州藩と江戸湾防備問題の展開」（『日本歴史』一九二号、一九六四年）、伊藤好一「大津海岸警衛肥後細川家の預所支配」（『三浦古文化』二二号、一九七七年）、筑紫敏夫「川越藩分領の地方支配について―組合村設定に関連して―」（『法政史学』三一号、一九七九年）、星正夫「三浦半島と会津藩」（『歴史手帖』七―一〇、一九七九年）、同「会津藩相州警備考」（『会津史談』第五二号、一九七九年）、田村正純「川越藩の相州警衛について―弘化・嘉永期を中心に―」（『国史談話会雑誌』二一号、一九八〇年）、益田愛「天保改革期の江戸湾防備―川越藩を中心に―」（『論集きんせい』六号、一九八一年）。

（2）丹治健蔵「弘化期における江戸湾防備問題と異国船取扱令―浦賀奉行持場を中心として―」（森克己博士古希記念会『史学論集対外関係と政治文化』第三、吉川弘文館、一九七四年）、同「嘉永期における江戸湾防備問題と異国船対策―浦賀奉行持場を中心として―」（村上直編『近世神奈川の研究』名著出版、一九七五年）。

（3）藤田覚「天保改革と対外的危機」（『日本史研究』一九三号、一九七八年）、同「天保改革期の海防政策について」（『歴史学研究』四六九号、一九七九年）、同「対外危機の深化と幕政の動向」（豊田武先生古稀記念会編『日本近世の政治と社会』吉川弘文館、一九八〇年）。

（4）下重清「嘉永～安政期の小田原藩の海防―武備強化の様相と夫人足の徴発―」（『小田原地方史研究』一九号、

一九九四年）、同「小田原藩の海防―非常時出兵体制から浦固め体制への変遷―」（『地方史研究』四五巻二号、通巻二五四号、一九九五年）、針谷武志「江戸府内海防についての基礎的考察―ペリー来航以前を中心に―」（『江東区文化財研究紀要』二号、一九九一年）、同「『内憂外患』の領主的対応の挫折と変容―弘化三年の海防動員の検証を通じて―」（横浜開港資料館・横浜近世史研究会編『一九世紀の世界と横浜』山川出版社、一九九三年）、岸本覚「彦根藩と相州警衛」（佐々木克編『幕末維新の彦根藩』サンライズ出版、二〇〇一年）。

（5）筑紫敏夫「ペリー来航前後における江戸湾警衛と村方の動向―上総国市原郡を中心に―」（村上直編『幕藩制社会の展開と関東』吉川弘文館、一九八六年）、同「江戸湾沿岸防備と地域社会」（『地方史研究』二一五号、一九八八年）、同「江戸湾警衛 会津藩の「増領」村々について」（『房総史学』二八号、一九八八年）。

（6）針谷武志「〔基調報告〕外圧期について」（『関東近世史研究』三〇号、一九九一年）、筑紫敏夫「江戸湾防備政策の展開と民衆の論理―房総沿岸諸村を中心として―」（同）、浅倉有子「江戸湾防備と村落―相模国を中心に―」（『関東近世史研究』三一号、一九九一年）。

（7）『新横須賀市史』通史編近世（横須賀市、二〇一一年）、五三六・五三七頁。

（8）松田隆行「海防体制下における村方の動向―ペリー来航前後の三浦半島を中心に―」（『地方史研究』四五巻五号、通巻二五七号、一九九五年）。

（9）樋口政則「内海御台場普請と江戸近郊農村―武州葛飾郡東葛西領の一史料―」（『三浦古文化』三四号、一九八三年）。

（10）西川武臣「品川台場・神奈川台場の建設と農民たち」（横浜開港資料館・横浜近世史研究会編『日記が語る一九世紀の横浜―関口日記と堤家文書―』山川出版社、一九九八年）。

（11）椿田有希子「下田・羽田奉行所の設置と江戸湾防備網構想」（『関東近世史研究』七二号、二〇一二年）。

（12）冨川武史「幕末期江戸湾防備の拠点・品川台場の築造と地域社会」（品川区立品川歴史館編『江戸湾防備と品川台場』岩田書院、二〇一四年）。

（13）上田長生「幕末期畿内の社会状況―大阪湾警衛を中心に―」（後藤敦史・髙久智広・中西裕樹編『幕末の大阪湾と台場』戎光祥出版、二〇一八年）。

（14）西浦賀村と東浦賀村は元禄五（一六九二）年に浦賀郷が東西に分村して成立した。享保五（一七二〇）年に下田から西浦賀村に奉行所（役所・番所）が移転して以降、東西ともに浦賀奉行支配となった。「天保郷帳」（独立行政法人国立公文書館所蔵内閣文庫一七六―〇二八一）によると、村高は西浦賀村で六八五石余、東浦賀村で五九石余であった。西浦賀村に対して東浦賀村の村高は少ないが、その代わりに干鰯商売の独占的な営業権を有した。明治三（一八七〇）年に東浦賀村役人が神奈川県浦賀役所に提出した「村高家数職業書上」（横須賀史学研究会編『相州三浦郡東浦賀村（石井三郎兵衛家）文書』第三巻、横須賀市立図書館、一九八七年）によると、家数は西浦賀村一〇一六軒、東浦賀村五四六軒である。

（15）「三浦古尋録」独立行政法人国立公文書館所蔵内閣文庫。「三浦古尋録」は上・中・下巻から成り、相模国三浦郡村々の領主・戸数・石高・社寺・史跡・伝説などを解説したもの。著者は同郡西浦賀村の加藤山寿で、同郡大津村の竜崎攀鯉（戒珠）が編さんに協力したとされる。詳細は菊池武・小林弘明・高橋恭一校訂『校訂三浦古尋録』（横須賀市図書館、一九六七年）の解説を参照のこと。

（16）『大日本地誌体系　新編相模国風土記稿』第五巻（雄山閣、一九九八年）、二九七頁。

（17）文化八（一八一一）年「諸用留」（横須賀史学研究会編『相州三浦郡東浦賀村（石井三郎兵衛家）文書』第一巻、横須賀市立図書館、一九八五年）、一二〇頁。

（18）同右、一二〇・一二二頁。

（19）吉田ゆり子「浦賀の町と遊所」（伊藤毅・吉田伸之編『水辺と都市』山川出版社、二〇〇五年）。

（20）「諸用留」（横須賀史学研究会編『相州三浦郡東浦賀村（石井三郎兵衛家）文書』第二巻、横須賀市立図書館、一九八六年）、一五六・一五七頁。

（21）「御公儀衆御賄人足賃銭御奉行様御在廻リ人足賃銭并守随雑用御定廻り衆物割帳」（鈴木明家所蔵文書、年貢一一）。

（22）「相州御備向御用留」（横須賀史学研究会『新訂臼井家文書』第四巻、横須賀史学研究会、一九九九年）、一二六・一二七頁。

（23）「諸御用日記」（横須賀史学研究会『九州大学蔵　近世浦賀問屋史料（二）浦賀書類（上）』横須賀市立中央図書館、一九九三年）、六七・六八頁。

（24）「牧野備前守殿御差図書」横須賀市所蔵臼井家文書五六。

(25)『逗子市史』通史編古代・中世・近世・近現代編（逗子市、一九九七年）、四一六頁。
(26) 前掲「天保郷帳」および『大日本地誌体系　新編相模国風土記稿』第五巻（雄山閣、一九九八年）。なお、「元禄郷帳」「旧高旧領取調帳」とも村高は同様で、陣屋の設置が村高の変化に及ぼした影響は確認できない。
(27) 作者不明。嘉永二（一八四九）年に筆写。「海岸記聞」「海岸紀行」などの類本がある。横浜市歴史博物館本「海岸記聞」上巻の奥書によると、嘉永元（一八四八）年夏に友人の相馬氏が三浦半島・房総半島を巡覧して集めた情報をまとめたものとある。
(28)「相州御固図記」神奈川県立公文書館所蔵幕末維新史料二二〇〇七二〇〇〇九。
(29) 独立行政法人国立公文書館所蔵内閣文庫。本編二五冊は天保一〇（一八三九）年、附録は安政三（一八五六）年成立。
(30)「永島家代々御支配より御取扱向書抜」横須賀市自然・人文博物館所蔵永島家旧蔵文書一五―七。
(31) 横須賀市自然・人文博物館所蔵永嶋家文書。詳細は『横須賀市資料所在目録』第二集（横須賀市、二〇〇六年）を参照のこと。
(32) 嘉永五（一八五二）年七月二日に川越藩の郡代奉行から親代勤中賄方付属に命じられている（「善事之記」横須賀市自然・人文博物館所蔵永嶋家文書イ五四）。
(33)「外記流矢倉書」（横須賀市自然・人文博物館所蔵永嶋家文書、チ三二）。
(34) 占部氏所蔵文書。
(35)「相州浦賀巡覧記」（『相模国紀行文集』神奈川県立図書館協会、一九六九年）。
(36)「房相漫遊日記」（『吉田松陰全集』別巻、大和書房、一九七四年）。
(37)「浦賀見聞注進手控・薩州某浦賀見聞手控」神奈川県立金沢文庫所蔵。横須賀史学研究会編『浦賀奉行所関係史料第四集』（浦賀奉行所関係史料刊行会、一九七二年）。
(38) 浦賀近世史研究会監修『南浦書信』（未來社、二〇〇二年）。
(39)『新横須賀市史』資料編近現代Ⅰ（横須賀市、二〇〇六年）、二九九号・三八〇号・三八五号など。

# 築港計画にみる港都横浜の拠点形成

青木祐介

## はじめに

安政六（一八五九）年の開港以後、横浜は段階的な港湾整備によって、国際貿易都市としての体裁を整えてきた。当初小さな二本の突堤しかなかった横浜港の設備は、明治二二（一八八九）年から始まる第一期築港工事を経て、大型の船舶が接岸できる鉄製桟橋と安定した港域を確保するための防波堤が完成した。さらに明治三二（一八九九）年から大正六（一九一七）年にかけての第二期築港工事を経て、国内初の繋船岸壁を備えた新港埠頭が完成し、貨物の荷下ろしに使用するクレーンをはじめ、上屋や保税倉庫などの充実した陸上設備が整えられた。なかでも埠頭内への貨物線の乗り入れが実現した意義は大きく、鉄道によって陸路と海路が結びつけられ、海陸交通の結節点としての近代港湾のかたち、すなわち「拠点」としての港都のかたちがここに完成したといってよい【図1】。

このように近代的な港湾機能の完成形として港都横浜の拠点性を捉えたとき、その完成形に向かう道のりは、拠点形成に対する人々のどのような意識に支えられてきたのであろうか。そもそも港は誰のもので、誰のための拠点として建設するのか。その認識が共有されて初めて、港は「拠点」として成立しうる。築港計画の実現には、拠点形成に対する意識の醸成が大きな前提となろう。横浜港の築港計画についてはすでに十分な先行研究の蓄積があるが[1]、本稿

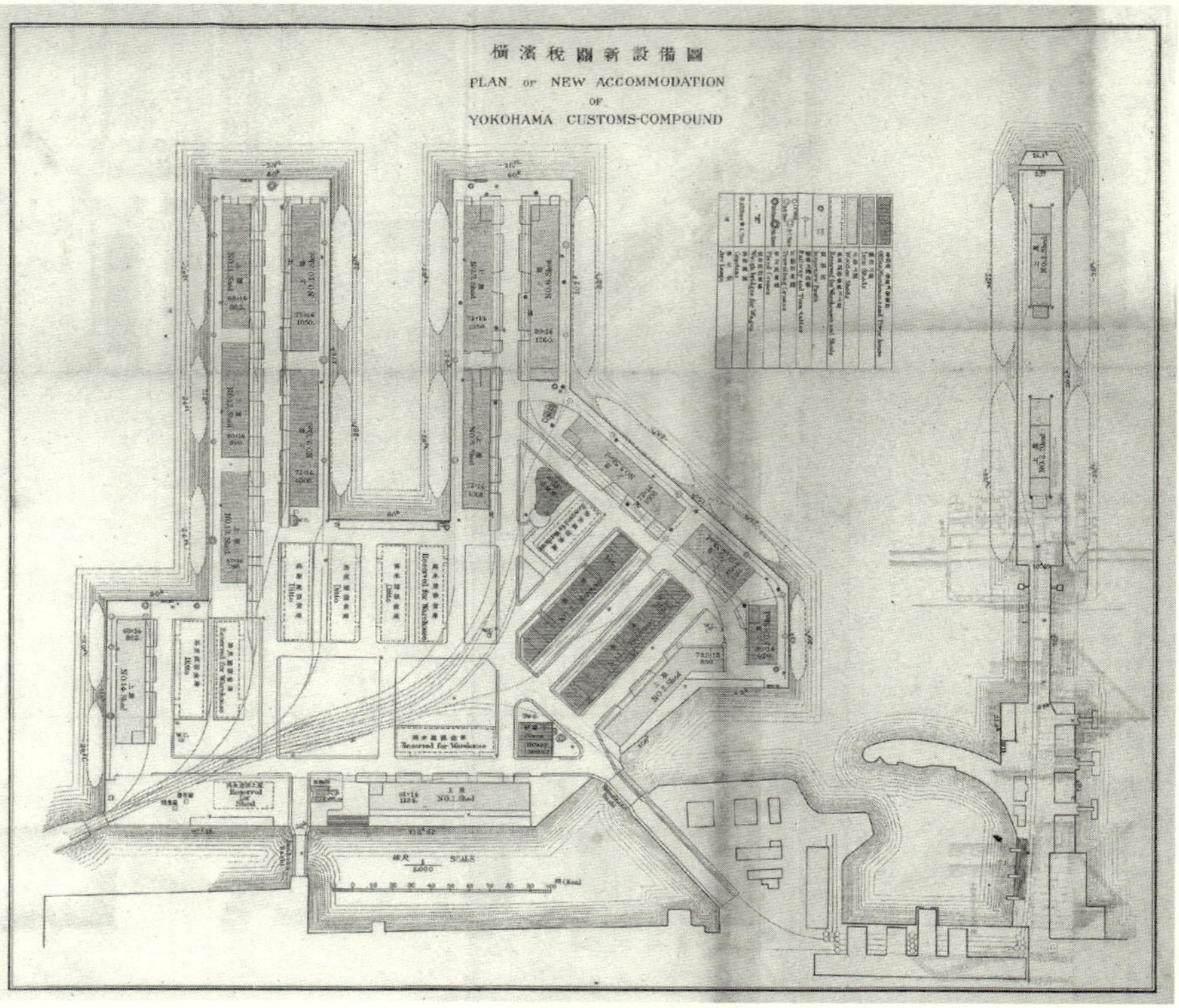


【図１】横浜税関新設備図
『横浜税関新設備報告』大正６（1917）年付図　横浜開港資料館所蔵

では、従来の土木・都市計画の視点による港湾形成の歴史に加えて、それぞれの段階で築港計画に携わる人々の拠点意識のあり方に着目してみたい。

その意識の構造を読み解くにあたり、有効な視点を提供してくれるのが、稲吉晃による海港史研究である。[2] 近代日本において港湾整備の推進主体となったアクター（地方官僚・実業家・議会政治家たち）の動きに注目した稲吉は、港湾整備特有の構造を三点指摘している。

その第一点は、線状に展開することで各地域に利益がもたらされる鉄道網や道路網に対して、交通網の結節点となる港は、一定の地域内に二つ以上併存することが原理的に不可能であり、港湾整備にあたる中央政府はいずれかを選定せざるを得ない状況に置かれたという点である。これは横浜港に置き換えて考えてみると、東京湾内の「拠点」としての築港計画が、つねに東京との競合関係を背景に進められてきた歴史として理解される。[3]

第二点は、地方利益の観点からみたときに、他の交通インフラの整備に比べて、港湾整備では巨額の費用を負担するに見合うだけの利益が地域のなかで実感されにくいという点である。横浜港の例でいえば、地元（横浜市）が費用の一部を負担した国内最初の例となった第二期築港工事においても、その開始の段階では、工事の主体となった横浜税関の税関長自らが地元貿易商への説得に当たらねばならなかった(4)。

そして第三点は、港湾整備に関する行政領域が輻輳している点である。あらゆる官庁が何らかの形で港湾整備に関わっており、横浜築港の場合でも、外務省・大蔵省・内務省など各省がそれぞれの立場で事業に関与しながら計画が進められてきた。なかでも第一期工事の計画案選定に際して発生したイギリス人技師パーマーとオランダ人技師ムルドルの衝突は、彼らを擁する外務省と内務省のセクショナリズムの構図そのものである(5)。

稲吉によるこの三点の指摘をふまえて、横浜港の築港計画をあらためて地域（横浜）の視点から捉えかえすと、二期にわたる築港事業の過程で、地域の拠点形成に関する大きな意識の変化を見ることができる。以下、明治初期から大正初期にかけての築港計画の変遷をたどりながら、その変化のありようを抽出してみたい。

## 一　築港前史——明治初期の築港計画

幕府によって建設された開港当初の波止場は、東西二本の突堤を突き出して荷揚場としただけの簡単なものであった。この波止場は、慶応二（一八六六）年の横浜大火のあと税関復旧工事を経て、片方の突堤を大きく屈曲させて船溜まりを形成するようになり、イギリス波止場と呼ばれて現在の象の鼻防波堤の原形となった。しかし、船舶が直接横付けできる設備はなく、波止場への荷揚げはいまだ艀が担っている状況であった。

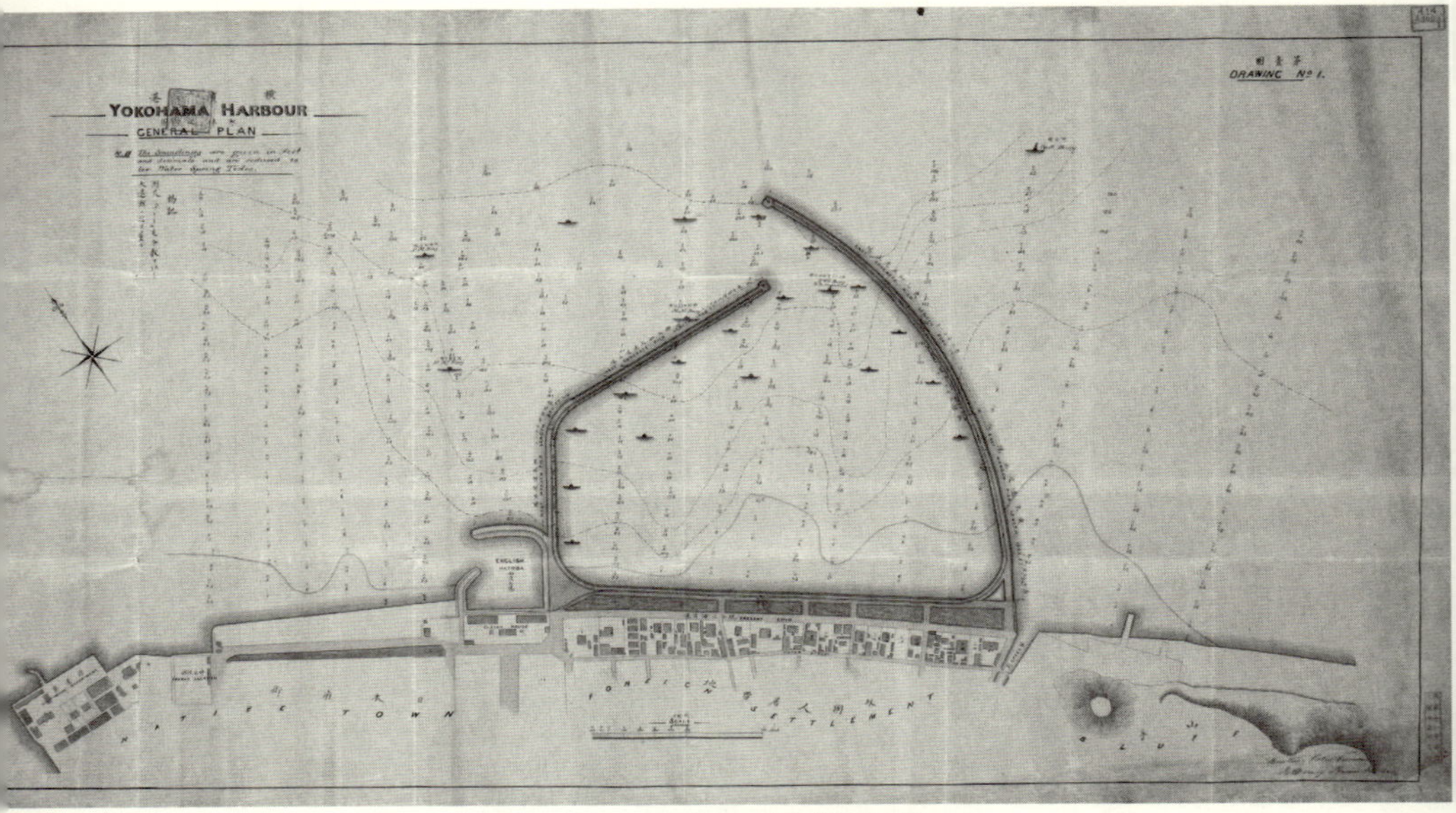


【図２】ブラントンによる築港計画図
明治７（1874）年３月　早稲田大学図書館所蔵大隈文庫

明治期の横浜築港計画については、初期の計画に携わったイギリス人技師ブラントン、第一期築港計画に携わったイギリス人技師パーマーの二人の技術者を対象として、横浜開港資料館が詳細な系譜を明らかにしている[6]。ここではその成果をもとに、本節で明治初期の築港計画、次節で明治二〇年代の第一期築港計画について、計画を推進したアクターたちの動きとその計画内容について概観し、地域における拠点形成への意識を探ってみたい。

記録から確認できる最初の計画案は、イギリス公使パークスからの波止場建設の要請を受けて、明治三（一八七〇）年九月にイギリス人技師ブラントンが作成したものである。六隻が同時に繋船可能なL字型の木製桟橋をイギリス波止場から延長するもので、のちに第一期築港工事で完成する鉄製桟橋の原形と位置づけられる。

この計画案は税関業務を所管する大蔵省に引き継がれたとみられ、同省に属する渋沢栄一・上野

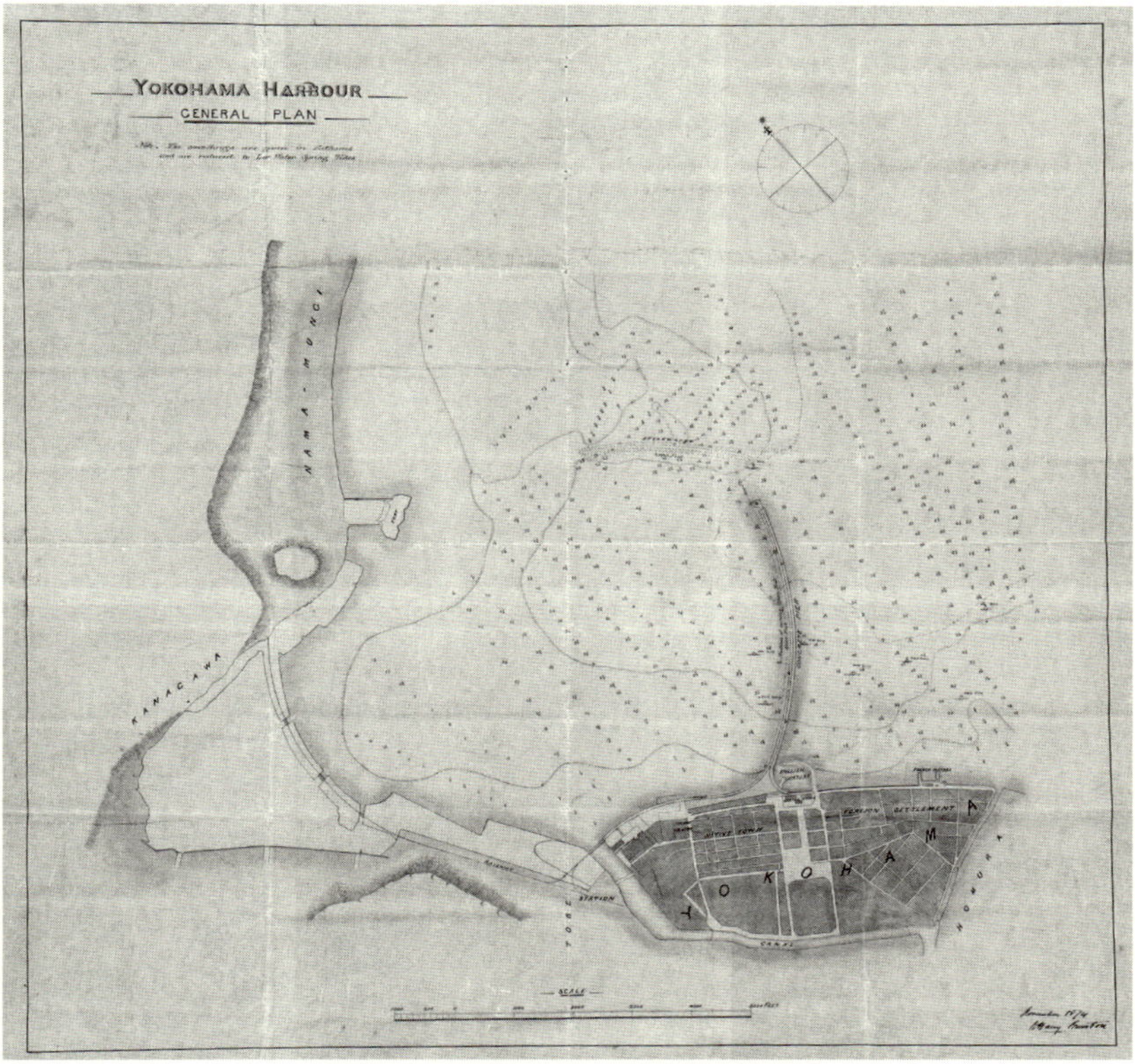


【図３】ブラントンによる築港計画図
明治７（1874）年 11 月　早稲田大学図書館所蔵大隈文庫

景範・井上馨は、明治五（一八七二）年四月二七日に三人の連名で「横浜港波止場建築ノ儀伺」[7]を上申するが、その伺には、ブラントンのものを下敷きにしてさらに拡張したT字型の桟橋案が添付されている。この桟橋案は横浜税関が地元のシーベル・ブレンワルト商会に提出させたもので、図面を作成したのは、横浜のガス事業にも参画したフランス人技師プレグランであった。その後、同商会はあらためてグラスゴーのレイドロー＆サン社による詳細な鉄製桟橋の見積もり[8]を提出するが、当初の見積もりを大幅に上回る結果となり、大蔵省は自らこの桟橋案を撤回した。

この間、ブラントンはイギリスに一時帰国していたが、明治六（一八七三）年四月に横浜へと戻ると、再び築港計画に携わるようになる。「このころ大蔵卿の大隈重信と工部卿の伊藤博文はともに、横浜港に訪れる船舶が横付けにできて容易に貨物の積卸のできる埠頭の建設を熱心に望んでいた」[9]とブラントンが回想するとおり、初期の横浜築港計画を推進したアクターは明治政府の首脳陣であった。なかでも大隈重信は、のちの第一期築港計画においても外務大臣として主導的な役割を果たしている。同年八月、「この計画のため正確な平面図と経費の見積書を作成するよう命じられた」ブラントンは、翌九月に「横浜波止場築造見積書」(10)を工部省に提出し、最初の木製桟橋案に加えてコンクリート造の防波堤兼埠頭の建設案をあらたに提案した。

この提案内容を具体的に描いたものが、明治七(一八七四)年三月に明治天皇の灯台寮行幸に際して天覧に供された計画図【図2】である。税関から東側一帯の外国人居留地地先の海面を、東西二本のコンクリート造(一部木造)の防波堤兼埠頭で囲む計画で、一〇八万円の経費が見積もられていた。同年五月三一日、大蔵卿大隈重信はこの築港計画をもとに「横浜港大波止場新築之儀ニ付伺」(11)を太政大臣三条実美宛に提出するが、政府の財政がきわめて逼迫していた時期でもあり、正院は「今両三年ヲ過御築設有之候テ未タ晩カラサル儀」と判断し、同年一〇月一〇日、「当分見合可申事」としてこの計画は却下された。

ブラントンによる計画図はもう一点、計画が見合わせとなった後の同年一一月に作成されたものが知られている【図3】。こちらは三月作成の計画図とは異なり、税関から西側一帯の日本人市街の地先を囲むように、コンクリート造の防波堤兼埠頭を突き出し、神奈川台場の沖合いに防波堤を設けるものである。日本人市街地側に港域を設定する構成は、のちにイギリス人技師パーマーによる最初の計画案に継承されるが(次節参照)、本図では、埠頭から横浜駅にいたる貨物線が描かれている点に注目したい。第一期築港工事では計画に挙げられながら実現しなかった海陸連絡設備としての貨物線が、当初から築港計画の要素として認識されていたことを示している。

一方、政府内では、土木行政を所管する内務省でも同じように横浜築港計画が検討されていた。同省土木寮では、明治七(一八七四)年四月にオランダ人技師ファン・ドールンが作成した計画案をもとに、六月には大蔵省租税寮との調整に入っている。(12)計画はブラントンと同じく防波堤案と木製桟橋案の二案からなり、より安価な木製桟橋案を採用しようというものであったが、特記しておきたいのは防波堤の構造である。コンクリート塊を設置するブラントンとは異なり、ファン・ドールンの案は、粗朶（自然の雑木）を海中に沈めて基礎とするオランダ流の粗朶沈床工法であった。この両者の対照的な技術は、のちに第一期築港計画において、イギリス人技師パーマーとオランダ人技師デレイケとの間の技術的な対立として再浮上することになる。

結局、内務省による計画案も実施にはいたらなかった。いずれの場合も政府の財政難という事情に拠るものであったが、港湾を含む土木行政を所管する内務省、税関業務を所管する大蔵省という計画主体の対立構造、またそれぞれが依拠するイギリス・オランダの技術面での対立構造など、計画初期の段階から、複数の軸をもつ困難な対立構造がすでに胚胎していた点をここでは指摘しておきたい。

## 二　第一期築港計画

### 1　横浜築港にいたる経緯

築港計画に対して横浜の実業家たちが声を上げはじめるのは、明治一〇年代に入ってからである。明治一四（一八八一）年三月二六日に開催された横浜商法会議所の第九回定式会議において、原善三郎・小野光景ら四名が「横浜波止場建築ノ建議」を提出し、官民が一体となって築港事業を進めることを要請した。(13)この建議にもとづき、同会議所では、原善三郎をはじめ一一人からなる委員会を組織して築港計画に向けて動き出すが、同じ頃、東京でも築港

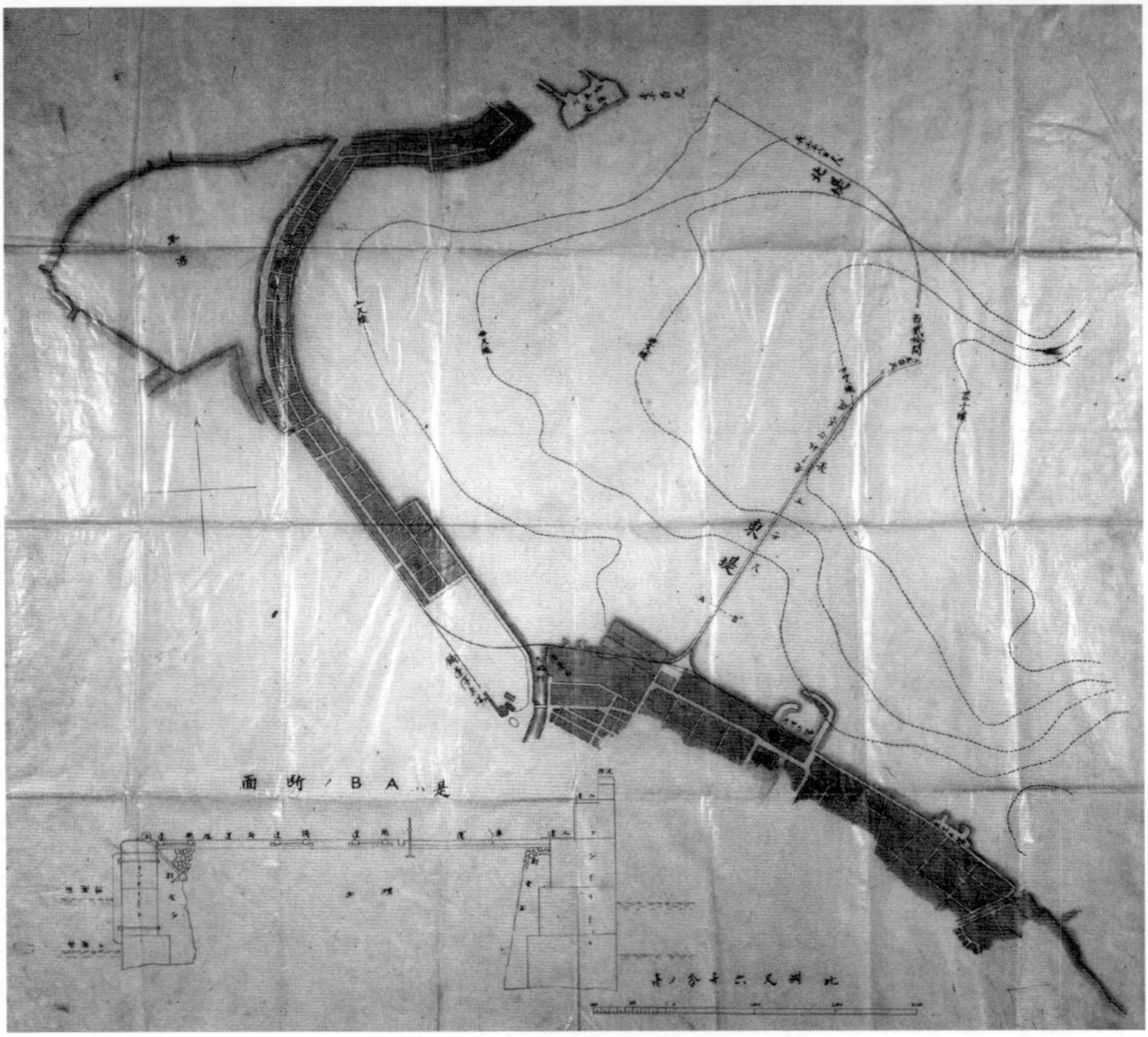

【図４】横浜港埠堤築造計画図
明治 20（1888）年１月　外務省外交史料館所蔵

へと向かう流れが起きていた。

明治一八（一八八五）年二月、東京府知事芳川顕正は、オランダ人技師ムルデルによる計画案をもとに、東京の品川沖に築港する内容の「品海築港ノ儀」を内務卿山県有朋に提出した。同年四月、芳川を会長とする品川築港審査会の場で同計画の可否が審議されるが、横浜築港との競合については「横浜ハ潰ルルモ已ムヲ得ズトナシ」「横浜ハ埋リ強ク良港ニ非ズ[14]」などの意見が相次ぎ、横浜廃港やむなしとの判断をもって、同年一〇月、総額一九〇〇万円におよぶ予算額の最終築港意見書が内務省に提出された。これに対して、横浜側（神奈川県）からは強い反発があり、巨額の予算とも相まって、この時点での東京築港案の裁可は得られなかった。のちに芳川は当時の状況を「彼我共ニ其事成ラザルヲ恐レ、一歩ヲ譲リタリキ」と回顧している[15]。東京湾内に二つの拠点は同時に成り立たないことを承知しての芳川の譲歩であった。

一方、横浜商法会議所は、明治一七（一八八四）年九月三日、神奈川県に対して築港計画を調査するための専門家の派遣を要請し、これを受けて同一九（一八八六）年九月、県は横浜水道工事のために来日していた顧問技師パーマーに白羽の矢を立て、築港計画の調査と設計を依頼した。パーマーは横浜港の水深測量と地質調査をおこなうと、翌二〇（一八八七）年一月に「横浜港埠堤築造計画意見書」[16]を提出するが、北堤・東堤の二つのコンクリート造防波堤で港域を囲い込む案は、日本波止場を起点とする東堤の位置こそ異なるものの、明治七（一八七四）年のブラントンの案を踏襲したものであった【図4】。断面図によると、東堤は内側に繋船岸壁を備えた防波堤兼埠頭で、その上面は人道・車道・鉄道の区別がなされており、横浜駅から埠頭まで貨物線が引き込まれている点もブラントンの案と同じであった。経費の見積もりは一六〇万円で、先の東京築港計画がいかに巨額の見積もりであったかがわかる。

パーマー案の提出を受けて、原六郎・小野光景ら横浜の実業家一八名は、同年六月一五日、民間事業として築港を進めるべく、沖守固神奈川県知事宛に横浜港湾埠堤会社の設立を請願した。[17]沖知事はパーマーの計画案を添えて内務大臣山県有朋に築港の認可を求めたが、山県がオランダ人技師ムルデルにパーマー案の審査を依頼したことから、パーマー案は暗礁に乗り上げてしまう。同年一二月七日、ムルデルは東京築港の結論が出ていない現状ではパーマー案を実施すべきでないとし、パーマー案では港域が狭すぎること、さらに海底の軟弱地盤にコンクリートブロックを打ち込む工法では沈下の恐れがあることなどを挙げてパーマー案を根本から否定し、自ら計画した案を対案として提示した。[18]対立する東京・横浜間の築港計画に加えて、明治初期から続くイギリス流とオランダ流の技術的対立が再び浮上したのである。

ここで登場するのが、明治初期にも大蔵卿として横浜築港に意欲を見せていた大隈重信である。明治二一（一八八八）年二月一日に外務大臣に就任した大隈は、アメリカから返還された下関事件の賠償金を横浜築港の経費に充て、官費

【図5】横浜明細新図
明治38（1905）年　横浜開港資料館所蔵

営繕として築港事業を推進すべく、同年四月二三日に「横浜港改築ノ件請議」[19]を内閣総理大臣伊藤博文に提出した。大隈の請議は二七日に閣議決定され、これにより横浜築港は横浜港湾埠堤会社による民間事業から、明治政府による官営事業へと転換した。埠堤会社の設立を計画していた原六郎・小野光景らは、築港計画から外れた船渠（ドック）を民間で建設することとして、同年五月、早くも横浜船渠会社の設立願を提出している。

閣議決定を受けて築港計画を調製することになった内務省は、ムルドルと同郷の技師デレイケに対して、パーマーと同じ一六〇万の工費で横浜の築港計画作成を命じ、同年九月五日、デレイケの案が提出された[20]。デレイケの案は、パーマー案よりも港域を広く取り、防波堤にはオランダ流の粗朶沈床工法を採用して軟弱地盤に対処したものであった。そして内務省はパーマーに対しても築港計画の再作成を命じ、こちらも同じく九月六日に改訂案が提出された。改訂案では、二本の防波堤のうち東側の起点が日本波止場から中村川河口へと変更され、防波堤兼埠頭の代わりに、繋船施設としてイギリス波止場の位置に鉄製桟橋が計画された。

デレイケ案とパーマー案のどちらを採るか。パーマーは度重なるオランダ勢からの批判に対して強い調子で反論をおこない、激しく対立した築港計画案の採択は、最終的に政治判断に委ねられた。東京築港と横浜築港、オランダの技術とイギリスの技術、内務省と外務省、複数の対立軸が重なり合うなか、明治二二（一八八九）年三月三〇日、ときの内閣総理大臣黒田清隆は、パーマーの改訂案を採択した。採択理由はとくに明確に示されていないが、両者の案の技術的差異について政府内では問題にしていなかったことから、条約改正を前に外交戦略上の得策としてイギリスに配慮した大隈重信の意見が受け入れられたとされている。しかしこの決定に対して、当時新聞紙上では反対意見やパーマーに対する中傷記事が頻繁に掲載されており、根拠のない記事に対して掲載紙が撤回・謝罪する事態まで発生した。[21]同年九月、築港工事がようやく着工の運びとなるが、本来ならば国の土木工事として内務省が担当するところを、計画案の採択過程での対立が現場に影響することを懸念して、工事はパーマーを監督として神奈川県が執行することとなった。明治二五（一八九二）年六月二〇日、内務省に臨時横浜築港局が設置されるが、その局長も県知事が兼任した。

パーマーの災難はその後も続いた。明治二六（一八九三）年三月、オランダ勢との論争の火種になったコンクリート造防波堤の工事途中に、海中でコンクリート塊に亀裂が生じる事故が発生し、工事が一時中断する事態となった。設計者であるパーマーの責任を問う声が挙がるなか、当のパーマー本人は事故の発生を知ることなく、すでに同年二月一〇日にこの世を去っていた。工事中断の影響は大きく、国会でも政府に対して厳しい追及がなされたが、答弁にたった内務省の古市公威らは、技術的な問題はすべて技術面での統括者であるパーマーの責任との主張を繰り返し、外交上の配慮からパーマーを重用したとして、非難の矛先は大隈重信に向けられた。築港工事の公式記録である『横浜築港誌』[22]には、当時の事故調査委員会の報告が掲載されているが、品質が問われるべきセメントについては残部がなく調査できなかったとして、未熟な施工技術が原因であったとしている。[23]

こうした紆余曲折を経て、明治二七（一八九四）年三月、長さ五六〇ｍになる鉄製桟橋が完成し、同二九（一八九六）年には、北水堤・東水堤の二つの防波堤と、帷子川の流れを港外へ導く馴導堤が完成した【図5】。地域の実業家たちの提案から始まった官民一体となっての築港は、下関事件の賠償金返還、不平等条約の改正という政府の外交事情を背景として、政府内のアクターたちの動きによって官営事業として方向づけがなされた。一方で、地域のなかでの築港事業の受け止め方は決して一様でなかった。その一端を示す事態が、未完に終わった鉄道敷設計画である。

## 2　実現しなかった鉄道敷設計画

前項でみたように、パーマーによる明治二〇（一八八七）年一月の当初案は、明治初期のブラントン案を継承したものであったが、日本波止場の地先から伸びる防波堤兼埠頭の上面には軌道が敷かれ、埠頭から横浜駅構内に向かう貨物線の敷設が計画されていた【図3】（二二七頁参照）。貨物線はイギリス波止場が位置する税関構内にも伸びており、埠頭・税関・横浜駅の三者をつなぐ海陸連絡鉄道として計画されていたことがわかる。そして翌年九月に提出された改訂案でも、繋船設備が埠頭から鉄製桟橋に変更されてはいるものの、桟橋から税関構内を経由して海岸通り沿いに横浜駅へ向かう貨物線が計画されていた。

またパーマーの案と対立していたデレイケの案をみても、鉄道を敷設する点については共通している。パーマーと同じ九月に提出されたデレイケの案は、イギリス波止場の地先に埠頭を延長するもので、実現したパーマー案とは桟橋か埠頭かの違いはあっても、埠頭から税関構内を経由して海岸通りに沿って進み、大岡川河口を渡って横浜駅まで貨物線を敷設する内容は、パーマー案とほぼ同じである。

ところが第一期築港工事では、この鉄道敷設計画は不完全なかたちでしか実現しなかった。近代港湾としての拠点形成に欠かせない要素として、当初から鉄道敷設は計画に盛り込まれていながら、なぜ実現にいたらなかったのか。堀勇良が指摘するように、本格的な海陸連絡は単に鉄道が引き込まれるだけでは不十分で、繋船岸壁やクレーン・上屋・保税倉庫などの陸上設備が備わってこそ、はじめて達成される。(24)その意味では、第一期築港工事での鉄道計画の頓挫は、新港埠頭の完成にいたる前段のエピソードにすぎないのかもしれないが、ここでは拠点形成に対する地域の意識の問題として、この鉄道計画の頓挫を捉えてみたい。

桟橋と横浜駅をむすぶ鉄道の敷設が実現しなかった経緯については、『横浜築港誌』に詳しく記されている（以下、引用は同書より）。前述のとおり、パーマー案による鉄道の計画路線は、税関構内から海岸通りの海沿いを通り、馬車道先の日本波止場を経由して、大岡川河口に架設した鉄橋を越えて横浜駅構内にいたるものであった。

ところが明治二五（一八九二）年九月、線路用地に位置する日本郵船会社横浜支店と日本波止場の回漕業者、左右田金作の三者から、計画変更を訴える請願が横浜市長に対して次々と提出された。海岸通りの日本郵船会社から日本波止場にかけての一帯は、現在国内貨物の荷揚場となっており、ここに鉄道を通すことは「唯一ノ咽頭ニ一門ヲ鎖ス」ものだとして、計画の変更もしくは土地と建物の買い上げを要求したのである。左右田が所有する海岸通り五丁目二〇番地（日本波止場所在地）には、荷揚場の仕事に従事する者一五三〇人が住んでいたという。

これを受けて、同年一〇月一一日、横浜市長佐藤喜左衛門は「築港局設計鉄道敷設ノ儀ニ付請願」を内務大臣井上馨に対して提出した。当該地はすでに国内貨物の荷揚場として機能しており、「尺寸ノ余地ナク頗ル狭隘ニ苦」しんでいること、貨物の取扱量が増加の一途にある現状では、築港事業が完了しても実際に貨物を取り扱うのは彼らであるから、現行の計画路線では不要な時間と労力がかかってしまい、結局は彼ら事業者、ひいては市にとって衰頽の要因となってしまうこと、また大岡川河口に鉄橋を架設することで、大岡川下流の川幅が三分の二に減少され、市街地に水害を及ぼす可能性があることを訴え、海中に水堤を築いて線路用地とする対案を添えて、路線の変更を求めた。

こうした地元からの反対意見を受けて、同年一一月二六日、築港局長は「連絡鉄道ノ敷設ハ未タ必スシモ貿易貨物ノ運輸其他一般ノ利益ヲ著シク増進スヘシト謂フコトヲ得ス」として、鉄道を横浜駅まで伸ばすことを断念する旨を内務大臣に稟申した。横浜市が対案として提出した海中に水堤を築いて線路を引き込む工事は、予算額の四倍を要するもので如何ともしがたく、鉄道は桟橋から税関構内までの区間に限定して敷設された。

以上が、公式記録に残された鉄道敷設計画変更の経緯である。注目すべきは、鉄道用地に予定された日本人市街の海岸部がすでに民間の荷揚場として機能していた点で、この状況を開港場の近代化の文脈から分析した中尾俊介は、日本人市街の海岸部が民有地化していく過程を丁寧に復元し、イギリス波止場だけに限られていた荷役の機能が海岸通り前面に拡大していくなかで、政府主導の一方的な事業進行を許さない状況が生じていたと指摘している(25)。

さらにここでは、地元自治体である横浜市が、事業者の声を全面的に受け止めている点にも注目したい。拠点形成に関するアクターとして、築港計画の選定に関わる政府の首脳陣たちとは別に、地域レベルでは、波止場の既得権益を得ている事業者と地元自治体がともに、築港事業に対して政府と異なる認識のもとにあった状況が浮かび上がってくる。拠点形成の要となる海陸連絡鉄道は、明治三二（一八九九）年から始まる第二期築港工事で実現するものの、第一期築港工事の段階では、港湾整備がもたらす利益はいまだ地域のなかで自己のものとして理解されていなかったといえよう。

## 三　第二期築港計画

### 1　横浜税関の主導による計画

パーマーの設計により建設された鉄製桟橋は、明治二七（一八九四）年三月の完成後、臨時横浜築港局（内務省）から横浜税関（大蔵省）へと引き渡され、翌二八（一八九五）年四月から税関桟橋として供用が開始された。そして二九（一八九六）年七月、第一期築港工事の完了にともなって、内務省臨時横浜築港局は廃止された。第一期築港工事が、外務大臣大隈重信の主導による「外交戦略的」[26]築港事業とも評されるのに対して、続く第二期築港工事は、横浜税関の拡張工事として大蔵省の主導により進んでいった。[27]

鉄製桟橋が完成したとはいえ、繋船設備として桟橋しかない横浜港では、荷役は依然として艀に頼る状況が続いており、また既存の施設で手狭になった税関構内では、通関業務の遅れが目立つようになっていた。その一方で、日清戦争後の貿易拡大にともなって入港する船舶は増え続けており、港湾設備の拡大は急務の課題となっていた。

明治三〇（一八九七）年一二月、横浜商業会議所は横浜税関に対して「税関貨物渋滞に関する具申書」を提出し、税関施設の早期改善を要求した。これを受けて、横浜税関では海岸通り一帯の地先を埋め立てて税関施設を拡張する計画に着手するが、明治三一（一八九八）年三月、神戸税関長から転任した税関長水上浩躬の手によって、大型船舶が接岸できる岸壁や鉄道の引き込み線を備えた東洋初の埠頭建設計画としてまとめられた。

この計画案が松田正久大蔵大臣の承認を得ると、水上は元内務省土木局長の古市公威に埠頭の設計を依頼し、同年

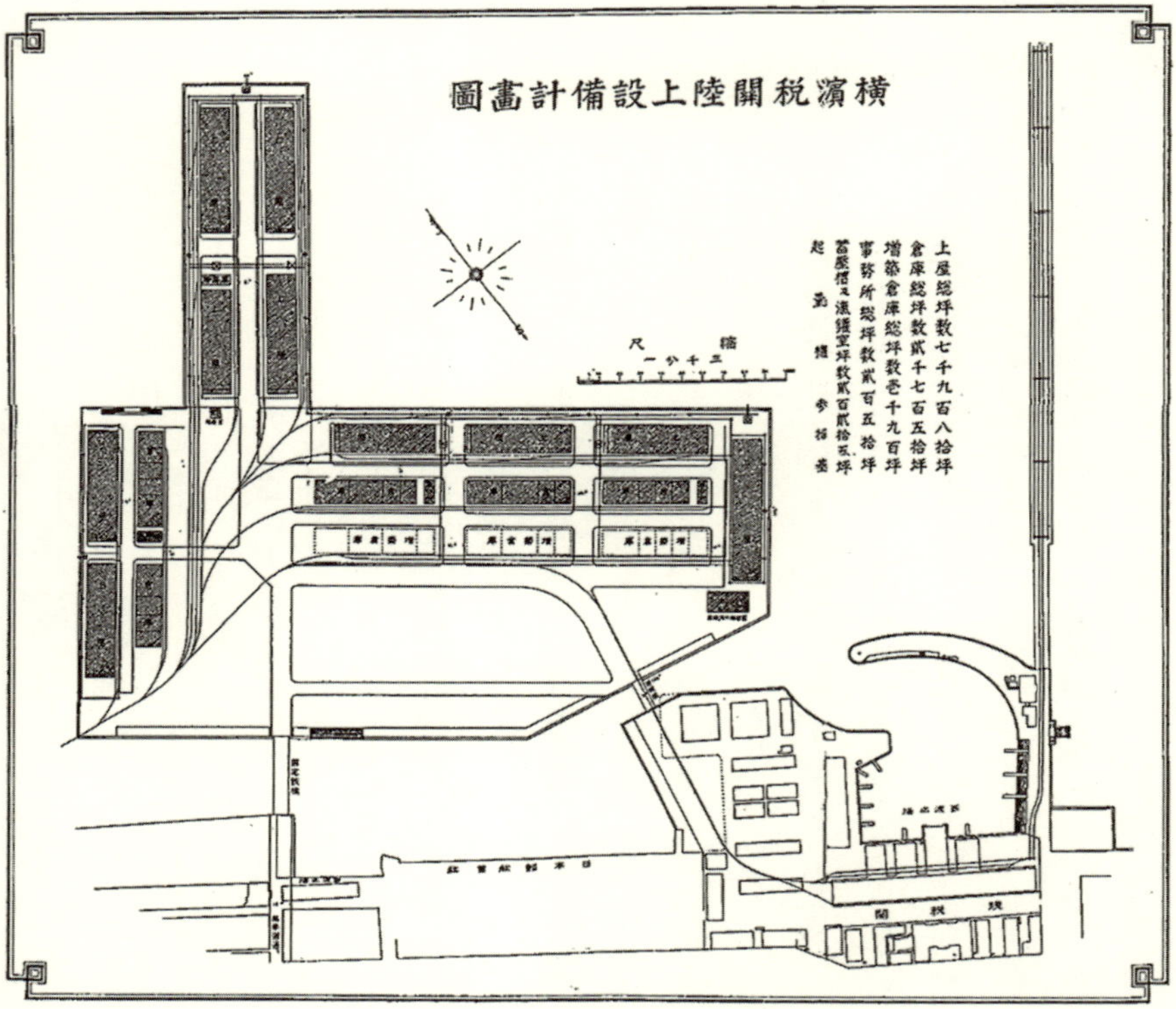


【図６】横浜税関陸上設備計画図
『横浜税関一覧』明治33（1900）年付図　横浜都市発展記念館所蔵

九月、古市による「横浜税関拡張工事計画説明書」が提出された【図６】。この古市案は、まず三〇〇万円の予算をもって大型船舶一〇隻を繫留できる総延長一八〇〇ｍの岸壁を築造し、上屋・倉庫・クレーンなどの陸上設備や鉄道の引き込み線は他日を期して建設するという内容であった。この計画案に対して政府の予算約二三四万円がつくと、明治三二（一八九九）年五月には臨時税関工事部が設けられ、五箇年の継続事業として第一期海面埋立工事がスタートした。工事は内務省ではなく大蔵省の直轄工事として進められた。

しかし、工事の遂行にあたって、水上には地元横浜の貿易商たちを説得するという仕事が残っていた。[28] 水上の回顧録『八年記』[29]によると（以下、引用は同史料より）、古市の計画図が作成された翌明治三二（一八九九）年一月、『時事新報』が図面入りで税関拡張工事について報じたのに続いて、各紙が同様の記事を掲載したところ、「本港貿易商中漸ク此事アルヲ知ル者ヲ生シタリ之ヲ知ルヤ歓迎ノ声ヲ発セスシテ反対ノ声」を挙げたという。その反対の根拠は、埋め立てによって港内がますます狭くなるというものであった。当時貿易商たちの間では、先般の第一期築港工事で防波堤が築かれたことにより、船舶の停泊水域が狭くなったとの認識があった。おそらくコンクリートに亀裂が入る事故で防波堤の工事が中断したトラブルも、まだ記憶に残っていたことであろう。

世論の理解を得られないなかでの工事実施は現場の士気に影響すると考えた水上は、横浜市長梅田義信に相談して市の有力者一〇人を指名し、明治三三（一九〇〇）年四月、官舎に招いて晩餐会を開催した。この一〇人が誰であったのか名前は記されていないが、水上は晩餐会の場で計画の趣旨を説明し、税関拡張工事は「荷揚場ノ拡張ナリ否文明的荷揚場ノ新設ナリ」「決シテ政府自己ノ利益ニアラス横浜港ノ利益ナリ」と訴えた。政府の利益ではなく、地域の利益となる事業であるという説明が奏功したのか、「『成程』ノ発音ハ多数ノ口ヨリ」発せられたという。その後も機会を得ては、内外の専門書をもとに築港計画の核である繋船岸壁の必要性を説き、あるいは税関見学者に対して工事現場を見せながら説明するなどして、水上は築港計画への賛同を集めていった。

一方、明治三四（一九〇一）年九月、古市公威は着工前におこなわれた海面測量と地質調査の結果をもとに「横浜税関拡張計画変更意見書」を提出した。調査によって判明した海中の土丹岩の形状にあわせて、埠頭の形状を凸型から凹型へと変更するものであったが、その工費は三六三万円にものぼり、大幅な予算超過であった。政府はこの増額を認可せず、やむなく当初予算額をもって工事の一部を実施することとなった。このとき凹型埠頭の左右いずれかを横浜市の事業として埋め立てる提案が議論されていたことを堀勇良は指摘しているが[30]、この段階では横浜市が工費を分担するまでには至らなかったようである。

さらに同翌三五（一九〇二）年九月に発生した暴風雨で防波堤が破壊されたことによる遅延や、同三七（一九〇四）

年に勃発した日露戦争による影響も加わり、工事は予定年度内に終了せず、二度の期限繰り越しを経て、同三八（一九〇五）年一二月二八日に終了した。しかし完成したのは古市による計画の一部に過ぎず、新港埠頭の東側半分の埋め立てと岸壁、および埠頭への渡り道である万国橋だけであった。埠頭西側の埋め立てと陸上設備については手つかずの状態で、貨物量が増加の一途をたどる横浜港の現状では、このまま工事を中断するわけにはいかなかった。ここで動いたのが横浜市と横浜の貿易商たちである。

## 2　経費分担方式による工事の再開

明治三六（一九〇三）年一月に第四代市長に就任した市原盛宏は、同年七月七日に「横浜市今後ノ施設ニ就テ」と題した市政方針演説をおこなった(31)。そのなかで市原は、資金不足により工事の継続が危ぶまれている築港工事の状況を説明し、これまでの横浜港の発展は「政府保護ノ賜」であって、「今ヤ横浜市ハ受動的発達ノ時代ヲ過キテ自動的即働掛ケノ時代ニ立テリ」として、横浜市も応分の負担をもって積極的に築港工事に加わるべきと訴えた。市原は横浜港に迫る勢いを見せるライバル神戸港の存在を挙げ、神戸の築港計画案が神戸市民の熱望を受けて国会に提出された現在、「我国第一ノ要港タル地位ヲ保持シ将来ノ発達ヲ希望セントセハ決シテ一日モ今日ノ現状ニ安ンスルヲ許ササルナリ」として、築港事業に対する横浜市民の意識改革を求めた。この市原の提案にこたえて、同年八月七日、横浜市改良期成委員会が発足し、市原をはじめ官民三五名の委員により、港湾・運輸交通・商工など五分野での調査研究がスタートした。

また明治三八（一九〇五）年一月、横浜商業会議所の特別議員であった水上浩躬も、地元の貿易商たちに対して、工事の竣工が迫っていながら陸上設備ひとつない岸壁だけの現状を憂えて、次のように意見している。

「当港貿易の繁昌は、独り当港のみを利益するものでない、亦同時に国家を利益するものであるが故に、当港のみが其の世話を引受くる筈はないとの議論もあるか知れませぬが、私は直接に利益を受くる者が其責任を負担するのが当然だと思ひます。若し当港が此責任を放棄すれば、他の競争者は必ず両手を開いて之を拾ふに違ひない。神戸も、大阪も、東京も、決して之を見逃すことはありますまい(32)」

元神戸税関長として神戸港の状況を熟知していた水上の言葉は、横浜の貿易商たちをおおいに刺激し、そして焦らせたであろう。同年七月、ついに横浜商業会議所から声が上がった。

横浜商業会議所の会頭小野光景は、七月三日の定期総会において市長宛の「横浜市経営に関する建議」を提出し、築港工事の継続を訴えた。前章で見たとおり、小野は横浜商法会議所時代の明治一四（一八八一）年三月、原善三郎らと「横浜波止場建築ノ建議」を提出したのに始まり、同二〇（一八八七）年六月には県に横浜港湾埠堤会社の設立を申請するなど、つねに民間の立場から横浜築港を構想していた有力者の一人である。建議では、先年の市原盛宏の演説を受けるかたちで、「此等の新設備に至ては最早国家の独り施設すべき範囲にはあらずして、市団体が政府と相応じて自から設営し、自から負担せざるべからざる工事に属せり(33)」として、築港工事の続行にあたって横浜市による工事費の応分の負担を求めた。建議は全会一致で可決され、小野自らの説明を受けた市原は、これに早急に対応し、一週間後の七月一一日、横浜商業会議所にて横浜市参事会と同所による官民合同の連合協議会が開催された。

その場では今後の対応が協議され、それを踏まえて市原ら協議会のメンバーは政府の意向をうかがうために、政府首脳陣および神奈川県知事、横浜税関長、臨時税関工事部土木課長らを訪問して、陳情をおこなった。そのときの事情を、翌八月に市原は横浜商業会議所に報告しているが、[34]面会した各大臣には工事完工の重要性を説明したうえで、「横浜市に於ても今度は大に覚悟して居るから、決して政府のみ信頼して造って戴かうといふ考ではない、若し必要があるならば横浜市に於て相当のことを負担しませう」と述べ、おおむね好感触を得たという。そして横浜の貿易商に対しても、事業の遂行にあたっては「我が横浜市民の決心と、覚悟と、忍堪、此の三つのものが甚だ必要であると信ずる〔中略〕既に其決心が出来た以上は金が要る、それは市民がドウしても負担しなければならぬ、唯今までのやうに待った居《(ママ)》ったら中央政府が遣って呉れるたらうといふやうな考では無論いけない」と、あらためて横浜市としての覚悟を訴えた。

そして同年八月一一日、連合協議会の場で「港湾改良期成委員会組織に関する決議」が採決され、官民四二名の委員からなる横浜港湾改良期成委員会が組織された（編集部註：明治三六年八月に組織された「横浜市改良期成委員会」とは別組織）。委員会には別途専務委員がおかれ、市原盛宏を委員長として小野光景・原富太郎ら一一名がその任に就いた。専務委員らは大蔵省主税局長若槻礼次郎や横浜税関長水上浩躬との協議を経て、九月一二日の委員会総会に「調査案」を提出した。この調査案が横浜市参事会で承認されると、九月一八日に緊急の横浜市会が開かれ、市原市長から「横浜港改良の件に付稟請」が提出された。工事費の一部を横浜市の負担とする同議案は満場一致で可決され、市会は歓呼拍手をもって終了したという。[35]

こうして翌九月一九日、築港工事の「未成工事費予算額ニ対シ其三分ノ一ハ本市ノ出費ヲ以テ之ニ充テ引続キ工事ヲ進行シ速カニ竣功相成候様」と提案する横浜市長からの稟請書が[36]大蔵大臣曾禰荒助宛に提出された。政府はその提案を受け入れて、明治三九（一九〇六）年からの六箇年継続事業として工事費八一八万円を計上し、同年二月に横浜市に対して、最初の三年間で五〇万円ずつ、次の三年間で四〇万円ずつ、合計二七〇万円の工事費を分担する命令書を発行した。

三分の一という横浜市が分担する割合の根拠について、政府内の文書では明確にされていないが、のちに水上浩躬は、当時の大蔵省関係者の間では、市から工費に関する相談があった場合の対応について、工事のある部分だけを市が担当する提案であれば「之ヲ拒絶シ」、工事全体に対して市費を投じる提案であれば「総工費ノ三分ノ一以上ナレハ之ヲ許シ」と取り決めていたことを述べている。[37] 中断しかかっていた工事を再開にまでこぎつけたのは市原盛宏・小野光景ら横浜市側の熱意ではあったが、その費用を引き出したのは、実は横浜税関（大蔵省）側の交渉にあったことは特記しておいてよいだろう。

こうして継続が危ぶまれた築港工事は明治三九（一九〇六）年四月から再開し、臨時税関工事部に代わって大蔵省臨時建築部が工事の指揮を執った。大正三（一九一四）年三月までには、一三隻の接岸が可能な繋船岸壁、鉄造上屋・煉瓦造保税倉庫・クレーンなどの陸上設備、鉄道引き込み線などが完成し、同六（一九一七）年一一月、鉄製桟橋の修築などすべての工事が終了して、第二期築港工事は幕を閉じた。ここに国内初の本格的な海陸連絡設備を備えた新港埠頭が誕生し、近代港湾としての「拠点」が完成した【図1】（二二四頁参照）。行き詰まっていた事態を好転させたのは、拠点形成に対する地元貿易商と横浜市の大きな意識の変化であった。

## 3　まぼろしの築港計画

明治三八（一九〇五）年九月、市長市原盛宏を会長とする横浜港湾改良期成委員会が、築港工事の続行と工費分担についての調査をまとめたちょうどその頃、横浜商業会議所発行の『横浜商業会議所月報』第一〇七号に「予定横浜港改良計画図」と題された計画図が掲載された[38]【図7】。紙面では「曽てその筋に於て、当港水陸改良の計画に関して調査せる結果を図面に現はしたるもの」（以下引用は上記月報より）と簡単に紹介されるだけで、内容についてとくに

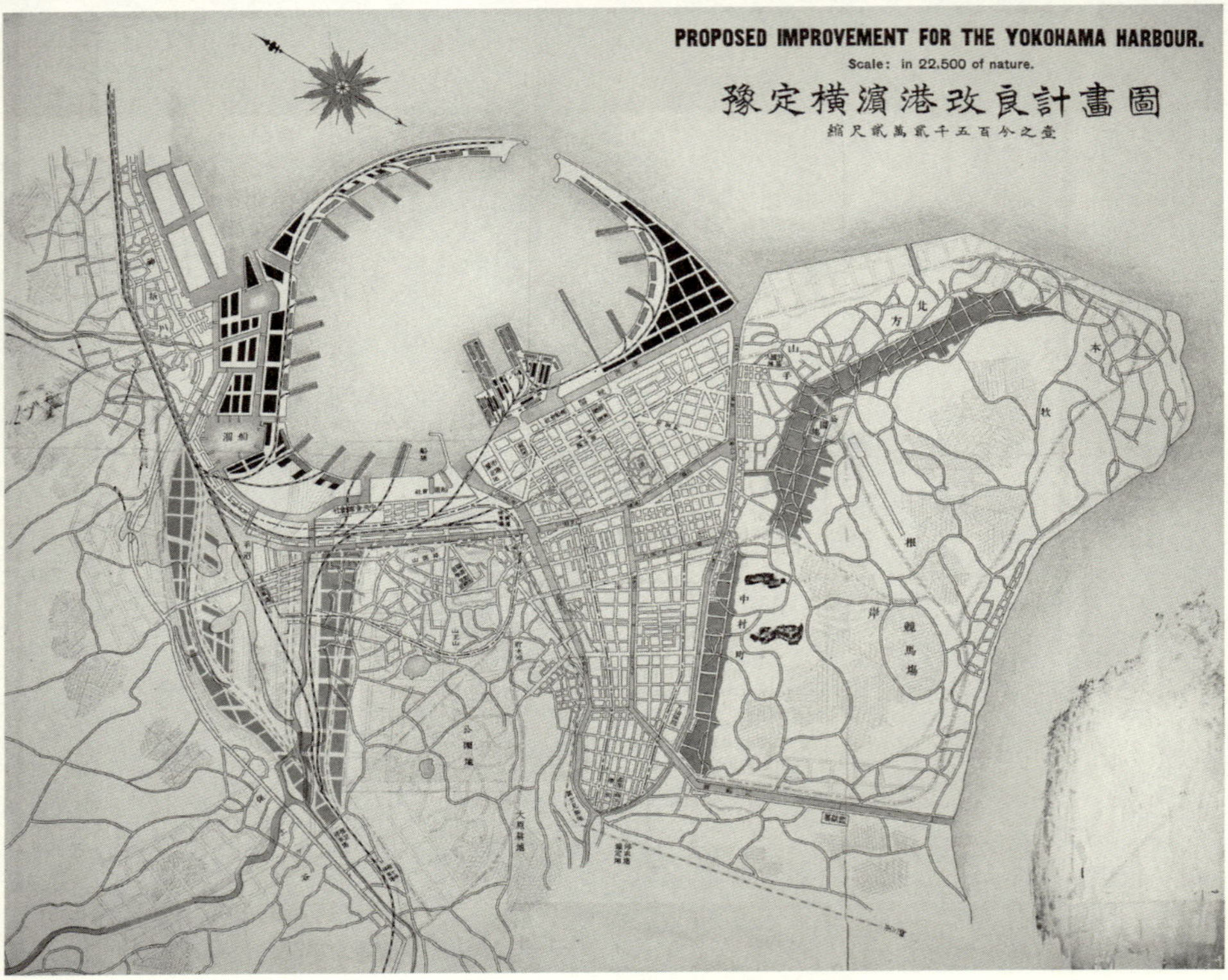


【図7】予定横浜港改良計画図
明治38（1905）年9月 横浜開港資料館所蔵

詳しい説明はなされていない。しかし描かれている内容は、進行中の第二期築港計画を大幅に上回る壮大な規模の港湾改良計画である。

この計画図の具体的な製作時期は不明であるが、描かれている新港埠頭の形状が実際のものと同形であることから、第二期築港計画と並行して製作されたと推定される。「今回横浜市が政府に稟請して、政府と合資共同的に経営せんとするものは、右改良計画の一部たる、繋船岸及その陸上設備の工事を完成するに止まるものと知るべし」との言葉に、この計画に対する横浜商業会議所の自信がうかがえるが、たしかに港湾設備は新港埠頭の存在が小さく見えるほどの規模を誇っている。第一期築港工事で完成した防波堤の内側が埋め立てられ、弧を描いた巨大な埠頭となって港域を囲い込み、各埠頭には上屋・倉庫群が建ちならんで、港内に複数の桟橋を突き出している。そして東海道線から分岐してきた貨物線が、これらの桟橋および防波堤の先端まで引き込まれている。また防波堤の外側にあたる帷子川河口付近（現在の横浜駅東口一帯）には、船溜まりが設けられている。既往研究では早い段階で内海孝が本図を紹介しているが、[39] 当時このような構想があったという紹介にとどまり、防波堤への鉄道引込線を指摘している以外には、とくに計画の内容に踏み込んではいない。ここで注目したいのは、本図が港湾の改良計画だけでなく、内陸部の土地利用計画や交通計画を含んだ大規模な都市改造計画として描かれている点である。

原図は土地利用の別に着色されており、根岸の丘陵部は緑色で、帷子川下流域は薄い赤色で描き分けられている。山手から北方にかけて緑色に塗られた街区は、整形の道路からみて住宅地を想定しているのであろう。また中村川沿いにも同様の整形街区が設けられている。公園地は薄い緑色の斜線で描かれており、麦田のあたりに小さな公園が、そして久保山一帯に大規模な公園が計画されている。

交通計画についてみると、程ヶ谷（保土ヶ谷）駅の北側に新しい停車場が計画されている。これは帷子川沿いに描かれた上屋・倉庫群とあわせて考えれば、貨物駅を想定しているのであろう。そしてもうひとつ横浜駅（現在の桜木町駅）から大岡川に沿って南下する新線路が描かれ、大岡川と中村川に分岐する地点（蒔田付近）に停車場が計画されている。ここからさらに三崎へと南に向かって延びる路線は、のちに湘南電気鉄道（現在の京浜急行電鉄）の路線として実現するものであるが、横浜駅から蒔田までの延伸路線とともにこれらのアイデアが明治三〇年代から出されていたことは、のちの計画に先がけるものとして注目される。また市内交通としては、根岸や久保山の丘陵地を一回りするように、赤い一点破線で電気鉄道（路面電車）の路線が描かれている。

このように本図には横浜の都市構造を大きく改変する内容が描かれており、とくに帷子川河口付近に大規模に展開する鉄道網と上屋・倉庫群からは、拠点としての港湾機能を内陸部と接続させようという壮大な構想が見て取れる。

「曽てその筋に於て、当港水陸改良の計画に関して調査せる結果」とあるとおり、本図に描かれた構想は早くから練られていたと考えられるが、実効性をもつ計画かどうかは別にして、地域の実業家たちが港湾を含む都市全体のあり方を主体的に計画したものとして、拠点形成への意識のあり方をうかがい知る重要な資料といえよう。

　こうした都市への意識は、やがて横浜市による市区改正（都市計画）事業へと接続していく。明治四〇（一九〇七）年九月一三日の横浜市会において、市参事会員七人、市会議員一一人、市公民一五人からなる「横浜市設備調査委員会」が設置され、港湾設備の調査にあたる第一部、陸上設備の調査にあたる第二部、衛生工事に関する第三部、財源調査にあたる第四部にわかれて、調査が着手された。そして明治四二（一九〇九）年五月、都市問題のエキスパートである三宅磐が横浜市設備調査委員会の調査主任に就任すると、横浜市の市区改正事業は実現に向けて一気に加速していく。築港から始まった横浜の拠点形成は、ここに近代都市としての拠点形成、すなわち都市計画事業へと位相を変えていった。

## おわりに

明治四二（一九〇九）年七月一日、横浜市は開港五〇周年を祝う記念行事で賑わった。市内外から多数の来賓を招いて催された記念祝典の会場となったのは、築港工事が進行中の新港埠頭であった。祝典は第六号上屋での大午餐会で幕を開け、午後二時からは第五号上屋に場所を移して大祝賀式が開催された。この日は市内の各町でも提灯や幟幕などで街頭を飾り立て、またさまざまな団体の行列が町を練り歩いて、祝祭気分を盛り上げた。

開港以来の横浜の歴史を振りかえる記念行事の開催地が、横浜市の命運をかけて完成させつつある新港埠頭であったことは、港都横浜のアイデンティティを刻み込む場所として、まことに象徴的であった。当日の『横浜貿易新報』は「横浜の生命とも云ふべき税関埋築地に於て行ふを以て、五〇年祭に適当の地たるを疑はない」[40]との前市長市原盛宏の言葉を紹介した。市原は「向後の横浜は他働的を棄て、必らず自働的活動と方針を決せざる可からず」と、拠点形成に向けての転換点となったフレーズをもって、横浜市の将来へエールを送った。

## 註

（1）代表的なものとして、寺谷武明「第五章第一節　港湾の整備」『横浜市史』第四巻上（横浜市、一九六五年）、同『日本築港史論序説』（時潮社、一九七二年）、同「横浜築港の黎明」『神奈川県史研究』第三一号（一九七六年）、内海孝「横浜築港史論序説―産業資本確立期を中心に」『郷土よこはま』第八八・八九号（一九八〇年）、『横浜港修築史―明治・大正・昭和前期―』（横浜港振興協会横浜港史刊行委員会編、運輸省第二港湾建設局京浜港工事事務所、一九八三年）、『横浜港史　総論編・各論編・資料編』（横浜市港湾局企画課、一九八九年）など。

（2）稲吉晃『海港の政治史』（名古屋大学出版会、二〇〇四年）

（3）築港をめぐる横浜と東京の関係については、鈴木智恵子「明治のウォーターフロント競争―横浜vs東京」『横浜・都市の鹿鳴館』（住まいの図書館出版局、一九九一年）、『港をめぐる二都物語―江戸・東京と横浜』（横浜都市発展記念館・横浜開港資料館編、横浜市ふるさと歴史財団、二〇一四年）、吉﨑雅規「港をめぐる二都関係―江戸・東京と横浜」『水都学Ⅴ』（陣内秀信・高村雅彦編、法政大学出版局、二〇一六年）など。

（4）『横浜税関一二〇年史』（横浜税関一二〇年史編纂委員会編、横浜税関、一九八一年）

（5）パーマーとムルドルの築港案の議論については、前掲註（1）寺谷「横浜築港の黎明」に詳しい。それぞれの築港案は、『神奈川県史　資料編一八　近代・現代（八）近代の流通』（神奈川県企画調査部県史編集室編、神奈川県、一九七五年）に収録されている。

（6）『R.H. ブラントン 日本の灯台と横浜のまちづくりの父』（横浜開港資料館編、横浜開港資料普及協会、一九九一年）、『横浜水道一〇〇年記念 水と港の恩人 H.S. パーマー』（横浜開港資料館編、横浜開港資料館、一九八七年）。『企画展 日本の海の玄関 大さん橋物語』（横浜みなと博物館、二〇一四年）でも、鉄製桟橋建設までの詳細な経緯と関係資料が紹介されている。

（7）「横浜港波止場建築ノ儀伺」『公文録 壬申五月大蔵省伺』（国立公文書館所蔵）

（8）「横浜港波止場構築見積書第一至三案原文／英国ラッドロー・アンド・サン建築社」（早稲田大学図書館所蔵大隈文庫）

（9）リチャード・H・ブラントン『お雇い外人の見た近代日本』（徳力真太郎訳、講談社、一九八六年）

（10）「横浜波止場築造見積書」（早稲田大学図書館所蔵大隈文庫）

（11）「横浜港大波止場新築之儀ニ付伺」『公文録　明治七年一〇月大蔵省伺（二）』（国立公文書館所蔵）

（12）「横浜船舶荷揚場桟橋建築伺書」（早稲田大学図書館所蔵大隈文庫）

（13）『横浜商工会議所百年史』（横浜商工会議所、一九八一年）

（14）『東京市史稿』港湾編第四（東京市編、東京市、一九二六年）

（15）同右

（16）「英国陸軍工兵大佐パルマル氏 横浜港埠堤築造計画意見書」『横浜築港一件』（外務省外交史料館所蔵）

（17）「横浜港湾埠堤会社設立ノ儀ニ付伺」『横浜築港一件』（外務省外交史料館所蔵）

（18）「工師ムルドル氏 横浜築港計画意見書」『横浜築港一件』（外務省外交史料館所蔵）

（19）「横浜港改築ノ件請議」『横浜築港一件』（外務省外交史料館所蔵）

（20）「横浜築港ヲ裁可シ工事ハ神奈川県知事ニ於テ執行セシム」『公文類聚 第一三編 明治二二年』（国立公文書館所蔵）

（21）樋口次郎『祖父パーマー 横浜・近代水道の創設者』（有隣堂、一九九八年）

（22）『横浜築港誌』（臨時横浜築港局編、臨時横浜築港局、一八九六年）

（23）この点について、当時の事故調査委員会の報告を詳細に分析した小林一輔は、コンクリート工学を専門とする立場から、実際に事故の原因となったのは質の悪いセメントに間違いなく、その事実がセメント業界によって巧妙に隠蔽されたと指摘している（小林一輔『コンクリートの文明史』岩波書店、二〇〇四年）。
(24) 堀勇良「横浜港の形成と鉄道」『神奈川の鉄道　一八七二～一九九六』（野田正穂・原田勝正・青木栄一・老川慶喜編、日本経済評論社、一九九六年）
(25) 中尾俊介「海岸の成熟と築港計画―明治前期の横浜開港場にみる近代化の過程―」『日本建築学会計画系論文集』第七四九号（二〇一八年七月）
(26) 前掲註(1)内海「横浜築港史論序説―産業資本確立期を中心に」
(27) 以下、税関拡張工事の経緯については、『横浜税関一覧』（横浜税関、一九〇〇年）、『横浜税関海面埋立工事報告』（臨時税関工事部、一九〇六）、前掲註(1)『横浜市史』第四巻上、前掲註(4)『横浜税関一二〇年史』を参照。横浜税関が所蔵する当時の計画図の原図は『ずっと港のまんなかで　新港ふ頭展』（横浜みなと博物館、二〇一八年）でも紹介されている。
(28) 以下、前掲註(4)『横浜税関一二〇年史』、松本洋幸「国際港都への道」『横浜港物語　みなとびとの記』（横浜開港一五〇周年記念図書刊行委員会、二〇〇九年）を参照。
(29) 水上浩躬「八年記」（横浜税関所蔵）
(30) 堀勇良「都市経営の技術―横浜のまちづくり」『新体系日本史一一　産業技術史』（中岡哲郎・鈴木淳・堤一郎・宮地正人編、山川出版社、二〇〇一年）
(31) 市原盛宏『横浜市今後ノ施設ニ付テ』（横浜市役所文書課、一九〇三年七月）
(32) 水上浩躬「謹告横浜港商業家諸君」『横浜商業会議所月報』第九九号（一九〇五年一月）
(33) 小野光景「横浜市経営に関する建議案理由書」『横浜商業会議所月報』第一〇五号（一九〇五年七月）
(34) 市原盛宏「横浜港湾改良の急務」『横浜商業会議所月報』第一〇六号（一九〇五年八月）
(35) 『横浜貿易新報』（一九〇五年九月二〇日）
(36) 「横浜港設備ニ付横浜市ヲシテ費用ヲ分担セシム」『公文類聚　第三〇編　明治三九年』（国立公文書館所蔵）
(37) 前掲註(29)「八年記」
(38) 『横浜商業会議所月報』第一〇七号（一九〇五年九月）

(39) 前掲註(1)内海「横浜築港史論序説―産業資本確立期を中心に」

(40) 市原盛宏氏談「過去の五〇年、将来の五〇年」『横浜貿易新報』(一九〇九年七月一日)

# 「挙市一致」市政の底流——日清戦後の横浜政界における「地商提携」論——

伊藤　陽平

## はじめに

日清戦後、清の敗北によって東アジア国際秩序は急速に流動化し、日本は中国市場を巡る欧米列強との国際的経済戦争への対応に迫られた。国際環境の劇的変化は、国際的貿易港を擁する横浜にも大きな影響を与えていった。横浜は、日本が経済戦争へ対応する上での最重要拠点であり、横浜政財界の指導者たちも、かかる国際状況を念頭に新たな政治的動きを見せる。これこそ、本論の分析対象である「地商提携」論である。

「地商提携」論とは、地主派（政友系）と商人派（非政友系）の協調による政治的安定の下、港湾改良を軸にした経済政策を推進しようとする政治路線である。先行研究において「地商提携」論は低く評価されており、その背景には正義派（市会刷新派）の出現に注目する研究潮流が存在する。[1] 正義派とは、明治三六（一九〇三）年の第八回衆議院議員総選挙の際、「地商提携」論を地商両派の有力者による「元老」政治に過ぎないとして批判した勢力である。衆院選において、「地商提携」を唱える癸卯倶楽部は、島田三郎の排斥と加藤高明、奥田義人の出馬を主張した。この方針に商人派少壮が反発し、島田出馬を支持した。『横浜貿易新聞』（以下、横貿）は商人派少壮を「市民」に立脚する「正義派」、癸卯倶楽部を「元老」に立脚する「金権派」と呼び、「元老」政治批判を展開した。その結果、島田は圧倒的多数で当選を果たす。この一連の流れは「元老」支配に対する「市民」の抵抗と勝利という観点から高く評価されており、日露戦後になると正義派は刷新派―憲政会へと発展していく。それゆえ、正義派を高く評価する研究潮流は、都市を地盤とする非政友系政党研究との高い親和性を有している。

一方、「地商提携」論に関してはほとんど研究が進んでいない。「地商提携」論者が短期的には敗北したのは確かであるが、日露戦後まで視野にいれると、市内の平和を追求する動きが消滅したわけではない。日露戦時中、市原盛宏市長の下で横浜市改良期成委員会の発足、市会全会派を網羅する公和会の結成といった、「挙市一致」の動きが全面展開するからである。とりわけ、公和会は日露戦後を通じて、港湾改良や市区改正事業の展開を支える政治基盤となった。市原市政の画期性は先行研究においても指摘されており、とくに明治三六（一九〇三）年七月の施政演説は初めて「市民」に直接政策方針を公開した点で高く評価されている(2)。しかし、市原の市長就任の経緯は明らかにされていない。本論でも述べるように、市原は「地商提携」論者であり、正義派出現に代表される市会刷新の動きとは対立関係にあった。「市民」に寄り添う市原市長という歴史像も、「地商提携」論との関連を踏まえて議論する必要があろう。公和会に関しては、植山淳氏が公和会支配を「予選体制」の一種と位置づける一連の研究を発表している。しかし、植山氏は公和会の具体的活動を分析対象としているため、「挙市一致」の動きが実現する背景には言及していない(3)。以上の研究状況を踏まえ、本論は、市原盛宏市政に始まる「挙市一致」の動きの源流として、「地商提携」論を位置づけ、その背景に経済戦争への危機感が存在したことを明らかにする。

## 一　日清戦後の世界経済と「地商提携」論

### 1　「地商提携」論の出現

第一期横浜築港終了後、海陸連絡拡充が横浜港の課題となった。貿易量が増大する中、防波堤と桟橋一本という設備では不十分だという認識が横浜政財界で強まったのである。明治三〇（一八九七）年五月、横浜商業会議所は横浜港の設備調査を開始し、港湾調査委員に木村利右衛門（委員長）、原善三郎、大谷嘉兵衛、小野光景、渡辺福三郎、若尾幾造、高橋是清、田沼太右衛門、左右田金作、朝田又七、鈴本稲之輔を指名している。(4)この動きの背景には、「戦捷ノ結果、外交ハ日ニ繁多ヲ加へ、貿易ハ増殖シ、外国航路ハ創始セラレ、欧米人新規ノ航路モ起リ、其西洋南洋トノ終始点ハ吾ガ日本ニ置カレントスル」という経済外交両面での日本の地位上昇への意識が存在した。(5)商業会議所の想定する横浜港湾改良は、海陸連絡鉄道の整備、船繋場の整備、倉庫の増設、税関拡張であり、海陸連絡設備の拡充が意識された。(6)明治三一（一八九八）年三月に横浜税関長に就任した水上浩躬も、「海陸連絡ノ謀ヲ構スヘシ」との観点から築港計画を進めており、日清戦後に横浜港湾改良の気運が高まったことが窺える。(7)

「地商提携」論は横浜港湾改良の推進という文脈において出現した。この時期、神戸港が貿易量において横浜港を凌駕するようになり、横浜の経済的地位の凋落が懸念され始めた。この事態に危機感を覚えた木村、大谷ら「元老」達は明治三四（一九〇一）年八月頃から「地商提携」を唱えるようになった。横浜港湾改良を推進する上で、地主派と商人派の対立を抱える市会の状況が問題視されたのである。後年、原富太郎は「積年の党争」によって横浜発展の「百年の大計」を樹立できないことに危機感を抱いていたと回顧している。[8]また、「地商提携」の中心人物であった木村、大谷が港湾調査委員を務めていたことからも、「地商提携」論と横浜港湾改良の間の密接な関連を窺うことができる。

この「地商提携」論の広告塔となったのが、『横浜新報』（以下、新報）である。同誌は原の支援を受けた新聞であり、社長は佐藤虎次郎という人物であった。佐藤はオーストラリアで活動していた実業家であったが、白豪主義による移民排斥を受け、明治三四（一九〇一）年に帰国していた。近衛篤麿の国民同盟会に接近したアジア主義者であり、国政進出後には中正倶楽部に所属して対露同志会の一員となった。移民排斥の経験から、世界的な「帝国主義」の風潮に強い危機感を抱いた佐藤は、帰国後に言論活動を開始し、国家主導の経済進出の重要性を説いていた。[9]原は佐藤のような豊富な海外経験を持つ人物をリクルートしながら、「地商提携」の実現を画策したのである。

佐藤の思想は、新報の論調にも濃厚に反映されている。同誌は一九世紀末における世界的な保護主義の台頭を観測していた。新報は社説の中で「独逸の教育は、独逸の商工業に資し、独逸の外交は独逸の商工業を導き、独逸の軍隊は独逸の商工業を保護す」と述べ、教育、外交、軍事、政治のリソースを商工業発展に集中させるドイツを評価した。一方、日本に関しては「各孤立、相幇助することなく、商工業者は只自己ありて、他あるを知らず」と述べており、商工業発展に向けた各政策の統一展開を日清戦後における最重要の政治課題と見なしていた。[10]

それゆえ、貿易活動に関しても、政府による商工業支援を重要視していた。新報は「十九世紀の後半、人口の増加と共に各種製造物の産出超過等、種々の原因相集合し来り、外交は通商上の利益を保護すべき一手段と目せられたり」として、外交と通商が一体となって展開する国際環境を観測し、「保護主義的商業政策」を展開する列強との経済戦争を危惧していた。[11]それゆえ、「内地の改良を先にして国権の拡張を後にすべし」と主張する自由貿易論が「排斥」され、「国権先進論」たる保護主義が台頭したと主張した。[12]

かかる国家主導の経済発展を実現するには、政治と経済の関係も重要となる。新報はアメリカ大統領選挙と生糸価格、内閣と株式価格の相関関係を例に、「政治が商業に関すること斯の如く多端なると共に、外交が通商に関すること、亦緽密なるの一事は、単に国際間の事として看過するを得ず」と述べ、政治と経済が一体化する傾向を指摘した(13)。こうした国際認識から、新報は「各国争ふて市場の開拓、新領土の占領或は新富源の発見に拮据」するという国際的経済戦争の根底に、「実利獲得の一点に帰着」する政治的傾向を見出したのである(14)。新報は日本の軍事、外交を「不生産」的と批判し、「実利の為にせざる外交と軍事とは要するに是れ無用の長物(15)」との観点から、戦後経済戦争に対応した政治体制構築を主張した。「地商提携」論はかかる国際環境への危機感を背景に出現したのである。

一方、横貿は、「地商提携」の効力には懐疑的であった。その背景には、同誌が展開した地主派批判が存在する。日清戦後の横浜市会は地主派が掌握しており、同派の政治腐敗を批判する声が高まっていた。その急先鋒だったのが、横貿である。横貿は政界における「株屋社会」の影響力を問題視しており、政治家に「黄金」を供給する「空業家」が政界の「汚濁壊敗」を助長していると見ていた(16)。地商の政治対立も「利慾の分配」、「金銭の分配」を巡るものと見なしており、政治腐敗を是正しなければ市会の混乱も解消されないと認識していた(17)。政治腐敗の象徴こそ地主派であり、「市参事会も市会も瓦斯も水道も皆な同派の手中に在りと云ふの意味ならん〔中略〕今日彼等が所為を見るに私利の相談を中心と為し居るが故に衆狗唁々、周囲より競ひ、蒐りて忽ち決裂の不幸を見る」と述べている(18)。ここに地主派による市行政支配が、市の公共事業の停滞を招いているという横貿の状況認識を窺うことができよう。

横貿はかかる観点から「地商提携」論にも批判的であった。横貿は地商の政治対立を「地主商人両派反目の害は闘争の方法悪しきが為めにして党派其物の害にあらず」と見なし、市会の混乱の原因を利権政治に求めた。また、「地商提携」論に関しても、「地主派の重もなる人々」主導で進められたと否定的であった。すなわち、単なる両派の妥協では地主派の政治腐敗も解消されず、市会の混乱を抑えることはできないというのが横貿の論調だったのである。[19]

また、横貿は横浜港湾改良の動きにも冷淡な態度をとった。横浜税関長の水上の回顧によれば、『時事新報』、『中外商業新報』、横貿といったメディアは横浜港湾改良反対の姿勢をとっており、築港計画の一環であった税関拡張工事に際しても「官吏ニ依テ発起セラレ、官吏ニ依テ成立シ、官吏ニ依テ歓迎セラレタリ」という官僚批判が展開されたという。[20]実際、築港計画を「財源の有無を考量せざるの空論」と見なす声も存在し、横浜商業会議所はかかる反対論に対する反駁を行っていた。[21]

それではなぜ横貿は横浜港湾改良に反対姿勢を示したのか。この点で興味深いのは、港湾改良の一環として推進された港長の任命[22]に対する横貿の論調である。横貿は「如何なる人が横浜の港長として就任すべきや」と読者に問いかけ、港長候補に関する私選投票を実施した。この読者投票の意図は「横浜港長撰択に対する」横浜の世論の把握であり、築港計画に「市民」の声を反映させようとするものだったと言えよう。[23]さらに横貿は「港長の官級如何」という論説を発表し、海事行政に関する専門知識と、港湾の業務を取り仕切る「名望と威力」が必要な港長の職責の重さを強調した。かかる観点から、横貿は港長の職責が軽んじられることで「泛々たる猟官者流を以て之れに任じ、若くは駆け出しの小吏をして之れに当らしむるが如きこと」が発生する可能性に懸念を表明している。[24]すなわち、横貿は築港計画が政党の利権政治に利用されることや、官僚の専横によって推進されることに警戒していたのである。横貿の築港計画への冷淡な態度は、地主派批判に見られる利権政治への嫌悪感を背景にしていたと言えよう。

## 2　横浜貿易研究会グループの出現

こうした横貿を中心とする批判にさらされる中、新報の背後に存在した原周辺のグループは、「元老」とは異なる立場から「地商提携」を唱えていった。新報は社説の中で「地商提携」批判への反駁を行った。台頭する神戸港と、「武装的商業」を展開する列強を、横浜の脅威と位置づけた上で、かかる事態に対応するには、「市民老壮が同心協力して進取の画策を実行」する必要があると主張した。この際、新報は「市の公共事業が兎角左支右吾して一も成績の挙ざるを見て、動もすれば之を壮年者の手に収て一大刷新を試むべし」という横貿に見られる「地商提携」批判に対して、「雖も老人必ずしも朽ちたるに非ず」と弁明している。注目すべきは、この新報の論説が「大局総理の任」に「元老」の役割を限定した上で、「進取の画策を実行」する「有為の壮年者」、すなわち若い世代の役割を強調した点である。新世代の台頭を重視する新報の立場は、後に「元老」の「地商提携」論と微妙なズレを生じさせることになる。[25]

「地商提携」論が高まる中で、新報は市内有力者を網羅した合議体による経済問題の研究を提唱するようになる。明治三五（一九〇二）年三月二日の社説において、新報は横浜の繁栄を実現する上での「挙市一致」の必要性を強調し、「衆智を聚め」て繁栄策の研究と「経綸」策定を実行する「貿易調査会」の設立を主張したのである。[26]横浜の経済を軸に据えた「地商提携」の実例として、新報は横浜鉄道設立の動きを挙げている。横浜鉄道敷設は横浜港湾改良の一環として横浜財界が推進していた事業の一つである。横浜倉庫の設立とセットで提唱され、海陸連絡機能の拡充が意図されていた。[27]新報は、横浜鉄道が「商人地主両派」の提携の下で推進されたことを評価し、「感情」的党派対立ではなく、横浜鉄道認可問題のような経済的「事実」問題において「分合」すべきと主張した。[28]木村利右衛門は三月一五日の新報の紙面上で「之れ（地商の対立のこと）を一掃し、協同一致、横浜の繁栄を図うとするには、政治に関係しない、横浜の繁栄を図るに適する会の様なものを組織して、之れに向て意を傾くる様に導くより外はないのだ」と述べており、「元老」も新報の合議体設置論を共有していたことが窺える。(29)

こうした動きを背景に設置されたのが、横浜貿易研究会である。(30) 同会の設立趣意書には「今や東洋の局面は俄に一変し、欧米の兵馬と商業とは挙げて其の主力を集注し来り」という日清戦後の経済戦争への危機感が表明されており、「東洋の要衝に位する我横浜港」の位置を念頭にした築港調査が活動目的として掲げられた。設立発起人は市原盛宏、原富太郎、中村房次郎、矢田積、佐藤虎次郎、渋沢作太郎、茂木保平の八名であり、原や佐藤といった新報関係者が発起人になっていることからも、同会が新報の合議体設置論を背景に設置されたことは明らかである。

横浜貿易研究会の特徴として、次の二点に注目したい。第一に同会が「元老」よりも若い世代を中心に設立された点である。同会の発起人と「元老」は一〇～三〇歳ほど歳が離れており、横浜政財界の新世代が同会に結集したことが窺える。(31) 横浜貿易研究会が「元老」の支持を背景に設立されたのも確かであるが、同会の人的構成が新世代を中心とした点を重視すれば、同会を「元老」とは独立した新たな政治勢力と評価することは可能であろう。以後、本論では新報の背後に存在する新世代の政治勢力を横浜貿易研究会グループと呼び、「元老」と区別して議論を進める。

第二に、海外経験と高い経済的知識を有する人材が横浜貿易研究会に結集した点である。例えば、発起人の一人である市原盛宏は、明治二二（一八八九）年にイェール大学に留学後、明治二八（一八九五）年に日本銀行大阪支店長、明治三四（一九〇一）年に第一銀行横浜支店長に就任している。彼は同会設立の中心人物であり、「横浜市が動もすれば時勢の進運に伴随せざるを慨嘆」し、有力者と協力して同会設立を主導した。同会設立後、市原は「横浜貿易研究上資料となるべき諸般の調査」のため、欧米視察に向かったのであった。(32) この他、前述の通り、新報社長の佐藤は、海外で経済活動を行った人物である。また、同会はミシガン大学で経済学を学んでいた児玉亮太郎を書記長に登用した。児玉は一八九九年に留学から帰国した後、原敬の秘書官となっており、中央政界とのパイプも有していた。同会の経済調査にも、児玉の欧米での経験や経済学の知識が活用されたようである。[33] 列強との経済戦争への危機感を抱く横浜貿易研究会グループは、佐藤、児玉といった有力な人材を精力的に吸収しようとしたのである。

以上のように、日清戦後の経済戦争は横浜政界に強い危機感を与え、「地商提携」の下、横浜港湾改良を推進しようとする動きが出現した。新世代を中心とする横浜貿易研究会グループは、横浜経済に関する研究を開始し、海外経験と経済知識を有する人材を吸収しながら、横浜発展の「経綸」の立案に着手した。その後、彼らは「元老」とは異なる視角から「地商提携」を推進していくことになるのである。

## 二　市原市政の成立――「地商提携」から「挙市一致」へ――

### 1　第七回衆議院議員選挙候補者問題と梅田市長後任問題

明治三五（一九〇二）年一月、市会半数改選を機に、地商両派の「元老」は選挙協力を実施し、「地商提携」のスローガンの下、地商両派同盟会が結成された。同盟会結成は「地商提携」論の一応の実現と見ることが出来るが、同会の行動は横貿のみならず、「元老」を支持していた新報からも批判されるようになる。ここでは第七回衆院選候補問題と梅田義信市長後任問題を通じて、横浜政界の対立軸が多元化していく過程を考察したい。

同盟会は第七回衆院選に際し、地商両派から一名ずつ選出する方針をとり、地主派の平沼専蔵、商人派の島田三郎を候補者とした。横貿は同盟会の方針に対し、「地主派の商人派を欺きたるのみに止まらずして、取も直さず、横浜三十余万の市民を欺きたるもの」と痛烈な地主派批判を展開した。その焦点となったのは、地主派側の候補者となった平沼であり、彼は地主派の金権政治の象徴と見られていた。(34) 横貿にとって、「市民」は「社会的理想」と「崇高なる政治的観念」を有する存在であり、平沼は「市民の理想、主義」に沿わない人物だったのである。(35) 横貿の論調は、同盟会を地主派支配の延長として捉え、政治腐敗を糾弾する「市民」的立場から批判するものだったと言えよう。

「地商提携」の広告塔であるはずの新報も平沼出馬に反発する「市民」に理解を示し、同盟会を批判した。新報にとって、「代議士は一面に於いては地方的なると共に一面に於ては国家的」であり、「地方的に見てすら市民の顰蹙を買う平沼は、「国家的」に見ても「横浜を天下に紹介せしむるに」に堪える人物ではないと述べたのである。(36)

この新報の平沼批判に関して、次の二点を確認しておきたい。第一に横浜貿易研究会グループの「地商提携」論が元老のそれよりも柔軟な枠組みを有している点である。「元老」の「地商提携」は、地主派と商人派という水平的対立の収拾のみを対象にしていた。それゆえ、同盟会の衆院選候補者も、「市民」の意向とは無関係に地商両派から機械的に一名ずつ選出するものになったのである。しかし、新報の記事に見られる横浜貿易研究会グループの「地商提携」論は、「市民」の平沼批判にも配慮していた。このことは、新世代の「地商提携」論が地商対立だけでなく、「元老」と「市民」という垂直的対立をも包摂しうる「挙市一致」の論理へ拡大する可能性を示唆している。

第二に新報が考える代議士の役割である。新報にとって、代議士とは「国家」と「地方」双方の利害を接続させる役割を有しており、「市民」から顰蹙《ひんしゅく》を買う平沼は、「地方」の利害を代表し得る人物ではなかった。それゆえ、新報は「国家」と「地方」の媒介という観点から、同盟会案に代わる新たな候補者として、木村利右衛門と加藤高明の擁立を主張した。新報によれば、「近代の貿易は外交と両々相待て始めて其の効を見るもの」であり、「横浜の繁栄」のためには「必ず有力なる外交家と連絡を保つの必要」があるという。こうした外交と貿易の一体化という国際認識を前提として、「一方には横浜の事情に通ずるの人を置き、一方には之が意見をして充分貫徹せしめ得るの人を置かば十全を期する」と主張した(37)。新報は「横浜出身の名望家」として「地方」を代表する木村と、外交官として「国家」を代表する加藤の連携によって、「貿易と外交との連絡を図り、横浜の希望をして貫徹」させようとしたのである(38)。新報の衆院選候補者論には、国家の庇護の下で貿易増進を計ろうとする横浜貿易研究会グループの国際認識が典型的に表れていたと言えよう。なお、加藤高明出馬論が第七回衆院選の段階で既に存在していたことに注意しておきたい。

次に衆院選候補問題と同時期に争点となった梅田義信市長後任候補問題を考察していこう。梅田市長の後任が問題となると、地主派は助役であった斎藤松三の市長就任を主張した。一方、地主派の戸塚千太郎が地主派の一部を率いて商人派と結託し、梅田市長再任論を展開した(39)。「元老」を中心とする地商両派同盟会は、戸塚の梅田再任論を承認したが、この動きに対しても、横貿、新報双方から批判が寄せられたのである。

横貿は後任市長を巡って対立する地商両派の動きを「或一派の爪牙に供せしめんが為め、一二反謀家の野心を遂行せんが為め、市行政を左右せんが為め、権勢利禄を獲得せんか為め、其已《ママ》れに与みし、若くは与みせしめんと欲して徒らに市長の位置を弄せんとする」ものと評価した。ここに地商の対立の根本原因を利権政治に求める横貿の認識を見出すことは容易であろう。それゆえ、横貿は市長問題の解決策として、党派対立に超然とする「新人物」の輸入を提唱した。「地主派、商人派、鶴鳴倶楽部等其他何人にも毛頭関係を有せざる」新人物の市長就任によって、「市行政の刷新改善を企図し、三十余万の市民をして安んぜし」めようとしたのである(40)。

一方、新報は横貿とは異なる視角から新市長輸入論を展開した。新報は、市長に必要な素養として「横浜の弊根（地商の政治対立のこと）を洞看して之を剪除するの力量」と「外交的技能」の二点を重視し、かかる人物を迎えるためには「横浜人たるを要せず、広く天下に人材を求むるべき」と主張した(41)。新報の新市長輸入論が、外交と貿易の一体化という横浜貿易研究会グループの国際認識を背景にしていることは明らかであろう。

ここで以上の過程を整理しよう。「元老」の「地商提携」論は、地商の水平的対立に重点を置くものであり、政治参加の幅が限定されていた。「市民」的立場に立つ横貿は、「元老」の「地商提携」を反利権政治の枠組みで捉え、「市民」の声を反映した市政の実現を要求した。このことは、地主派と商人派という水平的対立軸に加え、「元老」と「市民」という垂直的対立軸が横浜政界に登場したことを意味している。横浜政界における対立軸の多元化に対応しようとしたのが、新報の背後に存在した横浜貿易研究会グループであった。彼らの「地商提携」論は地商の水平的対立だけでなく、「元老」と「市民」の垂直的対立も包摂しようとするものであり、衆院選候補問題でも市長後任候補問題でも、「市民」に配慮する立場から「元老」と対立した。外交と貿易の一体化という政策志向の下、「国家」と「地方」の連携を重視した新報は、「地方」の利益の根底に存在する「市民」の立場をも包摂した市内の平和を追求したのである。

## 2　市原盛宏市長論の出現

梅田市長が死去すると、市長後任問題が再燃した。横浜政界は「地商両派を通じて此の際有為の大人物を迎ふべし」という「大人物」輸入論を掲げる商人派、戸塚グループと「大人物の応諾を求むる程の報酬は市の負担に堪ゆる所に非らず」とする地主派に二分した(42)。

こうした状況に際し、横浜貿易研究会グループは商人派、戸塚グループの「大人物」輸入論を支持した。新報は「市長の後任」という論説において、貿易港である横浜の市長を「名誉的外交家」と位置づけ、横浜市内の「弊根」を一掃し、対外的には「世界的市府」として経済発展することを主張した。さらにかかる人物を輸入するには、「市民」の努力によって高報酬を支払うことが必要だと述べた(43)。こうした新報の「大人物」輸入論は、外交と貿易の一体化という国際認識の延長線上に主張されたと言えよう。また、新報が「市の行政に参与せる某有力家」の奥田義人市長就任論を掲載したことに注意しておきたい(44)。

さらに新報は、「大人物」輸入論を唱えると同時に「地商提携」の重要性を強調している。新報は「商業の繁栄は則ち地価の騰貴となるが故に此二者（地商両派のこと）は相互に共通の利害を有する」と述べ、横浜「共通の利害」に立脚した「地商提携」に基づき、「一党一派」ではなく、「全市」の代表になり得る市長を選定するよう求めたのである(45)。

新報の「大人物」輸入論は、保護主義の台頭という国際情勢に対応し得る新たな市政を求めるものでもあった。新報は社説の中で、世紀転換期の国際環境を「大国家」や「大商業」があらゆるリソースを集中運用する「合同の世界」と捉え、「細々分立の国家は巨大優勢の国家の為に併せられ、細々分立の商業は巨大優勢の商業の為に破らる」と危機感を示した。新報はこの世界経済の新動向を「国力一致対外主義」、「イムペリアリズム」と呼び、「地商提携」論に関しても、かかる世界経済のアナロジーの下、「横浜のツラスト」、「横浜の市力一致対外主義」と位置づけた(46)。

「合同の世界」に対応し得る市長候補として新報が支持した人物こそ、市原盛宏であった。新報にとって、今後の市政にふさわしい新市長は「外交的手腕と経済的頭脳」、「学識経歴」、「欧米の風気」に対する習熟、「商工貿易に於て経験」を有した人物であった(47)。かかる観点から新報は、銀行業界で培った「経済的頭脳」、「外交的手腕」を有する市長候補として市原を挙げたのである(48)。また、横貿は「一豪商は人に告ぐるに市長候補の横浜貿易研究会員中に挙ぐるを以てせりと」と報道しており、横浜貿易研究会グループが市原の政治基盤であったことが窺える(49)。

欧米視察から帰国した市原も、国力集中による経済活動を展開する列強の動向に強い影響を受けていた。シンジケート、トラストによる費用節減や小売店の大型化に新たな経済的傾向を看取し、「政治上にも亦大仕掛な帝国主義を応用する様になつた」、「欧米の商工業が滅切り大仕掛になつた」と述べたのである(50)。さらに市原は、「青年は年少気鋭新思想に富み、而して憚りなく自己の理想を提案し、実行する」という欧米の「青年」層の活発化を高く評価した。こうした欧米の動向は新世代を中心とする横浜貿易研究会グループの政治意識を刺激したであろう。市原はこうした欧米視察の結果を踏まえ、「内部の破裂を防ぎて国と国との競争、事業としても大なる競争をなすにあらざれば生存する事は出来ぬ」と述べ、さらに「支那、朝鮮、西比利亜、東印度の如き地を其経済的領地」とする必要性を強調した。(51) 市原は政治対立を抑制しつつ、対外経済膨張を果たすという新たな政治志向を背景に市長に就任するのである。

一方、横貿は、横浜貿易研究会グループを中心に展開された市原市長論を批判した。横貿にとって、市原市政は「一部政派の傀儡」に過ぎず、「市民」に立脚しない「腐臭汚穢」の政権であった。かかる観点から、横貿は「市政上に於ける理想抱負、識見、主張」を「市民」に向って表明することで、「市長としての方針を公けにして市の輿論に問ふべき」と述べ、市原に施政演説を要求している。(52) こうした横貿の論調は、「市民」からの信任に立脚した市政を追求する議論であり、市原市政に対する政治参加要求であったと言えよう。

### 3　第八回衆院選と市原市政

かかる「市民」の批判にさらされながら、「地商提携」論の射程はさらに拡大していく。その最大の契機となったのが明治三六（一九〇三）年三月の第八回衆院選であった。「元老」や横浜貿易研究会グループといった「地商提携」論者は地商両派を網羅した癸卯倶楽部を結成し、島田、平沼の引退と加藤高明、奥田義人の擁立を推進した。新報も、癸卯倶楽部の島田排斥論を支持した。(53)

一方、商人派少壮は「元老」に反発し、島田擁立を画策した。(54) 横貿は商人派少壮を支持し、加藤、奥田派を「金権派」、島田派を「正義派」と呼び、島田を支える「選挙民の熱誠」、「市民の同情」、「江湖の輿論」と加藤、奥田を支える「政友会総裁伊藤侯爵」、「憲政本党総理大隈伯」、「天下の富豪岩崎家」、「市の多数の元老」の対立を演出した[55]。横貿の攻勢に対し、新報がいかなる議論を展開したかは史料欠如のために明らかにできない。しかし、新報は第七回衆院選の段階で加藤出馬論を掲げており、市長後任問題でも「大人物」輸入論の文脈で奥田の名が出ていた経緯から、世界経済の動向を踏まえた外交と貿易の一体化という観点で、加藤、奥田の出馬を擁護したと考えられる。

結局、「地商提携」論者は「市民」の政治的活性化の前に敗北し、島田が衆院選において圧倒的勝利を収めた。第八回衆院選は、市内の一致に「市民」の同意が不可欠となったことを明白にしたのである。衆院選終了後の七月七日、市原は「横浜市今後ノ施設ニ付テ」という施政演説を行い、「市民」に対して自らの政策方針を直接語りかけた[56]。この演説は横貿から「横浜市長空前の快挙」と極めて高く評価されている[57]。しかも、この演説には、横浜貿易研究会グループが従来から唱えていた政策とは明らかに異なる主張が含まれている。

この演説において市原は、横浜港湾改良の重要性を説き、税関拡張、海面埋立、繋船岸築造、浚渫といった築港工事の展開を説明した上で、「上屋、倉庫、鉄道等陸上ノ設備」の拡充と「海陸連絡ノ施設」、道路、橋梁、鉄道といった交通機関の整備を主張した。こうした横浜港湾改良論は、横浜政財界が従来から唱えていたものである。

注目すべきは、市原が港湾改良とともに唱えた「幸福及繁栄ノ大綱」である。市原はインフラ(水道、病院、教育施設)、都市の景観を担保する「装飾事業」(「物産陳列所、美術館、公園、水族館、寺社仏閣等ノ設置」)の整備を主張し、「市民」生活にまで配慮した政策方針を打ち出した。これらの政策の一部は後の市区改正事業にも継承されることとなる[58]。さらにこの諸政策を調査する委員会の設置を主張し、市会議員、商業会議所議員からそれぞれ一〇名、「一般市民」から一〇名を委員とすると明言した。市原において、「市ハ一ノ生存目的ヲ有スル有機的団体」であり、横浜政財界から「市民」までの全市を代表し得る委員会によって「本市百年ノ大計」を策定することが目指された。合議体による意思統一は「地商提携」論者が従来から主張していたものだが、「市民」の存在を強く意識した点で、市原の演説には明白な姿勢の変化が見られる。この合議体構想は明治三六（一九〇三）年八月に横浜市改良期成委員会として実現した。さらに明治三八（一九〇五）年二月には、「港湾の改良、海陸の連絡設備等諸計画を推進」することを目的とした「横浜市改良期成会の趣旨を翼賛する一大団体」として、市会全会派を網羅した公和会が成立する。(59) こうして、「市民」を包摂する「挙市一致」市政が成立し、公和会は日露戦後の市区改正事業を支える政治基盤となるのである。

## おわりに

以上、本論は日清戦後の経済戦争の展開が横浜政界に及ぼした影響を、「地商提携」論に通じて考察した。国際的港湾都市の横浜は経済戦争の最前線に位置する最重要拠点であり、横浜港湾改良もかかる文脈から推進された。横浜政財界の有力者は横浜港湾改良を円滑に遂行するべく、地主派と商人派の協調を目指す「地商提携」論を提唱した。

一方、「市民」的立場に立つ横貿は、地主派支配による利権政治の延長線上で「地商提携」論を捉え、地商両派の「元老」による政治の独占と見なした。衆院選候補者問題、市長後任問題において、横貿は一貫して「元老」と対立し、横浜市政に「市民」の声を反映させるよう求め続けた。

こうした横貿の批判が展開する中、「市民」にも配慮した新たな「地商提携」論が出現する。横浜政財界の新世代を中心とする横浜貿易研究会グループは、「地商提携」論を唱えつつも「元老」とは一定の距離を保ち、「市民」からの批判にも対応しようとする動きを見せた。彼らは保護主義が台頭する世界経済に強い懸念を抱いており、横浜に経済的知識と海外経験を有する有力な人材を集め、加藤出馬論や「大人物」輸入論を展開して国家との強いパイプの形成を画策した。彼らはこの新たな政治志向を背景に、市原の市長就任を支える政治基盤となった。しかし、この「地商提携」論の新たな動きも、第八回衆院選における「市民」の政治的活性化の前に挫折した。そこで市原は施政演説を実施し、「市民」に対して直接政策方針を訴えた。演説で示された政策内容も、横浜港湾改良だけでなく、「市民」生活にまで配慮した射程距離の長いものとなり、日露戦後の市区改正事業を支える「挙市一致」市政の出発点となった。

このように、「地商提携」論は、「市民」の批判にさらされながら、大幅に射程を広げ、最終的に市原市長の下、「市民」をも包摂した「挙市一致」の論理へと変容したのである。ただし、「挙市一致」による市内の平和の水面下で、刷新派の政治的存在感が高まっていくことに留意する必要がある。しかし、彼らも日露戦後になると横浜港湾改良を「国益」と見なす視点を「地商提携」論者と共有し始め、横貿も「商工民」を「経済的戦争」の中核と見なす国家観を表明していく。[60] これらの議論は「地商提携」論者が従来から唱えていたものであった。横浜を経済戦争の拠点として見据える視点は、その後の横浜政財界の動向を規定していくと思われるが、この点は今後の課題としたい。

## 註

（1）山田操『京浜都市問題史』（厚生閣、一九七四年）、藤村浩平「刷新派と神奈川憲政—明治後期における非政友勢力の再編過程」（『茅ヶ崎市史研究』第五号、一九八一年三月）、今井清一「市民の形成と市政—その一—横浜市を中心として—」（『横浜市立大学論叢　人文科学系列』第三三巻第一号、一九八二年三月）、倉敷伸子「日露戦争後の新興政治集団の軌跡—横浜市の場合—」（『史苑』第四八巻第一号、一九八八年六月）、上山和雄『陣笠代議士の研究』（日本経済評論社、一九八九年）など。

（2）『横浜市史 第四巻下』（横浜市、一九六八年）、八九〜九六頁。

（3）植山淳「日露戦後の横浜市における都市支配」（『地方史研究』第三九巻第二号、一九八九年四月）、同「都市支配の変容―横浜市水道第二次拡張問題を中心として―」（『日本歴史』第五三八号、一九九三年）、同「横浜発展策をめぐって―「官僚行政」と「名望家行政」―」（横浜近代史研究会編『近代横浜の政治と経済』横浜開港資料館、一九九三年）。
（4）「港湾調査ノ議ニ付稟告」（『横浜商業会議所月報』第八号、一八九七年六月）、一七〜一八頁。
（5）「第十回会議」（『横浜商業会議所月報』第七号、一八九七年五月）、五〜六頁。
（6）「横浜港調査事項」（『横浜商業会議所月報』第一一号、一八九七年九月）、二〜三頁、横浜商工会議所創立百周年記念事業企画特別委員会編纂分科会編『横浜商工会議所百年史』（横浜商工会議所、一九八一年）、二八〇〜二八一頁、横浜市会事務局編『横浜市会史 第一巻』（横浜市会事務局、一九八三年）、五七一〜五八二頁。
（7）水上浩躬「八年記」（横浜開港資料館所蔵「水上浩躬文書」、コピー収集分№1、「第三税関拡張工事ノ発起」）。
（8）「両提携派の凝議」（一九〇二年二月九日付『横浜貿易新聞』、二面）、藤本実也『原三溪翁伝』（思文閣出版、二〇〇九年）、三五七〜三五八頁。
（9）拙稿「明治後期における佐藤虎次郎の対外観―南進論から「帝国主義」へ―」（『國學院雑誌』第一一八巻第九号、二〇一七年九月）、前掲藤本『原溪翁伝』、三五八頁。なお、佐藤が新報の社説を元に『支那啓発論』（横浜新報社、一九〇三年）を出版していることから、社説の多くが佐藤執筆であることがわかる（上田由美「『横浜新報』社説目録」、『横浜開港資料館紀要』第三一号、二〇一三年三月、一四〇頁）。
（10）「文明の偏重偏軽」（一九〇二年三月二日付『横浜新報』、一面）。
（11）「横浜港に対する我社主張の細説（卅六）」（一九〇二年三月一五日付『横浜新報』、一面）。
（12）「外交と貿易の近接（上）」（一九〇二年四月二四日付『横浜新報』、一面）。
（13）「外交と貿易の近接（下）」（一九〇二年四月二六日付『横浜新報』、一面）。
（14）「通商立国主義」（一九〇二年五月四日付『横浜新報』、一頁）。
（15）「貿易家と外交家」（一九〇二年五月一日付『横浜新報』、一面）。
（16）「実業家の勢力と空業家の勢力」（一九〇〇年二月二三日付『横浜貿易新聞』、一面）。
（17）「潔く清潔なれ」（一九〇一年六月二五日付『横浜貿易新聞』、一面）。

(18)「地主派に教ゆ」(一九〇一年一月二〇日付『横浜貿易新聞』、一面)。
(19)「合同は強ゆべからず」(一九〇一年一一月二一日付『横浜貿易新聞』、一面)。
(20)前掲水上「八年記」(「第三税関拡張工事ノ発起」)、二頁。
(21)「港場改良の財源」(『横浜商業会議所月報』第一二号、一八九七年一〇月)、二頁。
(22)「第三回港湾調査委員会」(『横浜商業会議所月報』第一七号、一八九八年三月)、四頁。
(23)「港長私撰の投票募集」(一八九八年七月九日付『横浜貿易新聞』、二面)。
(24)「港長の官級如何」(一八九八年七月一五日付『横浜貿易新聞』、二面)。
(25)「横浜港に対する我社主張の細説」(一九〇二年四月二九日付『横浜新報』、一面)。
(26)「実行に先立ちて研究を要す」(一九〇二年三月二日付『横浜新報』、一面)。
(27)「横浜平和の現実」(一九〇二年三月七日付『横浜新報』、一面)、老川慶喜「横浜鉄道の計画と横浜経済界」(横浜近代史研究会編『近代横浜の政治と経済』横浜開港資料館、一九九三年)、五八～五九頁。
(28)「事実問題に因て分合すべし」(一九〇二年四月一日付『横浜新報』、一面)。
(29)「木村翁と横浜」(一九〇二年三月一五日付『横浜新報』、二面)。
(30)「横浜貿易研究会第一回総会」(一九〇二年五月二日付『横浜新報』、二面)。
(31)市原盛宏(一八五八年生)、原富太郎(一八六八年生)、中村房次郎(一八七〇年生)などの同会発起人は一八五〇～七〇年代に生まれており、木村利右衛門(一八三四年生)、朝田又七(一八三八年生)、大谷嘉兵衛(一八四五年生)などの「元老」は一八三〇～四〇年代に生まれている。
(32)小野英二郎「故市原盛宏君略歴」(横浜開港資料館所蔵「市原盛宏資料」四八―五、『故市原盛宏記念』、八～九頁)。前掲「横浜貿易研究会第一回総会」。
(33)沼田日東『原宰相を輔けたる児玉亮太郎』(登竜商店出版部、一九二三年)、六二～七一頁。なお、児玉は市原市政においても、横浜市改良期成委員会の書記長となっている。
(34)「敢て横浜市民に質す」(一九〇二年五月一六日付『横浜貿易新聞』、二面)。

(35)「平沼専蔵氏に与ふ（下）」（一九〇二年五月二九日付『横浜貿易新聞』、二面）。
(36)「平沼氏が横浜選出代議士候補たるに至りしは其責推薦者に在り（下）」（一九〇二年五月一七日付『横浜新報』、一面）。
(37)「横浜選出代議士に関する吾徒の希望（地）」（一九〇二年四月二〇日付『横浜新報』、一面）。
(38)「横浜選出代議士に関する吾徒の希望（人）」（一九〇二年四月二二日付『横浜新報』、一面）。
(39)「同盟会と市長問題」（一九〇二年五月二一日付『横浜新報』、二面）、「市長問題の暗流愈々急なり」（一九〇二年五月二七日付『横浜新報』、二面）。
(40)「新市長輸入論」（一九〇二年五月二四日付『横浜貿易新聞』、二面）。
(41)「市長問題」（一九〇二年五月二一日付『横浜新報』、一面）。
(42)「市長問題の行悩み」（一九〇二年一〇月一四日付『横浜貿易新聞』、二面）。
(43)「市長の後任」（一九〇二年九月二八日『横浜新報』、一面）。
(44)「市長の推薦と選挙者の意向」（一九〇二年九月三〇日付『横浜新報』、二頁）。
(45)「横浜の共通利害」（一九〇二年一一月一三日付『横浜新報』、一面）。
(46)「横浜ツラスト」（一九〇二年一一月二〇日付『横浜新報』、一面）。
(47)「新市長の選任」（一九〇二年一一月一四日付『横浜新報』、一面）。
(48)「市原氏の市長候補」（一九〇二年一二月二日付『横浜新報』、一面）。
(49)「於戯市原盛宏君（下）」（一九〇二年一一月一九日付『横浜貿易新聞』、一面）。
(50)「市原盛宏氏の演説（歓迎会席上に於て）」（一九〇二年一一月一六日付『横浜新報』、二面）。
(51)「市原盛宏氏の談話」（一九〇二年一一月二九日付『横浜新報』、二面）。
(52)「請ふ先づ其所見を表示せよ」（一九〇二年一一月二〇日付『横浜貿易新聞』、二面）。
(53)島田三郎「横浜市民諸君に告ぐ（続）」（一九〇三年二月一五日付『横浜貿易新聞』、一面）。
(54)「商派少壮連の意向」（一九〇三年一月二三日付『横浜貿易新聞』、二面）。
(55)「天下無比の大快戦」（一九〇二年二月一九日付『横浜貿易新聞』、二面）。

(56) 市原盛宏『横浜市今後ノ施設ニ付テ』(一九〇三年)。
(57)「市原市長の演説を評す」(一九〇三年七月八日付『横浜貿易新聞』、二面)。
(58) 小風秀雅「日露戦後の市区改正問題―市設備調査委員会と回周道路をめぐって―」(横浜近代史研究会、横浜開港資料館編『横浜の近代』、日本経済評論社、一九九七年)、塚田景・土本俊和「横浜市長と三宅磐―明治後期における横浜の市区改正に関する研究―」(『日本建築学会計画系論文集』第五七〇号、二〇〇三年八月)。
(59)「仲裁談判の成立、選挙無競争となる」(一九〇五年一月二二日付『貿易新報』、二面)。
(60) 前掲倉敷「日露戦争後の新興政治集団の軌跡―横浜市の場合―」、四五~五二頁。

# 横浜市鶴見における沖縄出身者集住の歴史と展開

山口　拡

## はじめに

民俗学者の柳田國男はその著書『都市と農村』において、「郷里から出た者は必ず頼っていく処がある」と記した[1]。ある地域からの出郷者が一定数同じ移住地に存在する場合、同じ郷里、すなわち同郷を紐帯とする社会集団が形成されることがある。これらは出身県を単位とする「県人会」や、より狭い市町村以下を単位とする「同郷団体」ないし「郷友会」と呼ばれる集団に細分化することができるが、総称して「同郷者集団」と呼ばれる。こうした集団も出郷者の「頼って行く処」の一つであり、特に人の移動が特別なものではなくなった近代以降は都市への移住・定住を助ける役割を担ってきた。例えば、横浜市鶴見区においては明治末期以降、多くの沖縄出身者が港湾あるいは工場労働者などとして流入する。彼らの多くはこうした同郷の結びつきを利用する形で移住を行い、また移住後もこうした結びつきによって移住先の生活に適応していったものと考えられる。さらに、本土との文化的差異の大きさ、本土の人々から向けられる差別的なまなざしなど様々な要因から、同郷の結びつきを紐帯とした集団が設立され、さらにそれが可視化されたものとして集住地が形成されてきた。

筆者は、こうした都市における特定の文化的背景を共有する人々の集住地や、それを現前させる同郷の結びつきというネットワークを、移住者が都市生活を送る上での拠点の一つとしてとらえている。そこは郷里との関係を維持しつつ都市移住によって新たに形成された関係が混在する、単なる同郷者同士の結びつきを越えた、都市における様々な結びつきを持つ場なのである。そこで本稿では、故郷を離れた沖縄出身者という移住者たちが、移住先の横浜市鶴見という都市で生活する上で形成してきた拠点の展開を概観し、その性質がどのように変化してきたかを考察する。そして、こうした拠点およびそこを中心に生み出されるネットワークのあり方と今後について、特に集住地域の沖縄物産店を取り上げて、その可能性を展望したい。

## 1　横浜市鶴見区における京浜工業地帯の形成と沖縄出身者の集住過程

### （1）京浜工業地帯の発達と鶴見区

本節では、小稿の論旨に関わる範囲に限って、横浜市鶴見区および当地における沖縄出身者の移動の概要を整理しておきたい。なお、小稿では行政上の区分については鶴見区と記し、単に鶴見とした場合はその中でも臨海部の工業地帯にほど近い、現在の仲通・潮田・浜町周辺といった沖縄出身者の集住地域を指すこととする。

鶴見区は横浜市の北東部に位置し、川崎市と隣接した京浜工業地帯の中心地の一つで、現在の人口は三〇万人近い[2]。北西部の丘陵地は住宅地、JR鶴見駅を要する鶴見川流域の低地は区内中心地として商業・住宅地域として発展、そして臨海部の埋立地は京浜工業地帯の一角として工場地帯を持つのが特徴である。

江戸時代には幕府の直轄領であり、東海道が整備されると鶴見の東海道筋も神奈川宿と川崎宿の間の宿としてにぎわい、鶴見橋（現・鶴見川橋）も景勝地として名を馳せるようになる。さらに安政六（一八五九）年に横浜港が開港、慶応三（一八六七）年に明治維新をむかえると、首都東京と開港場横浜の中間地として近代化の道を歩み始める。明治五

（一八七二）年、新橋～横浜間の鉄道開通に伴い鶴見駅が開設。大正四（一九一五）年には東洋一の大遊園地といわれた児童遊園地花月園が誕生するなど、都市化の波が押し寄せてきた。その一方、明治末期～昭和初期にかけて横浜・川崎の海岸部の埋立工事が進められたことが、その後の鶴見区という都市の性格を大きく決定づけてもいく。貿易港湾都市として発展してきた横浜であったが、さらなる経済発展のためには、その後方地帯及び周辺に商工業地帯を展開し、港湾と結びつけることが課題とされてきた。そのため、埋立地に工場を誘致することで貿易港湾都市としての限界を突破し、新たに工業港湾都市として性格を転換していくことが求められたのである。[3] こうした目論みの下、民間では浅野総一郎らが鶴見埋立組合を設立し、大正二（一九一三）年には鶴見や川崎の埋立を開始する。昭和三（一九二八）年にはこの埋立工事は完了するが、その過程で日本鋼管、芝浦製作所、浅野造船、浅野セメントなどの大企業が進出し、工場地帯が形成されていった。

さらに昭和二（一九二七）～一一（一九三六）年にかけては、鶴見埋立組合による鶴見、川崎の埋立地に接続する形で子安・生麦を埋立て、工場地帯をさらに南部に展開するための横浜市営埋立事業が行われた。特に当該埋立地は工場招致のために施設を整備し、しかも進出企業には税制上の優遇が与えられたこともあり、日本電気工業株式会社、日産自動車株式会社、小倉石油株式会社などの新興の重化学工業が次々と進出していった。加えて、ほぼ同時期の昭和四（一九二九）～七（一九三二）年には神奈川県営の埋立事業事業も行われ、鶴見区潮田町地先の埋立が進められた。

このようにして、大正期から昭和一〇（一九三五）年前後にかけて工場造成地を作るための埋立が複数の主体によって行われてきた。この結果、重化学工業を中心とする大企業の誘致に成功したことで、川崎から横浜一帯の沿岸部には一大新興臨海工業地帯が出現。鶴見区を含む横浜市は、「東洋のマンチェスター」とも称される程の工業港湾都市として急速に発展していくこととなる。例えば昭和五（一九三〇）年まで、同地域には一千人規模の工場はわずか四つ

| 昭和 11 年順位 | 工場名 | 所在地 | 従業員数 |
|---|---|---|---|
| 1 | 日本鋼管 | 川崎 | 4,966 |
| 2 | 芝浦製作所　鶴見 | 鶴見区 | 4,281 |
| 3 | 東京電気　川崎 | 川崎 | 3,771 |
| 4 | 三菱重工　横浜船渠 | 中区 | 3,614 |
| 5 | 浦賀船渠 | 三浦郡 | 2,671 |
| 6 | 富士瓦斯紡績　保土ヶ谷 | 保土ヶ谷区 | 2,590 |
| 7 | 富士電機製造 | 川崎 | 1,690 |
| 8 | 日産自動車 | 神奈川区 | 1,675 |
| 9 | 富士瓦斯紡績　川崎 | 川崎 | 1,487 |
| 10 | 日本電気工業 | 神奈川区 | 1,336 |
| 11 | 富士瓦斯紡績　平塚 | 平塚 | 1,321 |
| 12 | 浅野造船所造船部 | 鶴見区 | 1,278 |
| 13 | 浅野造船所製鉄部 | 鶴見区 | 1,200 |
| 14 | 鈴木商店味ノ素　川崎 | 川崎 | 1,187 |
| 15 | 明治製菓　川崎 | 川崎 | 1,150 |
| 16 | 東京製鋼　川崎 | 川崎 | 1,084 |
| 17 | 古河電気工業 | 神奈川区 | 1,037 |
| 18 | 自動車工業　鶴見 | 鶴見区 | 1,021 |
| 19 | 森永製菓　鶴見 | 鶴見区 | 1,011 |

内務省社会局労働部『常時使用労働者五百人以上ヲ有スル工場鉱山等調』（『神奈川県史』）より筆者作成

【表 1】昭和 11 年の臨海工業地帯における工場規模順位

に過ぎなかった。しかし、昭和一一（一九三六）年になると、同じ規模の工場は一一に増加。しかも鶴見区に四つ、神奈川区に三つと、臨海部での増加が顕著にみられるようになる。戦時には軍需工場の拡大・新設もあり、昭和一七（一九四二）年には五千人以上規模の工場が三つ、千～五千人規模の工場が二五と工業地帯としての規模が格段に大きくなる。しかもこの計二八工場のうち一二が鶴見区、七が神奈川区に位置し、沿岸部の両区に約四〇％が集中することとなった[4]【表1】。この時期、昭和五（一九三〇）～一〇（一九三五）年の鶴見区の人口増加率は四〇％、さらに一〇（一九三五）～一五（一九四〇）年には五一％まで到達する。しかも昭和一五（一九四〇）年の工業人口比は三一％を数え、工場の増加に伴い、そこで働く工場労働者として多くの人々が鶴見に流入していたことがわかる[5]。こうした中に、沖縄出身者たちも含まれていたのである。

## （2）沖縄出身者の鶴見への移動と拠点化

日本全国にはいくつかの沖縄出身者集住地区がみられるが、現在特に有名なのは大阪市大正区や鶴見に隣接する川崎市などだろうか。大正区の沖縄出身者集住地区であった北恩加島は、昭和四〇年代半ば以降に不良住宅地の区画整理事業の対象となる。これにより住民と行政の間で集団移転の方法をめぐって大きな対立が生まれ、当地は「沖縄人部落」として住民には不本意な形で有名になってしまった(6)。また、後述するが川崎は東京により近いという環境のためか、大学に進学するために移住して来た様な、いわゆるエリート層との結びつきも強く、昭和二五（一九五〇）年前後からの本土復帰運動などをめぐる運動などでも革新的な活動家たちが滞留することもあった。一方で、もちろん鶴見への移住者たちからも沖縄出身者への差別的なまなざし、様々な諍いや問題について語られることは多いが、大規模な行政との問題などは聞かれず、前述の二地域に比べれば良くも悪くも地味な印象すら感じさせる。

このような鶴見の沖縄出身者については、当地における集住の過程や県人会組織をはじめとする同郷者集団の動向が報告されている(7)。また、横浜市が鶴見沖縄県人会の元会長および当時の現会長へ聞き取りを行ったほか、近年では鶴見沖縄県人会が自らの百年史を振り返る記念誌を刊行するなど(8)、当事者による地域の歴史についての語りも蓄積されている。本節と次節では、これらの先行研究と筆者の聞き取りをもとに、鶴見において沖縄出身者の拠点がどのように形成されていったかを整理したい。

沖縄から本土への出稼ぎは、明治三〇年代後半から始まったとされる。当時の沖縄では土地整理事業によって、土地を集団で共有する「地割り」制が崩壊し、土地の所有が確立されていく。これは一方で、納税に苦しみ土地を手放さざるを得ない農民を生じさせ、彼らにハワイをはじめとする海外移民に目を向けさせた。神奈川への定着の第一歩は、このようなハワイへの移民を目指した人々のうち、出国前に横浜港で行われた様々な検査に不合格となって行き場を失った人々が現在の川崎市・鶴見区に残留したことだとされている。もちろんこうした層は全体からみれば少数派であり、本格的な移住者の流入は、先に述べたような大正に入ってからの鶴見区近辺の工業地帯化の進展に伴って進んでいった。

当時、工業発展期を迎えて日本経済が好況に沸く中、沖縄の生産力は全国平均の二分の一以下という低水準にあったとされ、零細農家の生活は困窮していた。そのため農村の若者たちが低賃金労働者として本土へ出稼ぎに向かうことになる。鶴見でも大正六（一九一七）〜七（一九一八）年頃から埋立工事に従事する人足として沖縄出身者が流入していたようだが、(9)初期の出稼ぎは定住傾向のあるものではなく、短期的に郷里と都市を移動するようなものであったと推測される。また、出稼ぎ先についても、郷里から直線的に鶴見を目指すようなものではなく、東京やその他の地域を経由して鶴見へと至る傾向があったようである。(10)このようにして沖縄と本土各地との往来が盛んになっていくなかで、出稼ぎや移住に関する知識や体験がある種の資本として、郷里の人々の間に共有・蓄積されていく。もちろんこうした資本の中には、「あそこに行くなら誰それを頼っていけばよい」という移動によって育まれた同郷者のネットワークも含まれており、これにより出稼ぎや移住に対する新規参入のハードルが大きく引き下げられることとなる。

こうした中で、大正九（一九二〇）年には砂糖価格が暴落し、沖縄のサトウキビ農家に大きな打撃を与えた。加えて、世界的な大恐慌によって沖縄も「ソテツ地獄」と呼ばれる大不況に追い込まれたことで、出稼ぎや移民が更に増加していくこととなる。しかも、大正一二（一九二三）年には関東大震災が起こったことで、復興・復旧工事の職を期待して上京する出稼ぎ者も多かったという。彼らの多くは大きな被害を受けた都市の中枢部ではなくその周縁部に居を構えており、神奈川県下でも現在の鶴見区や川崎市といった横浜中心部の周辺地域への人口集中が大きく進んでいった。大正一四（一九二五）年の沖縄からの出稼ぎ者の行き先を都道府県別にみると、神奈川県は大阪府に次ぐ第二位となっている。(11)ここでは都市別の数値などはわからないものの、すでに見て来たように鶴見をはじめとする横浜市域と川崎市がその中心であったと考えていいだろう。これは遥かに後の数字となるが、平成五（一九九三）年時点でも神奈川県在住の沖縄県人三四五六人中、約三五％にあたる一二三二人が横浜市に居住しており、しかもそのうち約六〇％

にあたる七四三人が鶴見区に居住している。[12] 一般に現代に近づくほど集住傾向は薄れていくし、これはあくまで名簿化に賛同した人々の数字であることを考えると、当時はこの数字以上に沖縄出身者の出稼ぎ先としての鶴見の位置づけが大きかったことと考えられる。

人が集まることで、そのような人々のために下宿を経営し工場や企業に労働者を斡旋する口入れ業者も現れる。[13] こうした業者がさらに同郷の結びつきを利用して労働者を呼び寄せることで、鶴見が沖縄出身者の拠点の一つとしての地位を確立していくことになったのである。

## 2　鶴見における沖縄出身者の結びつきの組織化と拠点としての役割

### （1）鶴見の沖縄出身者による同郷者集団の組織化

前節では、鶴見に沖縄出身者が集まった過程を概観した。そこでは移住にあたって同郷の結びつきが利用されてきたことにふれたが、本節では集住地においてこうした同郷の結びつきがどのように組織化されていったのかについて整理する。こうした組織化こそが、鶴見という場所の拠点性をさらに高めていった重要な要因だと考えるからである。

鶴見の同郷者集団の組織化をみる前に、まずは関東地方の主要な同郷者集団について述べていきたい。関東地方において沖縄出身者が作った同郷者集団の嚆矢とされるのが、明治一九（一八八六）年に結成された「勇進社」である。これは、第一回県費留学生を中心としており、明治二一（一八八八）年には「沖縄学生会」、明治二三（一八九〇）年には「沖縄青年会」と改称し活動を続けた。沖縄青年会には、沖縄学の祖といわれる伊波普猷、後に法政大学や拓殖大学などで教鞭をとる沖縄史研究家の東恩納寛惇《ひがしおんなかんじゅん》、大蔵省の官僚となる神山政良などが集っていたが、大正一〇（一九二一）年には衆議院議員の護得久朝惟《ごえくちょうい》を会長にして「沖縄県人会」へと発展する。[14]

一方で、やはり沖縄出身者の多かった川崎では、大正一三（一九二四）年に川崎沖縄県人会が創立されている。前年に関東大震災が起きると、沖縄県人会は被災県人の救済活動を開始。東恩納や神山も支援物資を持って川崎へと向かっており、こうした沖縄県人会の活動が川崎の沖縄出身者にも意識されていったものと考えられる。[15]こうした活動により東京とのつながりが生まれたこと、関東大震災以降の復興需要による沖縄出身者労働者の一層の流入などの要素が重なったことで、川崎においても県人会という形で沖縄出身者の組織化が図られたのだろう。

こうした川崎の動向は、同じような状況にあった鶴見の沖縄出身者にも影響を与えたに違いない。鶴見では、戦前から「島んちゅ会」と称される村単位あるいは字単位の集団が存在していたとされる。大正末には現在の名護市西部にあたる屋部の出身者によって「屋部同志会」が設立、また現在でも活動を続ける「名護郷友会」の前身にあたる「数久田同志会」も、同時期に創立されていたとされる。他にも昭和三（一九二八）年頃には「伊江村人会」、はっきりとした時期はわからないものの「与勝島んちゅ会」など、少人数の会は複数組織されていたようである。[16]一方、昭和二（一九二七）年には既に「沖縄」を冠した「鶴見沖縄県人同志会」が結成されており、年一回の角力大会を開催するなど、沖縄出身者の親睦に貢献していた。しかし太平洋戦争を迎え、これらの同郷者集団の活動も下火になり、存続も難しい状況となる。

戦後になると、戦災からの復興や生活上の助け合いの必要性からであろう、同郷者集団の組織化が再び見られるようになる。昭和二〇（一九四五）年には本土へと引揚げた沖縄出身者への生活支援や沖縄への救援物資の送付を行うほか、沖縄への帰還事業を促進するための全国組織として「沖縄人連盟」が結成される。翌年には鶴見支部が設けられ、戦災に喘ぐ沖縄出身者たちへの援助を行った。一方、地域の生活に密接した結びつきの中から結成された集団も、一足早く昭和一五（一九四〇）年に「伊江村同志会（現・伊江村人会）[17]」が設立されたのを皮切りに、昭和二〇（一九四五）年に「本部今帰仁同志会（現在は本部郷友会と今帰仁郷友会に分立）」、昭和二三（一九四八）年に「与勝同志会」、少し遅れて昭和二七

（一九五二）年に「美川郷友会」、昭和二九（一九五四）年に「伊良部会（現・宮古伊良部郷友会）」がそれぞれ設立されている。

こうした中で、「沖縄人連盟鶴見支部」はこれらの同郷者集団の成員を組合員とした「難民労働組合」を設立するも、救援物資の横流しが発覚。組合員から批判と反発が相次いだ結果、彼らの保有する財産を鶴見の沖縄出身者に引き渡すことになる。これにより、財産管理と運用を目的に、昭和二七（一九五二）年に「鶴見沖縄県人会」が新たに結成されることとなる。とはいえ、こうした不祥事による県人組織への不信感は根強く、また自らの生活を再建するのが精一杯という戦後復興期の中で、県人会や各同郷者集団の活動は必ずしも活発なものとはいえない状況が続いていた。

しかし、昭和四六（一九七一）年に「川崎沖縄県人会」が公益財団法人の認可を受けるのを契機に、鶴見の同郷者集団にも再組織化の機運がみられるようになる。この前後、昭和四五（一九七〇）年に「南山友の会」、昭和四九（一九七四）年に「読谷郷友会」が結成。さらに「数久田同志会」が昭和四〇（一九六五）年に「名護町人会」、さらに昭和五〇（一九七五）年に「名護郷友会」へと改称し再出発する。また昭和四八（一九七三）年には「伊良部会」も「宮古同志会」と改称、「伊江村人会」も新会長を押し立てるなど活発な動きがみられるようになる。

昭和五〇（一九七五）年には「鶴見沖縄県人会」も新たな規約を作り、法人組織化を目指す事を明記。翌年には「横浜市鶴見沖縄県人会会員名簿」を作成する。また、それぞれの地域ごとの同郷者集団の名称を「郷友会」に統一し、これを県人会の下部組織として位置付けた。この時に編成された名護、伊江、本部、今帰仁、読谷、羽地、与勝、南山、美川、宮古の各郷友会が[18]、現在も県人会の下部組織として活動を続けている[19]。こうして、昭和五二（一九七七）年には財団法人としての認可を受け、以降も翌年には県人会館設立のための委員会を発足。会員や沖縄県の有志など様々な個人・団体に呼びかけて寄付金を募り、同年には着工、昭和五六（一九八一）年にはついに県人会館「おきつる会館」が竣工することとなる。これにより、鶴見における沖縄出身者の組織化は、一つの到達点に達することとなったのである。

## （2）拠点としての同郷者集団の意義と現状

それでは、このような沖縄出身者たちの組織化は、当の本人たちに何をもたらしたのだろうか。例えば「勇進社」に端を発する沖縄県人会の場合、その組織化はいわゆるエリート層を中心に行われた。沖縄青年会に集った伊波や東恩納、神山も東京帝国大学の出身であり、彼らにとっての同郷者集団は故郷を懐かしみ沖縄出身者の連帯を強めるものではあったが、実際の生活上の相互扶助などは主要な役割ではなかった。神山が「われわれ沖縄青年は、沖縄の発展に寄与する一方、その真相の紹介につとめ、本土社会の誤った認識を是正するのは使命でさえある。それを自覚して、協力一致努力したいと思う」と述べるように[20]、彼らの団結は本土との不平等な関係に置かれた沖縄の地位を向上させるためにあり、そのリーダーとして必要なネットワークを築くために必要であった。

一方で鶴見に集ったような人々は、こうした高学歴なエリート層ではなく、出稼ぎで本土へと渡ってきた労働者階級の人々であった。彼らにとって同郷の結びつきは、血縁や地縁といった、そもそも故郷での生活の中で培われたものであり、まずは本土への出稼ぎのためのツテとして意識されるようになる。「先に鶴見で生活していた兄や親戚が、こちらで何とかなるというのでやって来た」というように血縁関係者を頼る場合もあれば、「最初に、大阪に叔父と叔母がいたので関西に出て、途中から「東京の方がいいぞ」というので上京した。だが東京には誰も知り合いはいない。それで沖縄に手紙を出したら、どこそこに知り合いがいるという。たまたまその知り合いの方が鶴見だった」[21]というように、より広範な地縁をもとにした結びつきを頼ることも珍しくなかった。

また、既に述べたように労働者を斡旋する業者が現れるようになり、出稼ぎのツテとしての同郷の結びつきが戦略的に活用されるようになったことも見逃せない。そこでは職の斡旋だけではなく、そのための住居の斡旋も行われるため、狭い範囲に多くの沖縄出身者が居住するようになる。例えば、現在の鶴見区仲通りにあった沢田住宅と呼ばれる長屋は、往時を知る人の話に必ずといっていいほど登場するが、昭和一五（一九四〇）年前後には一戸が六畳二間、四畳半、三畳で一五坪程のところに一五人くらいが共同生活をしており、三〇戸に併せて五〇〇人ほどが暮らしていたという[22]。当時は「朝鮮人・沖縄人お断り」の札を下げる店もあるほどで、そもそも沖縄出身者が賃貸住宅に入居することが難しかった。従って、沖縄出身者が職住を獲得するためには、こうした同郷の結びつきが必要不可欠だったのである。こうした状況は、出稼ぎ労働者が一方的に搾取されているように映るが、口入れ業者自身も多くの移住者が抱える問題を解決するための世話役として振る舞うことで、地域の顔役としての役割と信頼を獲得していた。

また、このように同じ境遇の者同士が集まることで、経済的な相互扶助の仕組みも生まれていく。沖縄では構成員が資金を出し合って、定期的に一人ずつ順番にその積立金を受け取る「模合」と呼ばれる金融が行われているが、鶴見でも同じことが行われていた。先に述べた様な不動産賃借に限らず様々な場面において、基本的に出稼ぎという流動性の高い階層にあるとみなされた沖縄出身者が銀行などから借入れることは不可能であり、こうした相互扶助で乗り切るより他になかったのである。元々、こうした金銭を融通し合う仲間は、同じ生活圏を共有する顔の見える関係にあるわけで、それが次第に同郷者集団のような形に発展していった。先に紹介した屋部同志会なども、仕事中の事故で亡くなった同郷者の葬式のために、同郷者が金を出し合ったことが始まりとされている[23]。

もちろん、こうした生活上の問題を解決するだけでなく、精神的な面でも同郷の結びつきが果たした役割は大きい。既に述べたように、鶴見は地元住民との大きな対立などはみられず、比較的穏当な土地であった。それでも、昭和四〇年代に上浜した人でさえも、タクシーで沖縄出身であることがわかると「お客さん、日本語上手いですね」と声をかけられたように、あるいは「沖縄に行くには汽車でどのくらいかかるのか」と問いかけられたように、沖縄に対する悪意のない無知は存在した。「朝鮮人・沖縄人お断り」のように、なあからさまな差別だけでなく、沖縄への無理解もまた彼らを傷つけていた。しかし、同郷の結びつきによって形成された集住地域では、そのような他者からの差別や無理解に晒されることはない。実際に昭和四〇年代に入っても、沖縄出身者はほとんどそのコミュニティの中で生活することが可能であり、鶴見の地域社会に融け込む事なく生活していたともいう。このように、沖縄出身者たちは同郷の結びつきを利用して、鶴見に沖縄の生活形態や人間関係を持ち込むことで、本土における自らの生活拠点を作り上げていった。

一方で県人会の組織化は、隣近所の助け合いから、「沖縄」というより広い概念を紐帯とした結びつきを強める働きを持っている。県人会では下部組織である郷友会の力を結集することで、それぞれが単独では開催できない、大規模な角力大会や運動会などのイベントを開催してきた。これは郷友会相互の健全な競争意識を発露させるとともに、日常生活レベルの付き合いを越えた「沖縄県人」としての意識を醸成していくこととなる。特に、戦後沖縄の本土復帰が取りざたされるようになると、こうした面が否応無しに自覚されていくこととなる。

このような県人会の組織化は、当の沖縄出身者間の関係のみに影響を与えたのではない。鶴見区の沿革を辿ると、鶴見沖縄県人同志会が発足した昭和二（一九二七）年には、鶴見町は横浜市に編入され、区政が施行されたことによって横浜市鶴見区が誕生している。また区政五〇周年にあたる昭和五二（一九七七）年には、低迷していた鶴見沖縄県人会が再組織化され財団法人として認可されるなど、同郷者集団の組織化が鶴見という地域の動きと連動していることがうかがえる。同郷者集団が当該集団と地域との関係から発生するものであり、都市という場の産物であることがわかるだろう。事実、会員間の相互扶助や親睦が主な目的である郷友会に比べると、県人会はイベントの開催など外部への発信にも大きな役割を担っており、沖縄出身者以外の地域住民へのアピールや交流にも力を入れてきた。

このように、同郷者の結びつきとその組織化は、沖縄出身者同士、沖縄出身者と地域を結びつける役割を担ってきた。もともと保持していた同郷の結びつきを維持、利用するために、多くの人々は積極的・消極的に関わらず、組織化された郷友会に入会する。これにより、さまざまな場面での付き合いが維持されると同時に、県人会を含めた同郷者集団が開催するイベントに参加することで、「沖縄県人」としての意識をかき立てられ、その力を認識することになる。一方で、こうした組織化は地域社会との関係にもとづくものであり、こうした同郷者集団に加入することは、ある意味で鶴見で生活しようという意志、定住意識の現れとみることもできるだろう。

しかし、現代の移住者にとって、こうした同郷者集団の役割は低くなっているといえる。鶴見においても従来の工場労働者のような出稼ぎは減少しているし、沖縄出身者に対する就職差別などが相対的に薄れていることも合わせて、同郷の結びつき以外のネットワークによる移動の幅は広がっている。加えて現代の若い移住者にとっては、沖縄と本土の都市部との文化的差異は過去のように大きなものではなくなっており、都市への適応が容易になってきているという面もある。それは鶴見生まれの二世三世にとっても同様であり、沖縄に出自を持つ者同士でのみ実生活上の相互扶助を行うメリットはほぼ無いといえる。また生活の場を選ぶ自由は一世とは比べ物にならないほど自由で、本土出身者と何ら変わることはないため、集住地域を唯一の生活の拠点にする必要もないのである。さらに地域との関係でいえば、JRや京急鶴見駅の駅前には駅ビルや高層マンションが建ち並ぶ一方、沖縄出身者の集住地域であった仲通、潮田、浜町近辺はシャッターを下ろしたままの商店が目立つなど、困難な時を迎えている。こうした状況の中、県人会をはじめとする同郷者集団も会員の減少と高齢化という問題を抱えている。その役割も実際的な助け合いから精神的な親睦面にシフトしており、その存在意義も縮小傾向にあると言わざるを得ないだろう。

## 新たな結節点としての物産店

### （1）集住地区の物産店

鶴見の沖縄出身者たちは、移住先の本土での生活における様々な局面で、必要にかられて同郷の結びつきを利用してきた。それは次第に組織化されていくことで、こうした同郷者集団、そして鶴見という場自体が沖縄出身者たちの拠点として機能していくことになる。しかし、同郷者集団の存在意義が縮小していく中で、こうした拠点としての役割は薄れつつある。それでは同郷の結びつきというネットワークの価値が失われてしまったのかといえば、必ずしもそうとは言い切れないだろう。様々な人が集う都市においては、従来とは異なる形で多様な人々を結びつける場が生まれるものと考えられる。そこで本稿では鶴見にて営業する沖縄物産店を取り上げ、そこにみられる新たな拠点としての性格について考えてみたい。

【写真 1】店内

O物産店は、沖縄出身者の集住地区であった仲通で、食品を中心とした沖縄の物産を扱う店として営業している。創業者のS氏は宮古島出身だが、那覇でスーパーを経営した後、鶴見へと移住して昭和六〇（一九八五）年にO物産店を開店した。当時は鶴見にも沖縄の物品を売る店がなく、需要があると踏んだのが開店の理由だという。当初はS氏のみが単身赴任のような形で一人鶴見へと移住したが、その後個人商店という形から株式会社へと変更し、数年後には家族が呼び寄せられている。現在はS氏の息子であるS・S氏が代表取締役として経営を担っている。

それでは次に、実際にどのような商品が店頭に並んでいるのかを概観してみよう。

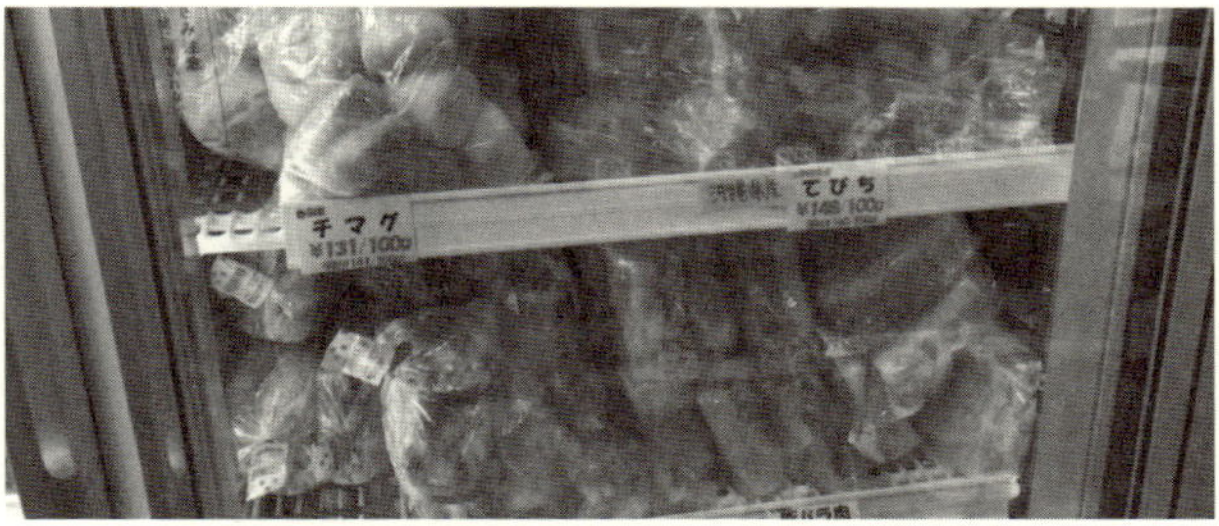


【写真2】沖縄料理に欠かせない肉類は豊富

店舗スペースは一〇～一二畳ほどとさほど広いわけではないが、およそ千種類ほどの商品が揃えられているという【写真1】。商品の主流は食料品で、特に肉類の扱いは豊富である。沖縄料理に欠かせないソーキ（骨付きアバラ肉）や皮付きの三枚肉をはじめ、中味（豚モツ）や豚足も扱っている。豚足は脛の部分を「てびち」、足先の部分を「ちまぐー」と分けて販売されている【写真2】。さらにチラガーと呼ばれる豚の面の皮まである。また豚肉以外にも山羊肉、また魚介類ではぐるくん（タカサゴ）やモンゴウイカとそのスミなども用意されている。これらはほとんどが県産のため冷凍して販売されているが、沖縄以外のスーパーなどではほとんど目にすることのない商品だろう。青果の扱いもあり、現在では広く流通するようになったゴーヤ（ニガウリ）、ナーベラー（ヘチマ）やフーチバー（ヨモギ）など、沖縄の食卓によく並ぶものの多くが用意されている。さらに季節ものとして、時期によって様々な野菜や果実が並ぶこととなる。他にも飲料や泡盛、調味料なども県産、あるいは沖縄の食卓で日常的に使用されているものが購入できる。

一方でポークランチョンミートやコンビーフの缶詰、アメリカからの輸入菓子など、「あめりか世」と呼ばれる戦後の米軍統治時代に沖縄に入ってきた食品も取り揃えている。また観光客にも有名なブルーシールアイスや、沖縄のお土産菓子なども取り揃えている。また三線や琉球人形のような工芸品、沖縄に関する書籍や沖縄音楽のＣＤなども売られている。食品以外の物品としては土産物だけでなく、黒線香と呼ばれる沖縄独特の線香や、先祖供養の際に用いられる「うちかび」という紙銭なども置いている。

ここで全ての商品を紹介するのは不可能であるが、このように概観しただけでもこの物産店が一般的なスーパーとは異なり、「沖縄」の生活や文化と強く結びついたものであることがわかる。次節ではこのO物産店が、自身をどのような存在と位置づけているかを確認したい。

### (2)「沖縄」を志向するO物産店

前述のS・S氏によれば、O物産店の客層の七割が「沖縄にかかわりのある方々」であり、残りの三割が沖縄好きの方々だという。この「沖縄にかかわりのある方々」というのは主にその出自を指しており、当人が沖縄出身の場合はもちろん、両親や祖父母が沖縄出身という場合も含んでいる。その多くは近隣や鶴見区内に居住している人々であるが、隣接する川崎市をはじめ、都内や千葉県などから来る人もいるという。また曜日でみると平日はほとんどが地元客で、四〇～五〇代の女性、主婦層が中心だという。遠方からの客はやはり土日祝日になると増える。このようにO物産店は「沖縄にかかわりのある人々」の日常的な買い物の場であり、「沖縄のスーパーで手に入るものが手に入る」店であることを経営戦略の一つとして取り入れている。

一方で、品揃えについて都内にある沖縄県のアンテナショップと比較してみよう。例えば肉類の扱いについて、アンテナショップにも冷凍肉のコーナーはあるが、それ以上に既に加工調理されたものを冷凍、あるいは真空パックした商品が多い。しかしO物産店の場合は店舗スペースに比して冷凍肉の扱いが多く、しかもカットしただけの未調理のものがほとんどである。つまりO物産店で冷凍肉を買う客はそれを家庭で調理しているのであり、それらの肉の使い方や味付けの方法を知っている人々ということになる。実際に筆者の調査時にも、母娘三世代とみられる女性たち三人が、味付けについて議論しながらキロ単位の冷凍肉を購入していったこともある。

【写真３】厨房で調理され提供する惣菜類

とはいえ、こうした未調理の食材だけでなく、出来合いの食品に対する需要も当然存在する。そのため、O物産店では奥の厨房で惣菜を製造し、これを販売している。てびちの煮付けや昆布の炒め煮（クーブイリチー）、大根の炒め煮（デークニイリチー）などをはじめとして数種類の惣菜が並ぶほか、球状の揚げ菓子サーターアンダギーなども自家製のものが常に店頭に並んでいる【写真3】。これらの惣菜の「売り」は当然、味と値段にあるが、その味は「沖縄にかかわりのある人」によって作られているということで保証されているともいえる。こうした食品の製造工程に関しては、意図的に沖縄出身者を含む「沖縄にかかわりのある人」を配置している。これは経営面からみれば調理過程を知っている人材を適所に配置しているだけといえるが、これによりO物産店の惣菜が本場の味、つまり沖縄の一般家庭で供される「沖縄の家庭の味」を体現しているという正統性が与えられているという面も指摘できる。

こうした正統性は店側からのみ発信されるものではなく、それを供される客の側にも望まれている。例えばO物産店が隣接して経営する食堂で調理を担当する男性は、料理人としては味が良ければ何の問題もないとしながら、「沖縄の人はやっぱり沖縄以外の人が作る沖縄料理は認めないと思う」といい、内地出身の料理人との差を次のように述べている。

> 内地の料理人は、慣れてくるとオリジナリティというか、自分の味を出すようになってくる。だからその内にもとの沖縄料理からはズレてきてしまう。自分がこういう大衆食堂の料理を初めて教わったのは、五〇代六〇代

のおばちゃんたち、いわゆる沖縄のオバァというか、そういう味を知ってる人たち。内地の人の場合はそういうベースというか経験がないから。勿論内地の人でも、そういうベースがあればちゃんとした沖縄料理が作れると思う。でもそういう人は少ないね。

ここでは大衆食堂における沖縄料理の正統性が「オバァの味」、つまりはいわゆる「おふくろの味」的なものに求められている。(24) こうした感覚は一般の客にも共有されており、事実彼の前任者は内地出身の料理人であったそうだが、客の間でも「料理人は沖縄出身ではないらしい」という話が囁かれていたという。そのことが売り上げに影響を与えたということはないが、(25) こうした話題が出るということ自体、調理をする人間の出身地が問題とされている証拠でもある。

これは先に挙げた惣菜に関しても同様である。ある年配の女性は、本当は自分で作った方が美味しいんだけどと笑いながら、「ここのはちゃんとした味がするから」と言って惣菜を購入していった。(26) またその一方で、自分では料理の出来ない若者にもこうした惣菜が売れているという。店側は、「料理をしない、沖縄の味を知らない若い世代にも、うちの惣菜を通してその味を知ってもらえれば」（S・S氏）というが、「沖縄出身者の作る沖縄惣菜」は彼らの中で「〝故郷の味〟＝〝懐かしいオバァの味〟」として認識される。そこでは実際にそれらの料理を家庭で食べたかどうかはそれほど重要ではなく、「想像のオバァの味」、「オバァが作ったり食べたりしてそうな味」であればよいといえる。そして、このような惣菜を作るO物産店自体が「〝故郷の味〟＝〝オバァの味〟」を通じて故郷そのもの、つまり出郷者にとって「沖縄」を表象するものとしての機能を担っていると考えられるのだ

### (3) ランドマークとしての物産店

「沖縄に関わりのある人々」にとって、O物産店は故郷を表象する存在であることを指摘した。しかしその関わり方は、県人会をはじめとする同郷者集団と比べると、多様で緩やかなものとなっている。例えば前述の調理担当の男性も県人会には加入しておらず、その理由については以下のように述べている。

(県人会には)入ってないです。独立することとか、商売のことを考えたら、入って何かしらのつながりを持っておいた方がいいんだろうけど。でも(料理人として)独立するなら別の場所でやりたいと思ってるし、自分面倒なの嫌いなんで(笑)。県人会の人とは普通に付き合いあるけど、別に入らなくてもいいかなって。

この男性は県人会に代表される同郷者間の相互扶助について認識しているし、それがある面では有益なものであることも理解している。しかし「別の場所で独立したい」というように、彼の生活において鶴見という場所は唯一のものではない。この男性は料理人としてのキャリアの中で、沖縄出身者や本土出身者を問わず、様々な交友関係を構築している。彼にとって、県人会は数多あるネットワークの一つでしかなく、そのメリット・デメリットを吟味した上で選択されるものに過ぎないのである。おそらく、こうした傾向は沖縄出身者だけでなく、他の県人会についても当てはまることであろう。

また O物産店で働く四〇代の女性従業員も、県人会について「面白いオバァたちがいっぱいいますよ」と笑いながら、自身は加入する気はないという。彼女は平成元(一九八九)年に集団就職という形で沖縄から出郷しているが、その動機には「本土の都会生活を体験したい」という若者らしい憧れや好奇心があり、また本土の生活においても鶴見で県人会が設立された当初のような沖縄出身者に対する差別などとは全く無縁だったという。そのため沖縄出身者同士による組織的な相互扶助が切望される環境にはなかったという。

しかしこうした人々にとっても、「沖縄」を通じた結びつきは生活の様々な場面で利用されることがある。調理担当の男性にしても、そもそも以前に勤務していた店を辞めた後、同郷の縁からO物産店へと辿り着いている。彼は自分の沖縄料理店を持つことを目標にしており、鶴見やO物産店はあくまで人生における一つのステップでしかない。しかし同郷者をある一定期間留めておく場としてのO物産店は、県人会のようにある関係を継続させる同郷的結合とは異なり、個人の人生のある場面において選択的に利用されるより緩やかな同郷的結合といえる。

また前述の女性従業員の場合、O物産店で働くことは自らの出自や地域性を他者とのコミュニケーションに有効に活用することにつながった。平成一二（二〇〇〇）年前後の沖縄ブームの頃、彼女は子育ての最中であり、同じように子育てをする母親仲間から沖縄料理をはじめとする様々なことを聞かれたという。まだ当時は本土では珍しかったゴーヤをお裾分けし、調理方法などを教えることが一つのコミュニケーションになったといい、こうしたブームに対しても好意的な見解を示している。加えてO物産店にいることで友人や近隣に住む親類が店を訪ねてくることもあり、そういう時は少しの時間であるが顔を出すようにしているという。「沖縄」という特徴は彼女のほんの一面でしかないが、O物産店を通じてそれが他者との結びつきを強くする要素となる場合もあるのだ。

このようにO物産店は個々人の生活における様々な場面において、選択肢の一つとして「沖縄」という紐帯を提供する場として機能しているといえる。そしてそれはそこで働く人間にとってだけではない。店を利用する人々もこうした緩やかな結びつきを利用し維持しようとしている。O物産店の客は鶴見という集住地区に住む人間だけではない。元々は鶴見に住んでいたが他の地域に移住した人々、あるいは鶴見以外の地域に住んでいる沖縄にルーツを持つ人々、さらに沖縄とは関わりのない出自を持つ人々まで、その客層は多岐に渡る。例えば沖縄から短期の出稼ぎに来ていた二〇代の男性は、人ヅテに鶴見の話を聞き、故郷を思い出して訪れたという。O物産店では客と店員との会話も頻繁に交わされるが、この男性の場合も自分の出身地をはじめとする沖縄に関する会話を交わしながら一時間ほど滞在し、惣菜や菓子などを購入していった。またある六〇代の沖縄出身の女性客の場合、現在は鶴見から離れた場所に住んでいることもあり、年に一回年末にしかO物産店を訪れないという。同じように二〇代の女性は、両親は沖縄出身だが自身は横浜出身であり、普段は沖縄という出自を意識することは特にないという。しかし年末にはO物産店を訪れ、年越し料理用の食材を購入していくという。彼らにとって「沖縄」という紐帯は日常生活の上では必ずしも必要とされていないが、それでも何かの節目にはそれが意識される。そしてそのような時に県人会のような「組織」ではなく、O物産店のような気軽に訪れることのできる「場所」が、故郷との結びつきを求める欲求を満たすのに重要な点であるといえよう。

また平成一二(二〇〇〇)年前後には九州・沖縄サミットの開催やグスク群の世界遺産登録、NHK朝の連続ドラマ放送における「ちゅらさん」の放送など、沖縄への関心が高まっていくなかで、O物産店も手軽に沖縄を感じられる場所として「発見」されていく。こうした中で、沖縄とはその出自においてかかわりの無い人々もこの店に集うようになり、このネットワークに取り込まれていく。中には沖縄好きが高じてO物産店で働くようになった本土出身者もおり、店を通じて地域社会に融け込んでいる。さらに現在の鶴見には沖縄にルーツを持つ南米出身の日系人の方々も多いのだが、O物産店ではこうした人々も働いており、鶴見という地域の縮図のように、様々な人々を取り込んで新たな関係性が生まれていることを指摘することができる。

O物産店はその立地条件から「正統な沖縄」であることを自らの特長とし、またそうあることを周囲からも望まれている。その点において、O物産店は集住地区において望まれる擬似的故郷を体現しているといえる。しかしO物産店はあくまで商店であり、必然的にそこには様々な人が出入りする余地が生まれることとなる。これにより本土出身者や地域外の人々も取り込みつつ、様々な人間関係を生み出している。こうした中で注目されるのが、O物産店が内包する擬似的故郷としての役割が、利用者の望む時に発揮されるという選択的な面を持っていることであろう。こうしたランドマーク、すなわち「探検家などの人が一定の地域を移動中に、またそこに戻ってくるための目印とする特徴物」という原義としての役割が、O物産店が取り結ぶ紐帯の特徴といえよう。流動性を増す現代社会においては、同郷の紐帯や故郷との結びつきはネットワークそのものではなく、こうしたランドマークの下に現れるのではないだろうか。言い換えれば、こうしたランドマークこそが都市生活者の「拠点」として機能していくのであり、そこを往還する人の結びつきやネットワークを捉えることが、出郷者にとっての同郷や故郷の位置づけを考える手がかりになると考えられるのである。

## むすびにかえて

本稿では、横浜市鶴見における沖縄出身者の同郷の結びつきについて、その歴史的展開と意義を概観してきた。この結びつきは、もとは親類縁者や同じ字の隣人のような郷里の延長にある具体的な対面関係を基盤としたものだった。こうした結びつきを利用して鶴見に移住した人々は、故郷とは異なる都市生活に対応するために、同郷者集団という様々な相互関係を集合・結節させる組織的結合を形成していった。しかし、時代と社会的変化の影響により、このような組織的結合の存在感は薄れつつある。むしろそれに代わって、O物産店のように多様な結びつきが交差し、それを個人が選択する場が、同郷や故郷をめぐる人々の意識の現れとして重要になっていくのではないかと考えられる。しかし一方で、O物産店の大きな特徴の一つは、集住地域の店であるということでもある。それは、鶴見という場所が長年沖縄出身者たちの拠点であったという歴史の上に成り立っている面が大きく、他地域の沖縄料理店や物産店などとは異なる点である。先に述べたように、鶴見の集住地域としての性格が薄れつつある中で、O物産店の拠点としてのあり方にも影響が表れてくるであろう。また、O物産店のS・S氏を中心に地域の青年層が、沖縄の文化を発信する「鶴見ウチナー祭」を平成二八（二〇一六）年から開催するなど、新たな試みも生まれている。こうした正負両面の変化が、O物産店と鶴見の沖縄出身者にとっての拠点性にどのように影響を与えていくのか、今後も検討が必要な課題であると考える。

## 註

（1）柳田國男「都市と農村」『定本柳田國男集一六』筑摩書房、一九六九年（初出一九二九年）。
（2）横浜市鶴見区ホームページ　http://www.city.yokohama.lg.jp/tsurumi/。
（3）横浜市総務局市史編集室 編『横浜市史Ⅱ 第三巻（上）』二〇〇二年、四六二～四六三頁。
（4）横浜市総務局市史編集室 編『横浜市史Ⅱ 第一巻（上）』一九九三年、一三～一九頁。
（5）神奈川県県民部県史編集室 編『神奈川県史』資料編21、一九八二年、三三一頁。
（6）そのためか、大正区における沖縄出身者の集住をめぐっては、住環境改善や都市におけるスラムやスクウォット（不法占拠）などの切り口から論じるものも多い。水内俊雄「大阪市大正区における沖縄出身者集住地区の「スラム」クリアランス」（『空間・社会・地理思想』六、大阪市立大学文学部地理学教室、二〇〇一年）など。
（7）北川泰三「沖縄出身者の同郷者集団―横浜市鶴見区の調査から―」（『南島史学』三四、南島史学会、一九八九年）。大城

道子「沖縄人集住地域の研究―横浜市鶴見に関する聞き取りから」（『日本オーラル・ヒストリー研究』七、二〇一一年）。
（8）横浜市史編集室「鶴見沖縄県人会の活動と沖縄出身者の生活―元会長安村正信氏と現会長大城康彦氏に聞く―」（『市民研究よこはま』五、二〇〇三年）。横浜・鶴見沖縄県人会編『横浜・鶴見沖縄県人会史―鶴見沖縄県人百年の歩み―』横浜・鶴見沖縄県人会・230クラブ、二〇一六年。
（9）前掲（8）［横浜・鶴見沖縄県人会編 二〇一六］二〇頁。
（10）前掲（7）［大城 二〇一二］ではこの時期の移動について一〇の事例（六の聞書きと四の引用）を挙げているが、いずれも東京の芝浦や砂町といった埋立による新興事業を当て込んだ場所、あるいは静岡の丹那トンネル工事などを経由して鶴見に至っている。
（11）「府県外ニ出稼中ノ労働者ニ関スル調査」（湧上聾人 編『沖縄救済論集』琉球資料複刻頒布会、一九六九年）。
（12）関東沖縄県人会名簿作成委員会『平成五年関東地区沖縄県人名簿』一九九三年。
（13）特に著名な人物に、浜町の沢田住宅で労働者の斡旋を行っていた宮城勇三などが挙げられる。
（14）国吉真永『沖縄・ヤマト人物往来録』同時代社、一九九四年。
（15）桃原一彦「大都市における沖縄出身者の同郷的結合の展開―集住地区・川崎を中心に」（『都市問題』九一―九、二〇〇〇年）。
（16）前掲（7）［北川 一九八九］。
（17）これは昭和三（一九二八）年に設立された伊江村人会とは別の組織と考えられる。
（18）平成一八（二〇〇六）年に関東伊良部同志会を合併し、現在の名称は宮古伊良部郷友会となっている。
（19）実際には伊江村人会、与勝同志会、南山友の会は郷友会以外の名称を使用している。
（20）前掲（14）［国吉 一九九四］四六頁。
（21）前掲（8）横浜・鶴見沖縄県人会編　二〇一六　一五二頁。
（22）前掲（8）横浜・鶴見沖縄県人会編　二〇一六　一四三頁。
（23）前掲（8）横浜・鶴見沖縄県人会編　二〇一六　二一一頁。

(24) 一般に「オバァ」とは沖縄出身者が年配の女性に対して使う愛称のような語。標準語でいう「おばあちゃん」とほぼ同義で、身内にも他人にも使うことができる。

(25) 実際には担当者が変わった後、売り上げは若干の上昇傾向にあるようだ。しかし調理担当者はその理由を「料理人が沖縄にかかわりがあるかないか」ではなく、味や内装、動線を考えた券売機の位置の変更といった純粋な企業努力と呼べる要素に求めている。

(26) 一方でこの女性は「夫婦二人では沢山作っても食べきれないから」という理由も述べていた。当該地域でも地域住民の高齢化が進んでおり、いわゆる「中食」としてO物産店で惣菜を買う客は増えているという。そのためO物産店でも、以前は大きなゴーヤを二本一パックで販売していたのを、中型を一本で販売するなどの工夫をしている。

# 第六九回（神奈川）大会の記録

大会成果論集刊行特別委員会

## はじめに

地方史研究協議会は、第六九回（神奈川）大会を二〇一八年一〇月二〇日から二二日の三日間、「拠点にみる相武の地域史―鎌倉・小田原・横浜―」の共通論題を掲げ、神奈川県横浜市の横浜市開港記念会館を会場に開催した。第一日に三本の自由論題研究発表、公開講演と総会を、第二日に八本の共通論題研究発表と討論、特別報告を行った。最終日に浦賀・横須賀方面と小田原方面の二コースに分かれて巡見を行った。以下に、本大会の準備から総会例会に至る一連の経緯を記しておく。なお、本大会の参加記が『地方史研究』第三九七号（二〇一九年二月）に掲載されているので、併せて参照されたい。

## 一　大会準備（運営）委員会・実行委員会の組織と運営

本大会は、二〇一五年一一月に神奈川県の関係者より開催の申し出を受け、翌年四月の第五回常任委員会において同県内での開催が決定された。九月の第九回常任委員会において、風間洋・川上真理・菅野洋介・工藤航平・平野明夫・吉岡拓の六名を委員として、第六九回大会準備委員会が発足した。同月の第一回準備委員会で互選により川上真理が委員長に就任した。一一月の二〇一六年度第一回常任委員会での承認を得て生駒哲郎・斎藤照徳・松本洋幸の三名が準備委員に加わり、保垣孝幸常任委員長とともに大会開催に向けて準備を行った。二〇一七年一一月の二〇一七年度第一回常任委員会にて、準備委員会は運営委員会へと改組された。大会準備（運営）委員会では、神奈川県域の歴史に関する基礎知識の共有と論点の抽出、運営等について、左の通り全九回の会議を設けて検討を行った。

■二〇一六年（第一回〜第二回）
　九月三〇日、一一月一八日
■二〇一七年（第三回〜第八回）
　一月二〇日、二月二八日、四月一三日、七月一三日、八月二二日、一一月一三日
■二〇一八年（第九回）
　三月七日

一方、地元では、大会開催地の正式決定を受けて、公益財団法人横浜市ふるさと歴史財団を中心に、県内の博物館や関連諸団体の専門職員等により、左の大会実行委員会を組織した。

実行委員長　上山和雄
事務局長　西川武臣
副事務局長　斉藤　司
事務局担当　吉田律人
実行委員　荒木仁朗・神谷大介・桐生海正・古田土俊一
　小林紀子・坂井飛鳥・羽毛田智幸・早田旅人
　古川元也・望月一樹

実行委員会は、横浜開港資料館及び横浜市歴史博物館で

会議を開催した。そこには、常任委員長及び準備（運営）委員も出席し、大会テーマや運営等に関する検討を、左の通り一八回に亘り行った。

■二〇一六年（第一回）
　一二月九日

■二〇一七年（第二回～第九回）
　二月二三日、三月三日、四月二〇日、六月一五日、七月二一日、九月六日、一〇月一五日、一一月一七日

■二〇一八年（第一〇回～第一八回）
　一月一二日、二月二三日、三月二一日、四月二九日、五月二七日、六月一六日、七月二一日、九月七日、一〇月一九日

## 二　大会共通論題の設定経緯

本大会を開催するにあたり、大会実行委員会及び準備（運営）委員会では、共通論題の設定に向けて議論を重ねた。

神奈川県での大会は、一九九八年に第四九回大会を川崎市市民ミュージアムにおいて開催していた。そこでは、「都市・近郊の交流と変容―信仰と遊山―」として、名所や観光地を素材に、都市（江戸・東京）との交流によっておこる地域社会の変容が議論された。

本大会では、江戸・東京の影響を受ける側としてではない、神奈川県の都市の自立性あるいは歴史的位置について、強い関心を持っていた。まず、実行委員会事務局側から、都市論として都市とその周辺、時代ごとの都市像をテーマとすることが提案された。時間軸は、考古学および古代史研究の成果を踏まえながら、主たる対象を平安時代後期～昭和時代に設定し、空間は、横浜を中心に多摩川以南、相模川以東の地域とした。具体的には海老名・鎌倉・横浜・横須賀・川崎・相模原などを想定し、議論に応じて小田原方面へも視野を広げていくこととした。

議論を進めるなかで、神奈川県内には日本の歴史上で主要な政治・経済の中心都市がどの時代にも存在しているが、それが移動することが特徴ではないかと提起された。そこで、都市を通じた神奈川県像を提示することを目標とし、都市の地政学や関係論、交通などを方法とすることが提案された。その際、相模国・武蔵国といった国郡制の枠組みが、地域にどのように作用するのかという点にも留意すべきと提案された。

また、「都市」の概念規定では「人が集まり、消費する場所」と捉える視点に一定程度の合意がなされた。それを踏まえて、都市のあり方（制度としての都市、自生的な都市）に関心が向かい、都市の内部構造（住民結合）の把握、さらには都市間ネットワークへと問題意識を広げた。

最終的には、人・モノ・情報が集まり、そして拡散する空間を「拠点」と定義した。このとき、権力によって設定された拠点を成り立たせる要因として、ネットワークが意識された。そして、「拠点」を方法として、神奈川県の地域性を議論することを目指し、大会趣意書を会誌『地方史研究』第三九二号（二〇一八年四月）・第三九三号（六月）・第三九四号（八月）に掲載した。この趣意書は、本書「刊行にあたって」に再掲した。

## 三　問題提起

共通論題及び大会趣意書に関わる問題提起は、左の1～17を『地方史研究』第三九四号（二〇一八年八月）に、18～25を『地方史研究』第三九五号（一〇月）に掲載した。

1　律令制以前の相模と海上交流　永井　肇
2　神奈川県における在地首長と地域拠点
　　―考古学の立場から―　田尾誠敏
3　中世鎌倉人に思いを馳せよう
　　―鎌倉の中世文書教材化の試み―　風間　洋
4　考古学から見る中世の鎌倉　古田土俊一
5　本光院殿衆編成について　梯　弘人
6　近世相武の町場について　多和田雅保
7　拠点としての藤沢宿
　　―宿駅制度による地域形成―　富田三紗子
8　相模国の物流・金融拠点としての須賀湊　早田旅人
9　横浜市域の幕府代官編成農兵隊と開港場　小林紀子
10　小田原藩領民にとっての国恩を考える　下重　清
11　関東大震災復興と観光政策
　　―横浜復興博と箱根観光博―　馬場弘臣
12　昭和初期の地域における観光振興組織
　　―箱根振興会の活動を事例として―　高橋秀和
13　戦後神奈川における社会事業の復興過程　西村　健
14　中華街を育む街、横浜　伊藤泉美
15　銭湯から見る都市横浜を支えた
　　「同郷者」と「同業者」　羽毛田智幸
16　軍都の形成から衛星都市へ
　　―相模原の政治過程から見えてくるもの―　沖川伸夫
17　革新の拠点・戦後横浜の市政　大西比呂志
18　拠点としての郡（評）家とその成立について
　　―武蔵国橘樹郡を事例に―　望月一樹
19　相武における鎌倉期善光寺信仰の二つの拠点
　　―松田郷西明寺と鎌倉名越新善光寺―　牛山佳幸
20　戦国時代の鎌倉観　阿部能久
21　一六世紀末から一七世紀における
　　相武の地域性について　斉藤　司
22　水上交通の拠点・神奈川湊　吉﨑雅規
23　無尽講から見る金融拠点としての小田原　荒木仁朗
24　神奈川県産石材「白丁場石」から見た
　　近代石材産業史　丹治雄一
25　高度成長期の湘南地域
　　―商勢の推移と公団団地の建設から考える―　本宮一男

## 四　自由論題研究発表

自由論題研究発表は、第一日午前に左の三本を行った。

●小田原城下の震災対応
　―嘉永小田原地震を事例として―　岡崎佑也
●「挙市一致」市政の底流
　―日露戦前の横浜における「地商提携」論―　伊藤陽平
●「加藤幸三日記」にみる民衆の戦時意識
　―日中戦争勃発前後を中心に―　吉田成孝

いずれも大会共通論題である「拠点の地域史」に引きつけた発表であった。特に伊藤陽平氏の発表は、共通論題発表の内容との関連性が強かったため、論文として本書に収録した。

## 五　公開講演

公開講演は、第一日午後に左の二本を行った。いずれも本書に収録した。

●相武の地域文化の形成と展開　五味文彦
●中世後期の丹沢山域と相模川　久保田昌希

## 六　共通論題研究発表

共通論題研究発表は、第二日に左の八本を行った。いずれも本書に収録した。

●六、七世紀の南武蔵におけるミヤケとその周辺　堀川　徹
●中世都市鎌倉の宿所について　松吉大樹
●武蔵国鶴見寺尾郷絵図と拠点　武田周一郎
●発掘調査成果にみる戦国期小田原の個性　佐々木健策
●近世後期小田原藩領における炭の生産と流通
　―足柄上郡谷ケ村を事例に―　桐生海正
●幕末期三浦半島における軍事拠点の形成
　―浦賀・大津を中心に―　神谷大介
●築港計画にみる港都横浜の拠点形成　青木祐介
●横浜市鶴見区における沖縄出身者集住の歴史と展開　山口　拡

## 七　特別報告

第二日には、鎌倉市の文化財・遺跡保存問題に関する、左の特別報告を行った。この詳細は『地方史研究』第四〇一号（二〇一九年一二月）に掲載（予定）されているので参照されたい。

●円覚寺結界開削計画問題のその後と
　大倉幕府跡集合住宅建設計画について　馬淵和雄

## 八　共通論題討論

議長は実行委員古川元也・吉田律人（神奈川）、運営委員長川上真理（茨城）の三名が務めた。まず川上が趣旨を述べた。

――本大会は、拠点を人々の活動によって、人・モノ・情報の集中と拡散が起こる場と定義した。鎌倉・小田原・横浜は、こうした拠点

の顕著な性格を持つ場として設定した。討論は、最初に交通路と拠点の関係、次に文献史学以外から観察される顕著な拠点性、最後に拠点と周辺地域との関係として、圏域の広がりや周辺地域の変化を議論する。それらを踏まえて、各時代の拠点を通じて相武の地域史を考えたい。

第一の議題は、古川氏が地理的な観点から、武田周一郎（神奈川）・堀川徹（千葉）・桐生海正（神奈川）・神谷大介（神奈川）の各氏の報告を取り上げた。

――武田報告では、相模川と鶴見川に挟まれた下末吉台地が相模と武蔵の国境にあり、これをどちらに付けるかが大事なのではないか。相武の丘陵・台地の土地利用に特別な様相はなく、鶴見郷は珍しいところではないと結論されたが、この台地は武蔵の平地部に入る最短距離であり、しかも鶴見川があることで道が海際を通り、道・川・湊が集約せざるを得ない特殊な土地である。なおかつ鶴見寺尾郷絵図によると、野畑の中分が起きている。この絵図は、台地と周辺部の川・道・湊が全部入っている点、また相模と武蔵を接合する場所という点でも面白い。

**武田**　台地・丘陵の鎌倉に向かって先端、そこから先は鶴見川・多摩川と神奈川の低地になっていくという点では、非常に特殊なところといってよい。陸路・海路、水運等の交通の結節点という点では非常に重要な地域であるといえるだろう。

――鎌倉時代終焉直後の絵図であるから、鎌倉幕府・鎌倉府があることで重要性が一層増すだろうが、武蔵国との関係で考えられるのか。

**武田**　武蔵国との関係で考える必要があるだろう。

――堀川報告では、四ヶ所の屯倉のうち二ヶ所が今の神奈川県域にある。そのひとつが久良岐郡だ。なぜ武蔵国久良岐郡の舌状台地の下部の場所が重要だったのか、なぜ相模国に入り込まないのか。

**堀川**　南の武蔵国造が出した四つの屯倉のうちのひとつが倉巣の屯倉である。この辺りの国造より小規模の首長層が成長して、評制下には久良解評（後の久良岐郡）になったとみている。相模国に進まなかった理由は、同国の状況を示す史料がないので答えられない。ここで、交通路との関係で補足したい。報告では大きな駅路を扱ったが、武田報告が重要視した鶴見の辺りには大道は通っていないし、小道の存在も判明していない。中世以降では、交通路の存在を前提として、そこへの拠点の関わり方を議論するが、古代においてはそれが必ずしも通用しない。報告では交通の要衝上に屯倉を置いたとしたが、厳密に言えば交通路と屯倉とで、どちらが先であったのかわからない。これは古代史特有の議論として理解されたい。

――台地上では何を生産したのか。

**堀川**　米だろう。屯倉とは、倉庫か一時的な建造物で、そこに周辺地域から米などが集められ、それらを国造たちが都に運ぶ。経営の拠点であるから、倉自体がランドマークになる場所に置かなければ、地域からの認識が薄い。そういう意味で、屯倉の立地は、台地上や小高い場所になると推測している。

—— 桐生氏に対して、土屋雅人氏（千葉県）から質問がある。①小田原藩或いは城下商人にとっての浦の位置づけはどうか。②小田原城下商人が江戸で炭販売をしていた事例はあるか。③在村仲買の武尾家が江戸炭問屋との関係で優位に立とうとする振る舞いはみられたか。

**桐生**　①城下商人に関する史料が未発見なので言及できない。ただし、下重清氏によれば、小田原浦は大型船が着岸できないため、飯沢のような小型の廻船業者が活躍していたと考えられる。②在村仲買が小田原城下に出店を持っていた事例を見つけていない。皆瀬川村の村鑑などでは、近世中期頃から小田原に販売していたとのみ書いてある。在村仲買が江戸の商人株を買った可能性もあるが、具体的な事例を見いだせていない。③武尾家は、複数の問屋との取引を通じて様々な情報を得て、リスクを相対化することがみられるため、従属的な側面ばかりではない面がみられるという意図で発言した。

—— 江戸までいかずに相模国で売ることはあるのか。

**桐生**　後期は江戸しか目指していないように感じる。炭は、小田原城下や藩士、江戸藩邸にも卸しているが、基本的には小田原と江戸の市場に販売している。

—— 商業を通じた圏域としては、江戸と小田原が直接つながり、その間は小田原の廻船業者の判断で動かすということか。

**桐生**　小田原商人の書簡や経営帳簿といった史料がないのでわからない。武尾家の史料を見る限りは、高値で売れるからか、江戸の炭問屋と取引している。しかし、煙草の場合は、周辺の秦野の十日市場、県央の厚木といったように、販路が異なる。炭は陸路で運ぶことは難しく、破損を防ぐために海上輸送が基本なので、そのような流通網なのだろう。

—— 海上の道の観点から神谷氏に問う。浦賀の台場は江戸を意識したものだが、台場を築く上で、国は考慮しないのか。あるいは交通ルートの問題として考えたほうが良いのか。

**神谷**　防衛の観点からは、国境よりも地政学上の問題が関わる。浦賀番所の北東つまり三浦半島東端の観音崎と、房総半島の富津岬を結ぶラインが、両半島の間で海域が一番狭い。そのため、観音崎周辺に台場が集中して築かれる。それは、異国船を江戸内海に入れないためだ。そもそも、浦賀に関所を置いた理由は、江戸に出入りする廻船を取締まるためである。浦賀は、後北条氏の水軍がおかれた天然の良港である。江戸期に入ると浦賀近郊の走水と、三浦半島南端の三崎に番所が置かれる。浦賀奉行所の設置は享保五年で、下田番所から移転した。江戸への廻船改めの関所機能をもった、幕政との関わりの深い港湾として発展していく。走水は浦賀よりも江戸に近く、三崎はやや相模湾よりで房総半島廻りの廻船の取締まりには不向きである。そうした地政学上の特質により、奉行所が置かれていた走水・三崎ではなく、浦賀に番所が置かれることになった。そして幕末には海防の基盤になっていく。移転時の政策が異国船来航時まで、政治上の必然性を保っていたということだろう。

＊　＊　＊

第二の議論は、議長を吉田氏に交代して進めた。まず、考古学と文献史学の両方から組み立てた松吉大樹氏（神奈川）

と佐々木健策氏（神奈川）に、次に建築史の青木祐介氏（神奈川）、民俗学の山口拡氏（福島）にそれぞれの立場からの地域の特徴について意見を求めた。

**松吉**　鎌倉期の鎌倉は多種多様な物が集合して形成されたと考える。以前、河野眞知郎氏が鎌倉を「ブラックホール」になぞらえていたのも首肯できる。古代以来、相模・武蔵地域の武士は交通の要衝に依拠し発展してきたと言われているが、鎌倉はその様な武士達が、それぞれの情報を鎌倉に持ち込むことによって急激な発展を遂げて来たのだと、考古・文献から解釈できるのではないか。鎌倉期の鎌倉は情報が集中して膨れ上がっていたが、鎌倉幕府の解体により相武地域へ伝播・還元されて行った、というイメージを持っている。

**佐々木**　小田原の特徴のひとつは、都市の起源が古くならないことだ。千代寺院のように古代以来の場所もあるが、「小田原」という地名が記録に表れるのは一四世紀に入ってのことだ。この頃は鎌倉（関東）府があり、一方で相模の守護所は糟屋・大庭・七沢と移転しながら展開していく。その後、一五世紀の終わり頃には「西郡一変」と表現される、要害が落ちた戦いがあり、この要害が小田原城にあてられている。大森氏そして伊勢宗瑞（北条早雲）が入る前には相模西郡で小田原という場所が重要視されるようになっていたのである。小田原城を使った小田原北条氏は、関東一円に領国を広げても、相模西端から動いていない。小田原北条氏は、百年間に亘り相模西端を本拠としていたことが特徴だ。

――　小田原北条氏の相模国伊豆支配についての研究状況はどうか。

**佐々木**　それには言及できないが、伊豆の捉え方の観点から述べる。小田原は、大森氏が一五世紀中頃におさえたときには、関所があるなど都市的な場としての発展があった。そこに小田原北条氏が寄生する形で、城下町になっていった。小田原は経済的にも優れた町となっており、今川・武田と同盟が成立している段階では比較的安全な場所でもあった。上杉と敵対しているときには国境として警戒するのは上野方面（群馬県）の北側だけでよいが、武田との関係が悪くなると伊豆から相模・武蔵・上野まで、縦長に広範囲が国境になる。氏政はそれを嫌い、武田と組もうとするが、結果的にはうまくいかない。伊豆についてもそのような意味で、小田原の位置、周辺勢力との国境問題を捉えたうえで、その重要性を理解していく必要があるだろう。

**青木**　報告からは少し離れるが、近代考古学の関心が高まっている横浜の状況を説明する。近年、横浜市内での建築工事に伴う大規模発掘調査があった。ひとつは旧外国人居留地に建設された神奈川県芸術劇場、もうひとつは旧日本人市街に建設中の横浜市役所新庁舎である。横浜の中心地は関東大震災後に開発したため、それ以前の街並みが発掘される。建設材料に視点を絞ると、木材・石材は近世以来の流通経路があるが、近代になって登場する煉瓦では横浜が消費地になる。この生産・流通は、周辺地域との関わりの問題である。神奈川県域での煉瓦製造は横須賀が最初だが、横須賀製鉄所の場合は流通を前提とせず、工場内での生産・消費だったので、時代を経ないと流通がおきてこない。この点からは、明治後期頃になり、横浜近郊の鶴見川・多摩川の周辺が小さな生産の拠点になっていくことが明らかになってきている。そうすると、いくつかの生産拠点と消費地である近代都市との関係がみえてくるのではないか。

――石材について丹治雄一氏（神奈川）に関連の発言を求める。

**丹治**　湯河原町の白丁場石という近代の重要な石材について問題提起をした。消費との関係では、この石は東京・横浜といった都市部の近代洋風建築に多く使われた建築石材である。今の神奈川県立歴史博物館である旧横浜正金銀行、日銀本店、迎賓館などがそうだ。煉瓦は、横浜の都市形成のなかで消費されるということだが、白丁場石も同様である。横浜の港湾形成では、神奈川県西部の真鶴半島周辺の安山岩が多く使用されているなど、石材にも同様の傾向があったのではないか。

――モノをきっかけに新しい拠点形成がみられた。次に山口氏にオーラル・ヒストリーから見た鶴見の特徴について説明を求める。

**山口**　沖縄出身者の国内集住地区で大規模なのは、大阪市大正区、神奈川県川崎市だ。鶴見は比較的、都市部のエリート層から離れた一般層が多く、また周囲との摩擦が少ないという特徴がある。特に大阪と比較すると、同じく湾岸工業地帯として発展しながら、生活空間が安定していたことが大きい。大正区は近年まで土地の改良事業が行われてきた。住民は近隣地区への移住を余儀なくされ、しばしば生活空間を再編せねばならなかった。こうした中で、「沖縄スラム」と呼ばれるような劣悪な住宅状況があった。鶴見でも様々に差別的な状況はあったが、社会問題化するには至らなかった。そのことが、現在では逆に沖縄出身者の歴史を見えづらくさせている面もあると思うが。

――石田文一氏（石川県）から質問がある。

**石田**　明治時代、石川県から横浜に、多数の浴場従業員が移住している。彼等は、横浜で成功して故郷に鳥居・狛犬等の記念碑を贈っている。地元ではそれを、横浜で成功した人のものとして語られている。沖縄から鶴見への移住者が、故郷に錦を飾るという意味で、記念碑等を贈る事例はあるか。

**山口**　新潟出身東京在住の浴場業者の場合は、故郷の神社等に寄進する例は多い。地元では、東京にいった誰々が建てたという噂が広がることで、都市に出ていく人を促進していた事例がある。しかし、鶴見の沖縄出身者の場合は、そうした事例が思い浮かばない。移住が近代以降のことで、現金を仕送りするのが第一の目的であったから、個人の家として墓や家を建てることはあっても、集団としての活動はわからない。

――在日華僑について伊藤泉美氏（神奈川）に類似例の紹介を求める。

**伊藤**　横浜の華僑は故郷が明白だ。広東省・上海地域で、出身地域によって職能が異なる。地域との摩擦の面では、横浜チャイナタウンは、例えばバンクーバーやサンフランシスコとは違い、現地との関係が極めて良好である。横浜自体が国内外の移民から成り立っているので、よそ者に対する差別が少ないのかもしれない。横浜の拠点の性格を考えると、モノ、人、情報といった都市の機能が、国内外との関係性によって成り立っていた点が極めて特徴的ではないか。

**山口**　鶴見の場合は一九九〇年後半以降、日系人の帰国ビザ緩和により、沖縄在住日系ブラジル人や日系ボリビア人が鶴見に戻ってくる状況が発生していた。沖縄出身者のエリアと隣接してこうした人々の料理店も多くある。当初は地域住民との軋轢があったが、沖縄出身者が緩衝材として立ち回ろうとしていた事例がある。よそ者同士が連携できる土壌があったのかもしれない。但し、生活の範囲を拠点とすると、拠点の中に中心と周辺が生じる面もある。六畳一間に五人で住む、あるいは昼間から路上で酒を飲んで三線を鳴らすといった時代の後に、大学進学者などが入って来る。そうした高学歴者は、前時代人の有り様を批判し周辺化する。受け入れられる沖縄人像を創っていく側面もある。拠点の中での階層差も考えなければならない。

＊　＊　＊

第三の議論は、議長を川上に代わり、拠点の圏域の広がりと周辺の変化について議論を進めた。最初に、鎌倉の外部からの視点について会場に発言を求めた。考古学から馬淵和雄氏（神奈川）が、文献史学から岡田清一氏（宮城）が発言した。

**馬淵**　一三世紀後半から、特徴的な中国磁器が、九州を経由せずに太平洋航路で和賀江島に入ってくる。あるいは浙江省竜泉窯で焼かれた椀で、ロータスの花弁模様が全面に入ったもの、あるいは福建省の磁器である。これが全国で発掘される背景には、貿易に深く関与した北条得宗政権による、ロータスに仮託した鎌倉新仏教の宣伝があるとは考えられまいか。

また、堀川報告での武蔵国造と相模国の関係について、鎌倉海岸部の発掘調査で、六世紀後半から七世紀前半頃のミヤケと書かれた出土品がある。当時、相模の海岸一帯は横穴墓が多く、そこから出る須恵器の大半が浜名湖の西の方の製品だ。これは、後に渥美焼と一緒になる、関東と関わりの深い窯である。そういう意味では、鎌倉辺りとヤマト王権とは密接な関係にあるのだろう。また、東海道の付け替えは、相模国が東国経営の始点であることを示す。こうした位置づけにより、他の地域が突出できなかったのではないか。平忠常の乱の討伐将軍が鎌倉に派遣されることからも、依然として鎌倉が東国経営の拠点であった。コントロールされた拠点として、東国武士を取り込んでいくことで、鎌倉が東国支配の中心になると考える。

最後に全体の感想であるが、大会のテーマは自分と他者、自分の地域と他の地域というキーワードではないかと考えた。

**堀川**　ミヤケと書かれた墨書土器が出ているのは重要だろう。出土地がミヤケなのか、或いはミヤケ設置場所の住人がミヤケと称して移転してきたのか、人の移動等も考慮する必要がある。西の方の須恵器が出ているのは、陸上交通のほかに海上交通でも武蔵・相模が重要な拠点であったことを示すと考える。報告にも、武蔵国で水軍に関係した人物があり、史実性に留保はいるが、東京湾を通じた西側とのつながりとしては理解できるだろう。須恵器の出土が、中央との政治的な関係を示すのか、それとも文化的・経済的な関係なのか、文献で検証した上で判断したい。また、相模を東国経営の拠点とする指摘には興味を覚える。東山道武蔵路は、七世紀第四半期頃には成立しているというのが考古学的な見解である。しかし史料からは、東山道武蔵路と東海道の接合は、政治的意図ではなく便宜的につながったと考えられる。やはり、史料実証の上で判断したい。

**松吉**　中国陶器の出土数量は鎌倉が圧倒的に多く、列島では一〇平米に一欠片でも貴重と言える状況と理解している。やはり、全体量としては鎌倉で消費されるものである。北条得宗家が意匠に仏教思想を仮託したかどうかは、史料にないので答えられない。報告では、鎌倉の中で消費され分散する拠点を宿所と設定した。例えば、宿所の主人や家人が鎌倉で入手した物を在地に持ち帰ることも考えられる。また、宮城県松島の瑞巌寺で鎌倉と同様の彩文漆器が出土しているように、列島で鎌倉に関わりある物が出土しているのだから、鎌倉から出て行く面は考えなければならない。とはいえ、相模・武蔵の地域は鎌倉に近い場所であるから、圧倒的に多く出ていなければならない。この辺りは調査事例なども見て考察していきたい。

**岡田**　得宗北条氏の問題が重要だ。泰時が伊豆との関係を重視しなくなり、鎌倉を拠点にするという面がある。願成就院を発掘した池谷初恵氏の指摘では、泰時の頃から遺構がなくなるという。それと同時に、泰時の段階で六浦道開鑿、和賀江島築港など、交通を整備する。海上では、走湯山伊豆山神社の集団が、房総半島を越えて銚子から霞ヶ浦に入る事例もある。もうひとつは、六条若宮造営注文に鎌倉に在国という記述がある。近年の御家人制研究では、鎌倉において幕府に奉仕する本家筋と、地元で現地支配する側との分業体制が提唱されている。得宗領だけでなく、御家人も遠隔地からの年貢など物が集まる状況がある。北条得宗の一強独裁的な体制の中で、弱小御家人は得宗に忖度する心理も働く。例えば、貞時十三回忌にみられるような、北条氏の被官であるかの如く奉仕活動する状況が生まれる。鎌倉と外との交流は十分にあると考えるがどうか。

**松吉**　泰時の交通路整備は、交易に加えて飢饉後の慈善事業の面もあっただろう。鎌倉幕府終焉後、北条高時の母・覚海円成が伊豆韮山の北条に円成寺を建立していることから、得宗家と伊豆との関係は一時希薄になったとしても、ある程度の意識は持っていたと考える。鎌倉在国の問題は、六条八幡宮造営注文でいえば、信濃で村上氏が夫役に当たっているが、同じ村上源氏と考えられている小野沢氏は、「鎌倉中」で名を連ねている。得宗被官化したからだと思われるが、在地ではなく鎌倉を本貫とする、言わば都市型御家人も居たのではないか。その鎌倉と外との拠点が、各宿所だったのではないか。当主不在もしくは在国の場合は、留守が宿所に詰めており、鎌倉と在国との間では宿所を拠点としていたことは明らかである。その関係は、鎌倉幕府の崩壊と共に希薄になっていったのではないだろうか。南北朝・室町期にも鎌倉府が存在しているので、鎌倉も急速に衰退するのではないと理解しているが、特に相武地域において は、在地経営に重点を移していったのではないかと考えている。

――古田土俊一氏（神奈川）に、鎌倉府時代の鎌倉の象徴の広がりについて説明を求める。

**古田土**　出土する陶磁器から鎌倉の中の変遷を追うと、鎌倉幕府がなくなっても、「鎌倉」が残っているという結果が如実に出た。つまり、陶磁器の流通量はさほど減らず、むしろ一部では多くなっていく。また幕府が使っていた土地からは、政権交代後も高級な陶磁器が出土する。一五世紀半ばを過ぎると、公方退去後に鎌倉が急速に衰退していく結果がでている。これは、出土量が突出している鎌倉だからみえるのであって、県内の他地域に当てはまるかどうか、他の自治体と情報交換しながら進めていきたい。また、鎌倉特有のやぐらは、一三世紀後半から見られて、一五世紀後半からは衰退していく。これも都市がなくなっていくことに関係していると考えている。

――鎌倉を象徴する文化が政権の弱体化によって見えなくなる状況が考古学の成果からも判明している。次に、佐々木・桐生両報告からは、政治・軍事的拠点としての小田原に、周辺から民間商業が成長する様子が見られた。早田旅人氏（神奈川）に関連の発言を求める。

**早田**　近世の相模川水運について、相模川河口の須賀村と柳島村という川と海の水運の結節点を素材に問題提起した。拠点は周辺社会との相関関係で存在する。例えば須賀村は、上流の津久井の山に金を融資して江戸に出す材木を確保することで、拠点たり得る。相模平野の小麦は、須賀村に集中して出されて、野田で醤油醸造に使われるというように、江戸地廻り経済圏に組み込まれている。一方で、周辺の厚木・伊勢原・鳥屋などの在方町で消費される。一つの拠点の背景に小拠点があり、一方では江戸や横浜といった大きな拠点がある。そうした網の目の中で拠点が存在している。網の目の役割を考えていくと、地域性がみえてくるのではないか。

――川や脇往還等を中心に小規模拠点が生まれ、さらに江戸との関係の中で自立化する。次に、青木報告によると横浜開港から五〇年間に横浜の市民意識が形成された。後には、鉄道の開通によって横浜の重要性が変わり、湘南地域が拠点になってくることが問題提起されている。大会では、拠点が各時代で役割を変えながら存在し、各地域がネットワークのなかで自立的に経営していくことを議論する試みであった。地域間ネットワークを地域研究のひとつの視点として提起したい。

## 九　巡見

第三日は、左の二コースで巡見を行った。

1　浦賀・横須賀コース

浦賀ドック―浦賀コミュニティセンター（郷土資料館・特別史料展観）―走水神社―ヴェルニー公園（旧軍港遺構）―第三海堡遺構

2　小田原コース

小田原市尊徳記念館（特別史料展観）―小田原城趾公園（馬出門・本丸広場・天守閣・小峯曲輪北堀・三の丸外郭土塁・解説）―清閑亭（旧福岡藩主家黒田長成邸）―小田原市郷土文化館（特別史料展観）

浦賀・横須賀コースは、実行委員の上山和雄・西川武臣・吉田律人の各氏、及び横浜市ふるさと歴史財団の西村健氏等が中心となって設定し、運営委員の菅野洋介がこれを補佐した。浦賀ドック遺構への立入及び横須賀市史資料室所蔵文書の展観は横須賀開国史研究会会長の山本詔一氏、第三海堡遺構の見学は横須賀市指定NPO法人アクションおっぱま理事長の昌子住江氏、それぞれの協力により実現した。

小田原コースは、実行委員の坂井飛鳥氏・斉藤司氏が中心となって設定し、運営委員の工藤航平がこれを補佐した。尊徳記念館及び郷土文化館では、戦国時代から近現代に至る小田原の地域資料を展観した。また、清閑亭の見学はNPO法人小田原まちづくり応援団の協力を得た。

両コースとも、地域の歴史の重層性を改めて認識するものであった。また、地域活動団体が見学・解説等で大きな役割を担っていたことも、特に記しておくべき点である。

## 一〇　関連例会

大会の関連例会として、二〇一八年八月五日に大磯町郷土資料館において研究例会を開催した。酒井麻子氏の報告「近世寺社日鑑の書誌的検討―藤沢山日鑑を中心に―」では、人や情報の交差点としての江戸時代の遊行寺門前藤沢宿の様子が提示された。報告終了後には、同館館長國見徹氏の案内で展示を見学した。報告要旨が『地方史研究』第三九六号（二〇一八年一二月）に掲載されているので参照されたい。

さらに、大会の総括例会を、二〇一九年二月一七日に神奈川県立歴史博物館会議室において開催した。早田旅人氏が「『拠点にみる相武の地域史―鎌倉・横浜・小田原―』を振り返って」、松本洋幸氏が「神奈川大会を終えて―共通論題討論を中心に―」と題して、それぞれ報告を行った。

早田氏は、「拠点」の内容が報告者ごとに異なったが故に、拠点とその捉え方の多面性が浮き彫りになったと指摘し、また「拠点」から都市や拠点の重層性・ネットワーク性が示唆されたとした。一方で、拠点の自明性を再確認するに留まったとも指摘した。問題提起も含めた評価として、畿内権力・西洋諸国勢力に対する、東国における窓口・結節点としての相武地域という歴史像を示した点にあると述べた。

松本氏は、今大会の特徴を、都市の側の歴史性の解明に重点を置いた点にあるとした。報告・問題提起では、時代・地域などでの豊富な事例研究が示されたこと、発掘調査や、近年の自治体史編纂あるいは資料保存機関や地域史研究団体の成果が活かされた点も評価した。

これらの報告を受けて行われた質疑応答では、①設定した三つの拠点が近代の歴史意識に基づくものではなかったか、近代以前の地域のまとまりに着目した課題設定が可能だったのではないか、②三つの拠点を自明のものとすると単線的な歴史叙述に陥る嫌いがあり、むしろ拠点を支える関係性やネットワークの結節点としての拠点という視点から議論されるべきではなかったか、との指摘がなされた。一方で、③小規模拠点の検討により、地域間ネットワークが解明されれば、自治体史の叙述にも影響を与えうる可能性が指摘された。なお、報告要旨が『地方史研究』第四〇一号（二〇一九年八月）に掲載されているので参照されたい。

## おわりに

本大会は、人・モノ・情報が集まり拡散する場を「拠点」と捉え、その存立要件としてのネットワークに留意しつつ、拠点を通じて相武（現在の神奈川県域）の地域性を議論するという目標を掲げた。

それにより、当該地域が国内外の諸勢力との交流の最前線であったことが具体的な事例によって示された。また、都市を相対化するため、拠点の重層性・ネットワーク性に着目した研究の有効性が提起された。

今大会は、二日間で二四一名の参加者を得て、盛会の内に終了した。偏に、実行委員をはじめとする関係各位の尽力の賜物である。改めてお礼申し上げる。

最後に、足かけ三年に亘るこの大会で出された成果と課題は、さらに地元での検証が重ねられていくことを期待し、大会運営委員会の責めを塞ぎたい。

**共　催**　公益財団法人横浜市ふるさと歴史財団

**後　援**　神奈川県教育委員会・横浜市教育委員会・小田原市・小田原市教育委員会・鎌倉市・鎌倉市教育委員会・横須賀市・横須賀市教育委員会・朝日新聞横浜総局・神奈川新聞社・産経新聞社横浜総局・東京新聞横浜支局・毎日新聞横浜支局・読売新聞東京本社横浜支局・ＮＨＫ横浜放送局・ＴＶＫ（テレビ神奈川）

**協　賛**　小田原近世史研究会・小田原地方史研究会・神奈川県高等学校文化連盟社会部会・神奈川県高等学校社会科部会歴史分科会・神奈川県博物館協会　神奈川県文化財協会・神奈川県歴史資料取扱機関連絡協議会・神奈川地域資料保全ネットワーク・鎌倉文化研究会・京浜歴史科学研究会・国宝史跡研究会・首都圏形成史研究会・戦時下の小田原地方を記録する会・横須賀開国史研究会・横浜郷土史団体連絡協議会・横浜市小学校社会科研究会・横浜市立中学校教育研究会社会部会

本大会の成果刊行は、地方史研究協議会の第六九回（神奈川）大会成果刊行特別委員会が担当した。委員会は、生駒哲郎・風間洋・菅野洋介・工藤航平・松本洋幸・吉岡拓および川上真理（委員長）で構成した。

刊行にあたっては、株式会社雄山閣、ことに編集部の羽佐田真一氏・安齋利晃氏のお世話になった。記して謝意を表する。

なお、本書編集中の二〇一九年六月二三日、本大会実行委員会副事務局長・斉藤司氏が急逝された。生前の当会へのご尽力に感謝申し上げるとともに、謹んでご冥福をお祈り申し上げる。

（文責　川上真理）

共通論題討論の様子（10 月 21 日）

# 執筆者紹介（五十音順）

**青木祐介**（あおき　ゆうすけ）
一九七二年生まれ。
横浜都市発展記念館　副館長・主任調査研究員。

**伊藤陽平**（いとう　ようへい）
一九九二年生まれ。
國學院大學大学院　特別研究生。

**神谷大介**（かみや　だいすけ）
一九七五年生まれ。
東海大学　非常勤講師。

**桐生海正**（きりゅう　かいせい）
一九九〇年生まれ。
神奈川県立秦野曽屋高等学校　教員。

**久保田昌希**（くぼた　まさき）
一九四九年生まれ。
駒澤大学文学部　教授。

**五味文彦**（ごみ　ふみひこ）
一九四六年生まれ。
公益財団法人横浜市ふるさと歴史財団　理事長。

**佐々木健策**（ささき　けんさく）
一九七四年生まれ。
小田原城総合管理事務所 計画係長・小田原城天守閣 学芸員。

**武田周一郎**（たけだ　しゅういちろう）
一九八五年生まれ。
神奈川県立歴史博物館　学芸員。

**堀川徹**（ほりかわ　とおる）
一九八三年生まれ。
日本大学　非常勤講師。

**松吉大樹**（まつよし　ひろき）
一九七九年生まれ。
NPO法人鎌倉考古学研究所　所員。

**山口拡**（やまぐち　ひろむ）
一九八一年生まれ。
福島県立博物館　副主任学芸員。

令和元年 10 月 10 日 初版発行　　《検印省略》

地方史研究協議会 第69回（神奈川）大会成果論集

**拠点《きょてん》にみる相武《そうぶ》の地域史《ちいきし》―鎌倉《かまくら》・小田原《おだわら》・横浜《よこはま》―**

編　者　ⓒ地方史研究協議会

発行者　宮田哲男

発行所　株式会社 雄山閣

〒102-0071　東京都千代田区富士見 2-6-9
電話 03-3262-3231㈹　FAX 03-3262-6938
http://www.yuzankaku.co.jp
E-mail　info@yuzankaku.co.jp

振替：00130-5-1685

印刷・製本　株式会社ティーケー出版印刷

Printed in Japan 2019　　ISBN978-4-639-02683-9　C3021
N.D.C.213　316p　22cm

# PROPOSED IMPROVEMENT FOR THE YOKOHAMA HARBOUR.

Scale: in 22,500 of nature.

# 豫定横濱港改良計畫圖

縮尺貳萬貳千五百分之壹

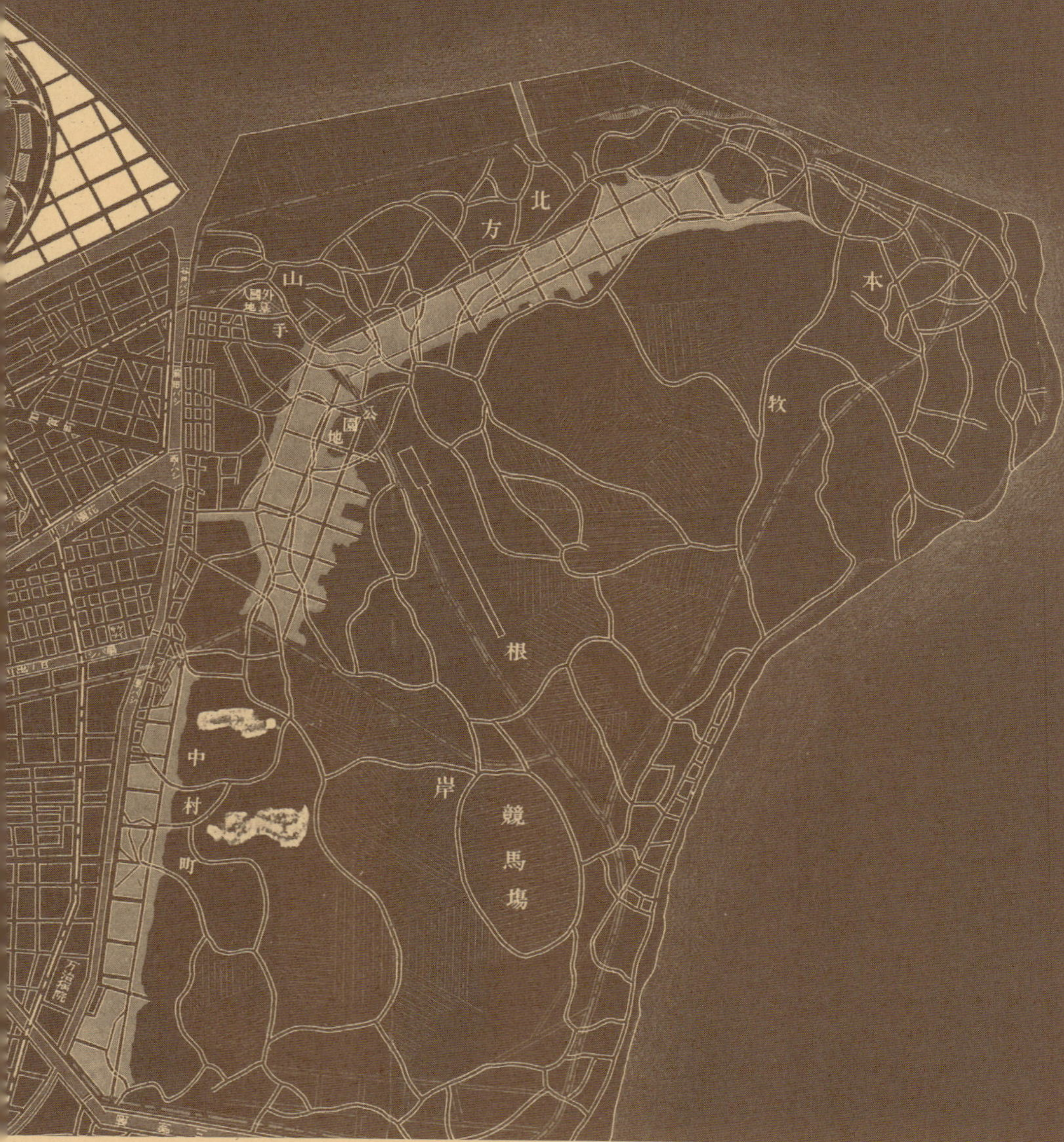